2015年国家社科基金一般项目（15BJY168）

2021年度河北金融学院学术著作资助项目

国家社科基金丛书
GUOJIA SHEKE JIJIN CONGSHU

新型农业经营主体金融服务创新研究

A Study of Financial Service Innovation of
New Agricultural Business Entities

杨兆廷　李俊强　著

人民出版社

责任编辑:刘海静
封面设计:石笑梦
版式设计:胡欣欣
责任校对:张红霞

图书在版编目(CIP)数据

新型农业经营主体金融服务创新研究/杨兆廷,李俊强 著. —北京:
　人民出版社,2021.12
ISBN 978－7－01－024266－8

Ⅰ.①新⋯　Ⅱ.①杨⋯②李⋯　Ⅲ.①农业经营-经营管理-金融支持-研究-
　中国　Ⅳ.①F324②F832.35

中国版本图书馆 CIP 数据核字(2021)第 254062 号

新型农业经营主体金融服务创新研究
XINXING NONGYE JINGYING ZHUTI JINRONG FUWU CHUANGXIN YANJIU

杨兆廷　李俊强　著

人民出版社 出版发行
(100706　北京市东城区隆福寺街 99 号)

北京汇林印务有限公司印刷　新华书店经销

2021 年 12 月第 1 版　2021 年 12 月北京第 1 次印刷
开本:710 毫米×1000 毫米 1/16　印张:20
字数:305 千字

ISBN 978－7－01－024266－8　定价:89.00 元

邮购地址 100706　北京市东城区隆福寺街 99 号
人民东方图书销售中心　电话 (010)65250042　65289539

前　　言

党的十九大报告明确提出,发展多种形式适度规模经营,培育新型农业经营主体,健全农业社会化服务体系。新型农业经营主体是实现农业现代化的主力军和突击队,也是乡村振兴战略的重要实施者。通过大力发展新型农业经营主体可以逐渐形成规模种养、专业种养和现代化种养的新型农业生产方式,从而大大提高农业生产力,加速农业现代化目标的实现。但是,由于农业的弱质性、生产周期长、风险高和资金需求规模大等原因,再加上缺少担保和抵押物以及金融机构在农村战略收缩等历史原因,农村金融服务长期供给不足,难以满足农业特别是新型农业经营主体发展要求。

本书以新型农业经营主体金融服务供求协调为研究目的,以通过金融服务创新支持新型农业经营主体发展、进而促进农业现代化实现为基本研究框架。运用计量分析与数理分析相结合、规范分析与实证分析相结合、文献分析与案例分析相结合等研究方法,分析新型农业经营主体金融服务供需不平衡原因,探索新型农业经营主体金融服务有效需求提升方式、农村金融服务供给创新路径和金融科技支持融资模式创新。

第一章,新型农业经营主体、金融服务与农业现代化耦合分析。通过运用面板数据,建立相关模型分析农村金融服务、新型农业经营主体和农业现代化目标实现三者之间的关系;检验金融服务创新对新型农业经营主体发展和农业现代化目标实现的影响程度。

第二章,新型农业经营主体金融服务需求分析。分析四类新型农业经营主体的类型特点、金融服务需求特征、融资困境,实证检验信贷可得性的影响因素。

第三章,新型农业经营主体金融服务供给分析。从金融服务供给数量、金融服务供给质量、金融服务供给结构和金融服务供给环境四个方面,对新型农业经营主体的金融服务供给进行全面分析。

第四章,新型农业经营主体金融服务供求不平衡及影响因素分析。从融资总量、融资覆盖性、融资结构性和融资可持续性四方面分析金融服务供求不平衡整体状况。借鉴戈德史密斯的金融相关性模型测算金融服务供需缺口;构建金融服务供给的投入产出模型评价供给效率;从五个方面分析供需不平衡的影响因素。

第五章,金融支持新型农业经营主体的典型模式及成效。分析金融支农的典型模式及成效,主要是全国各地和大型商业银行(中国农业银行、中国邮政储蓄银行、中国农业发展银行等)在金融产品创新、产业金融模式创新、互联网金融创新、信用互助模式创新、精准扶贫等方面支持新型农业经营主体的典型模式及成效。

第六章,新型农业经营主体金融服务政策支持体系构建。从政策设计角度出发,对新型农业经营主体金融服务政策支持力度、担保和抵押物拓展政策、配套政策等方面进行系统分析和总体设计。

第七章,新型农业经营主体金融服务有效需求提升路径。通过完善内部治理结构、健全财务制度和建立产业联合体等手段促进新型农业经营主体自身发展,提升新型农业经营主体管理水平、融资条件和融资能力。通过加强金融知识的普及和宣传,提高新型农业经营主体对金融服务的认识,进而改变经营理念,提高金融服务需求。

第八章,新型农业经营主体金融服务供给创新路径。新型农业经营主体金融服务供给不足问题在很大程度上是由于信息不对称产生的高风险,以及缺乏担保和有效抵押物所造成的。以此为出发点对新型农业经营主体金融供给创新进行分析,从农地"三权分置"改革拓展抵押物、政策性担保机构设立、金融衍生产品创新等方面推动金融服务创新,以此解决信息不对称、合格抵押物缺乏等问题,从而增加农村金融服务供给。

第九章,金融科技支持新型农业经营主体融资模式创新。通过应用金融科技建立农地登记、交易和智能抵押系统,优化新型农业经营主体组织形式,建立征信体系、智能化信贷模式和多渠道金融服务平台,对新型农业经营主体的融资模式进行创新。

许多问题已经超出金融范畴,涉及金融科技(区块链、大数据)、企业组织结构、农村制度等方面,尽管跨学科的研究团队成员广泛涉猎和认真探究,但是限于水平和视野,难免有不妥之处,恳请各位读者批评指正。

本书是在国家社科基金项目和河北省社科基金项目的研究基础上,前后历时五年,由杨兆廷教授领衔完成,李俊强副教授、杨天宜博士、杨蕾教授、杨念教授、李巧莎研究员、孟维福博士、王小彩博士、秦响应教授、刘兢轶副教授参加了部分章节的撰写和讨论。研究和出版过程中得到河北金融学院和人民出版社的大力支持,在此表示感谢。

目　　录

绪　　论

一、研究背景与意义

（一）研究背景

1. 国家出台系列政策支持新型农业经营主体发展

在我国传统农业向现代农业转变的关键时期,新型农业经营主体是推动和实现农业现代化的主要力量。通过农村地区金融体制改革和金融服务创新促进新型农业经营主体做大做强,是实现农业现代化的重要路径。因此国家出台了一系列金融支持新型农业经营主体发展的政策,有利于金融创新支持新型农业经营主体发展。

表 0-1　近年来金融支持新型农业经营主体发展的重要政策一览表

时间	文件名称	发文单位	相关内容
2015 年 2 月	关于加大改革创新力度加快农业现代化建设的若干意见	中共中央、国务院	完善对新型农业经营主体的金融服务

续表

时间	文件名称	发文单位	相关内容
2015 年 2 月	金融支持新型农业经营主体共同行动计划	农业部联合财政部、人民银行、银监会、保监会等金融机构	进一步明确对新型农业经营主体的金融支持
2015 年 12 月	关于落实新发展理念、加快农业现代化实现全面小康目标的若干意见	中共中央、国务院	农业支持政策要向规模经营主体倾斜
2017 年 2 月	关于深入推进农业供给侧结构性改革加快培育农业农村发展新动能的若干意见	中共中央、国务院	加快发展土地流转型、服务带动型等多种形式规模经营
2017 年 5 月	关于加快构建政策体系培育新型农业经营主体的意见	中共中央办公厅、国务院办公厅	明确信贷、保险的优惠政策等
2017 年 10 月	党的十九大报告	中共中央	重申培育新型农业经营主体
2018 年 2 月	关于实施乡村振兴战略的意见	中共中央、国务院	统筹兼顾培育新型农业经营主体和扶持小农户
2021 年 1 月	关于全面推进乡村振兴加快农业农村现代化的意见	中共中央、国务院	突出抓好家庭农场和农民合作社两类经营主体，鼓励发展多种形式适度规模经营

在国家政策大力支持下，新型农业经营主体培育发展迅速，我国农业现代化发展进程加快。同时，从上述政策中可以看出国家对金融服务支持新型农业经营主体发展高度重视。众所周知，金融是现代经济的核心，健全的金融服务是新型农业经营主体健康快速发展的重要保障；反之，滞后的金融服务将制约新型农业经营主体发展，甚至大大延缓农业现代化进程。

2. 新型农业经营主体已经成为我国农业发展主导力量

各类新型农业经营主体发展迅猛、成果喜人。截至 2016 年底，我国共有新型农业经营主体 280 万个,其中家庭农场 87.7 万家,经农业部认定的有 41.4 万家,家庭农场的种植面积超过 170 亩,规模效应显现。农民专业合作社 179.4 万家,入社农户占全国农户人数的 44.4%。农民专业合作社通过标准化生产、农社直销等方式极大地促进了入社农户收入的提高。全国各类农业产业化组织达到 38.6 万个,其中各类龙头企业达到 12.9 万家,已经成为农产品市场供给的主力。①

农村生产要素流转环境的大幅度改善为新型农业经营主体发展提供持续动力。依照农业部《农村土地承包经营权流转管理办法》《农村土地承包经营权证管理办法》《农村土地经营权流转交易市场运行规范》等规章及相关政策,2016 年底全国耕地流转面积达到 4.71 亿亩,土地流转面积达到 35%。另外,山东省在全国率先基本完成土地确权登记颁证工作,江苏部分试点地区建立了农村产权交易平台,便利了当地农地经营权的流转。

3. 新型农业经营主体金融服务供给不足

近年来新型农业经营主体不断发展壮大,金融需求旺盛,对信贷资金的规模、种类、期限等提出了更高的要求。但是当前的农村金融服务供给不足,难以满足新型农业经营主体日益增长的金融服务需求。新型农业经营主体在推广新技术、开拓新市场、打造新业态等方面具有引领作用,在扶贫和脱贫方面具有带动作用。相较于普通农户,具有规模大、管理规范、理念先进等优势的新型农业经营主体应是农村金融支持的重点。

现阶段,农业现代化目标下新型农业经营主体的金融服务需求呈现哪些新特征,现有的农村金融服务能否满足新型农业经营主体的资金需求,如何通过金融服务创新来满足新型农业经营主体的需求,撬动农村经济发展,从而有效地推进农业现代化等问题都需要进行深入研究与探讨。由于现有农村金融

---

① 数据来源:《我国新型农业经营主体数量达 280 万个》,《农民日报》2017 年 3 月 8 日。

服务难以满足新型农业经营主体发展需要和抑制乡村振兴战略实施,所以新型农业经营主体的金融服务创新是实现农业现代化的重要保障,也是农村金融供给侧结构性改革的重要抓手,具有非常重要的理论和现实意义。

(二)研究意义

习近平总书记说,小康不小康,关键看老乡,一针见血地指出我国全面建成小康社会的重点和难点均在农村和农业。党的十九大报告提出的乡村振兴战略为我国实现农业现代化目标提供了明确指导。新型农业经营主体不仅是乡村振兴战略的执行者,而且是农业现代化的主力军和生力军。新型农业经营主体的发展需要规模大、种类多、期限长的多元化资金支持,而现有的金融服务显然难以满足其发展需要。因此,通过研究金融服务创新助推新型农业经营性主体发展和加速实现农业现代化,具有重要的理论和现实意义。

在理论上,通过金融创新方式缓解信息不对称和抵押物缺乏等造成的融资困难,补充和丰富现有农村金融理论。在中国乡村振兴战略背景下,可以真实考察农村经营主体变化对金融需求变化,以及现有金融供给如何通过结构性改革为其提供高质高效的金融服务。总结出一条具有中国特色的新型农业经营主体金融服务创新路径,是对现有农村金融理论的有益补充,具有重要理论价值。

在现实中,通过分析农业现代化、新型农业经营主体和金融服务三者耦合关系、新型农业经营主体金融服务需求与金融服务供给分析、金融服务供给效率评价和供需偏差测度、金融服务创新模式借鉴、金融服务有效需求提升路径和政策、机构和产品等创新路径,探究新型农业经营主体金融服务存在问题、成因与未来发展路径。对金融机构、新型农业经营主体和政府部门都具有较强的参考和借鉴意义。

一是用定量方式科学分析新型农业经营主体对农业现代化影响、金融服务对新型农业经营主体影响以及金融服务如何通过新型农业经营主体影响农业现代化。厘清三者间的相互关系 有助于政府决策部门完善政策。

二是对新型农业经营主体的金融服务需求和供给进行调查研究和统计分析,从而对新型农业经营主体的金融服务供需有全面客观的了解。目前尚未有关于新型农业经营主体的权威统计数据,关于新型农业经营主体金融服务需求经验研究的重要成果,具有重要的参考价值。

三是科学评价新型农业经营主体金融服务效率和测度供需缺口。建立科学的金融服务评价体系,为将来评价金融服务提供一套可参考借鉴的体系。明确金融服务供给和需求的缺口,可以有针对性地提高金融服务供给和需求的匹配度,提高金融资源的配置效率。

四是系统分析金融支持农业经营主体的典型案例,为各地健全金融服务和增强对新型农业经营主体支撑提供重要借鉴,促进各地金融服务创新和服务质量提升。

五是构建各类新型农业经营主体金融服务有效需求提升路径,提高政策的针对性。各类新型农业经营主体在组织结构、生产特点、融资特点、风险承受力等方面存在显著差异,差异化的有效需求提升路径,将大大激发新型农业经营主体的有效需求,更好地盘活农村资源和实现农业现代化。

六是为解决新型农业经营主体的风险收益不匹配问题,探索政策、机构和产品等方面的创新路径。新型农业经营主体融资难的主要问题在于其潜在的收益风险不匹配。为此,从农地经营权抵押、政策性担保机构和金融衍生产品出发创新金融服务,破解缺乏抵押物、担保机构意愿不高和金融衍生产品缺乏等问题,从而构建适合新型农业经营主体的金融服务创新路径。

七是应用金融科技构建和优化融资模式。区块链技术能够很好解决金融的信用问题,大数据技术可以保障数据真实和提升数据价值,人工智能技术降低成本和扩大融资渠道。因此,应用金融科技建立农地登记、交易和智能抵押系统,优化新型农业经营主体组织形式,建立征信体系和智能化信贷模式。

二、研究方法与创新

（一）研究方法

本书主要运用金融学、产业经济学、农村经济学、宏观经济学、统计学、计量经济学和博弈论等相关学科中的理论思想和研究方法，对新型农业经营主体金融服务创新进行全面深入研究和分析。具体研究方法应用如下：

一是实证分析与规范分析有机结合的方法。运用实证分析的方法，分析新型农业经营主体、金融服务与农业现代化之间关系和相互作用，厘清三者间基本作用机制和障碍；运用计量模型和统计等方法详细分析新型农业经营主体金融服务需求状况与现有金融服务对新型农业经营主体支持存在的不足。然后，使用规范分析方法，构建金融服务创新模式和新型农业经营主体金融服务创新的政策支持体系。

二是定量分析与定性分析有机结合的方法。充分发挥定量分析方法的准确性和定性分析方法的全面性，努力使研究结果更具说服力。使用新型农业经营主体的相关数据和科学的定量分析方法，更加准确地把握新型农业经营主体金融服务存在的问题和成因。定量分析固然重要，定性分析亦不可或缺。本书的整体研究框架和思路以及路径设计则运用定性分析。定量分析和定性分析都服务于研究目标，两者相互结合、缺一不可。

三是计量分析和数理分析有机结合的方法。为了更好地对研究问题现状和成因分析，运用官方权威数据和实地调研数据，使用计量经济学分析方法，准确厘清相关关系和因果关系。囿于数据的可得性等原因，将使用数理分析方法对担保换期权等金融产品创新进行系统分析。

四是案例分析与文献分析有机结合的方法。使用案例分析方法对金融支持农业经营主体的经典案例进行剖析，并总结其经验与借鉴其有益做法。同时,通过对国内外大量文献搜集、鉴别、整理和评述,形成研究基础和研究起点,站在"巨人肩膀"上进行创新。

(二)创新之处

本研究以农村金融服务供给侧结构性改革和乡村振兴战略为背景,以新型农业经营主体金融服务创新为研究对象,探究金融服务创新如何更好支持新型农业经营主体发展和实现农业现代化目标,具有很强的实践意义和应用价值。另外,深化了对新型农业经营主体金融服务供需创新的认识,因而对农村金融领域的学术研究具有一定的潜在贡献和创新。

第一,在研究对象上,聚焦新型农业经营主体金融服务,而非泛泛讨论农村金融问题。现有研究,大多对农村金融或农户的金融行为进行分析,而本书以对农业现代化具有重要意义的新型农业经营主体金融服务为研究对象,因此研究对象选择上具有较大突破。

第二,在研究内容上,以往研究大多分析金融供给或农村市场主体的金融需求,本研究则既包括新型农业经营主体金融服务需求也包括金融机构金融服务供给,从供需双重维度研究金融服务供给和需求问题、成因、需求提升路径和金融服务供给创新路径,所以在研究内容上更加全面和更具创新性。基于"三权分置"、政策性担保机构和金融衍生产品,构建新型农业经营主体的金融服务供给创新路径。

第三,在研究结论上,发现新型农业经营主体有助于实现农业现代化,而金融服务对农业现代化影响不显著:对各类新型农业经营主体的金融服务供需进行分析,科学测度金融服务供需偏差,提出各类新型农业经营主体差异化的有效需求提升路径和金融服务供给创新路径。相对于大多以新型农业经营主体资金需求的文献,本研究结论具有更强的应用性、全面性和前瞻性。

第四,在研究视角上,分析金融服务创新如何支持新型农业经营主体发展,从而较快实现农业现代化目标。从金融服务供给和需求的角度出发,科学分析新型农业经营主体金融服务供需基本状况、供需不平衡及其影响因素,借鉴经典案例和构建政策支持体系、建立有效需求提升路径、构建金融服务供给创新路径和应用金融科技优化融资模式。

三、核心概念界定

(一)农业现代化

我国是传统农业大国,随着农业结构的转型升级,对农业现代化的认识也在不断深化和拓展。2016 年国务院印发《全国农业现代化规划(2016—2020年)》,提出农业现代化发展道路指产出高效、产品安全、资源节约、环境友好,通过创新促进农业转型升级、建立协调发展的农业产业布局、开发农业国内国际两个市场等。

西方经济学理论没有明确关于农业现代化的概念,主要是关注传统农业如何转变为现代农业,考察如何实现这种转变。西奥多·舒尔茨(Theodore W.Schultz,1964)在其经典著作《改造传统农业》中指出,传统农业是一种持有和获得收入来源的偏好和动机不变的经济均衡状态。弗农·拉坦和速水佑次郎(Vernon W.Ruttan,Yujiro Hayami,1971)认为,资源禀赋的相对稀缺诱导农民进行不同的技术选择从而从不同路径实现农业现代化的"诱发性技术创新"理论。

(二)新型农业经营主体

"新型农业经营主体"概念最早出现在中央文件中,所谓"新型"也是相对传统的、以家庭联产承包责任制为主要经营方式而言的,是对传统农业经营方式的创新和发展,是集约化、规模化、市场化经营的农业生产组织。新型农业经营主体主要包括专业大户、家庭农场、农民专业合作社和农业产业龙头企业等。

专业大户是农业生产中专门围绕某一种农产品进行生产的经营户,通过从事专业化、规模化的种养业生产,为生活消费、农业生产提供初级农产品和加工原料。家庭农场是以家庭为单位,以农业收入为主要收入来源的集约型、现代化的农业生产经营组织。农民专业合作社是以家庭承包经营为基础,同类农产品的生产者自愿加入的互助性的经济组织,农民专业合作社为成员提供生产、销售、技术等各类服务。农业产业龙头企业是以农产品加工或流通为主、具有独立法人资格的企业。农业产业龙头企业通过各种利益联结机制与农户相联系,对地区农业发展具有极大的带动作用。

新型农业经营主体的特征主要有四个:一是集约化经营。新型农业经营主体通过采用先进的农业生产技术对农业资源进行高效的利用,最大限度地减少对农业资源的浪费;通过对农业生产要素的集约化利用来提高资源使用效率和经济效益。二是规模化经营。新型农业经营主体具有适度的规模,通过对劳动力等资源的充分利用来实现规模效益,提高农业生产效率。三是专业化生产。专门从事某项农业生产经营,能够提高生产效率和投入要素使用率,能够实现对自身劳动力资源的充分利用,充分发挥各个农业区域、各个农业企业的自然条件和经济条件的优势,增加农产品产量和降低农产品成本。四是市场化生产。新型农业经营主体作为市场化的经济主体,以需求为根本,以市场为导向,进行专业化的生产和经营,经济效益明显高于传统农户,推动中国农业生产的发展和进步。

（三）金融服务

金融服务是指金融机构通过开展业务活动为客户提供包括融资、投资、储蓄、信贷、结算、商业保险和金融信息咨询等方面的服务。金融服务是一种较通俗易懂的说法,而其严格的学术含义为金融体系中的金融供给。金融服务创新就是要通过产品和服务、方法和手段、机构和模式等方面的创新,提高服务的效率和质量。

　　本书的金融供给主要指各类银行、信用联社、小额贷款公司、商业保险公司、互联网金融公司和其他新型金融机构提供的金融服务。新型农业经营主体的金融需求主要指专业大户、家庭农场、农民专业合作社和农业产业龙头企业等各类主体在生产、交易和投资过程中所产生的资金需求。

四、基础理论回顾

（一）农业信贷补贴理论（Subsidized Credit Paradigm）

　　20 世纪 80 年代之前，农业信贷补贴理论在各国农村金融的发展中得到广泛应用。该理论基于农业生产高风险、低收益的特点，认为商业银行出于盈利的考虑不会主动给农民提供信贷支持，因此为了促进农业发展，政府应从农村外部注入大量贴息或无息的政策性资金，并成立专门的非营利性的政策性金融机构提供相关服务。同时，也有学者（Von Pischke，1983）表示，由于农村的"不良借款人"会影响农村高利贷的利率，造成农村金融市场的混乱，因此，必须有正规的金融服务介入农村金融市场，并提供更合理的利率，所以政府对提供这种金融服务负有责任。

　　该理论支持成立由政府予以补贴的金融中介，从而满足传统农村和农业的资金需求。这样的做法在一定程度上可以解决农村地区资金短缺问题，但是过度补贴信贷导致的低利率信贷既使得农户没有储蓄动力，也使得金融中介难以自我发展，反而制约了农村金融和农村经济的发展。

（二）农村金融市场理论（Rural Financial Systems Theory）

　　20 世纪 80 年代以后，在对农业信贷补贴论批判和反思的基础上形成了农村金融市场理论。该理论认为农村内部可以产生大量的存款，政府的补贴资金一方面挤占了金融机构的发展空间,另一方面也造成贷款回收率低、农村居民对外部资金的依赖度过高的问题。因此农村金融理论市场反对政策性金融,强调市场的主导作用,倡导农村利率市场化。Buchenrieder 和 Hei-dhues(1998)从金融业的职能角度进行分析,认为在经济从中央计划模式向市场模式转变的过程中,金融业也要从单纯的财政职能(例如发放补贴和支持特定补贴计划)向金融中介职能转移,这就需要宏观层面上的改革和创新、微观层面上的组织和管理调整以及金融工具上的创新。金融业需要转变为能够根据情况自主判断并自我决定经营方向和经营模式的状态。农村金融机构通过这一系列调整,在农村有效吸收存款,提供资金,形成稳定可持续的经营模式。但完全仰赖市场机制、极力排除政策性机构介入的农村金融市场理论,在投资时间长、风险高、缺乏抵押物和低收益的农业中,需求方仍将难以满足资金需求,融资困境依然难以破解。

(三)不完全竞争市场理论(Imperfect Market Theory)

Stigiliz 和 Weiss(1981)最早将信息经济学分析方法引入对农村金融的研究。此后,众多经济学者关注在不完全竞争的市场结构和信息不对称情况下农村金融的发展问题。该理论认为发展中国家的农村金融市场是不完全竞争市场,资金供给方无法获得资金需求方的充分信息,这样通过市场机制将难以培育和发展出所需要的金融市场。为了补救市场失效问题,需要政府介入改变双方信息状况和市场主体的组织形式等,通过政府的干预手段发挥巨大的作用。Wenner 和 Proenza(2001)通过对拉美地区的情况分析验证了这个结论。Kilkenny 和 Jolly(2006)通过分析美国中西部 12 个州的数据,认为农村信贷市场是不完全竞争市场,农村金融机构通过收取更高的贷款利率,支付较低的存款利率,来降低承担的风险。在信息不对称的情况下,道德风险、逆向选择等问题将会导致市场失灵。因此,部分学者,如 Von Pischke(1991)、Hoff 等(1993)、Benjamin 和 Yaron 等(1997)认为,在发挥市场作用的基础上,政府可以通过对农村金融政策和监管的改革、提供担保融资服务等方式进入农村金融市场,解决市场中存在的信息不对称问题,为金融机构良好运行提供稳定的外部环境。

(四)普惠金融理论(Inclusive Finance Theory)

普惠金融是指立足机会平等要求和商业可持续原则,以可负担的成本为有金融需求的社会各阶层和群体提供适当、有效的金融服务。在 20 世纪 70—80 年代,南亚、拉美等地的小额信贷大获成功,成为期初普惠金融重要形式。2005 年,联合国正式提出普惠金融概念,此后普惠金融影响日渐广泛。普惠金融强调共享理念,具有可得性、价格合理性、便利性、安全性和全面性五个显著特征(星炎,2016)。普惠金融不是为某类群体提供金融服务,而是为所有市场主体提供金融服务。普惠金融理论将为新型农业经营主体和农业产业发展提供更多的理论支撑。实现农村普惠金融目标必须积极开展金融产品与服务创新(周孟亮、王琛,2014);实现金融普惠性要求金融服务创新,从而提高金融可获得性水平,使金融机构更好提供高质高效的服务(林秋萍、谢元态,2014)。

五、国内外研究述评

(一)国外研究现状综述

1. 关于金融支农的研究

国外学者对金融支农的研究主要集中在四个方面。

一是农村商业性金融发展。20 世纪 80 年代以后,世界范围内的农村商业性金融取得了快速发展。Rakshit(1982)认为,由于农村地区利率机制失灵以及金融中介机构缺失导致信贷市场不完善,进而影响了农村地区的资金需求,因此需要大力发展农村金融中介机构。Reuben Jessop 等(2012)指出,农村的金融供给主体主要包括:商业银行、政策性银行、小额信贷等民间金融机构、租赁、非金融机构金融、农业保险、担保基金、公共捐赠基金。Galor 等(1993)从金融发展和经济增长对收入的影响入手,认为在不完善的金融市场中,金融发展和经济增长不能带来收入差距的缩小,因此只有完善农村金融市场才能达到提高收入的目的。Huang 等(2003)认为,农村资本流向城市一定程度上造成了中国农村资金短缺。Frank Höllinger(2011)认为,为了减少农村商业性金融的运营成本和降低农村金融工具的风险,可以通过信贷配额以及抵押品来实施,但是由于农村生产中的抵押品缺乏问题,通常不会向农村金融提供更多的商业性服务。Son, V.N.等(2017)认为,成立生产互惠基金是破解现在农村和农业融资困境的重要方法。生产互惠基金的目标是互惠化生产和后期生产链,因此,将融资概念扩展到整个价值链。它是为可行的工业服务公司融资,提供所有必要的服务,以确保加工农产品的优化生产、可追溯性和分配给最终经销商。这种方式不再是为传统的农户直接融资,而是为偿付能力和经营能力更强的新型经营主体提供金融服务。

二是农村金融发展与"三农"发展。Jensen(2000)指出,以政府为主的农业信贷体系对农业投资的支持作用不明显。Allanson(2006)通过对苏格兰农业政策分配效果评估,发现政策支持方式对政策效果产生重大影响。Meyer(2011)认为,由于资金的成本问题,金融机构往往在此方面的投入较少,所以向发展中国家提供金融服务存在较大困难。John James(2013)通过研究中国的农村金融问题,认为应该从县、乡、村多层级入手,统筹相应的财政和税收政策支持农村发展。上述文献表明,商业性金融对农业产业发展的促进作用十分有限,完善配套的政策支持体系和发展政策性金融服务是支持农业发展的重要一环。

三是农村金融效率。King 和 Levine(1992)、Boot 和 Takor(1996)、Beranke

(1998)等研究了不同的影响机制。Khandker(1998)以及 Sharma(2002)等提出,农村微型金融的小组式贷款和动态激励两大机制的设置,很好地解决了信息不对称情况下农村低收入群体缺乏有效抵押品和担保所带来的风险。Christen(1995)和 McDonald(1997)认为,微型金融机构需要拓宽融资来源降低其融资成本,有利于其更好地发挥"社会扶贫"功能。De Young 等(2010)通过系统性研究指出,银行的相关政策以及金融监管的扶持力度作为最关键的两个因素会影响农业融资的效果,并且农户个体的积极性并不能显著影响农业融资的规模和效果。HanXue 和 QuLi-li(2016)认为,孱弱的融资能力是制约农业发展的重大问题。

四是农村金融制度与经济增长的关系。Hugh T.Patrick(1990)指出,金融制度与经济发展相互影响的两种模式,即需求追随和供给领先模式在经济发展的不同阶段发挥了重要的作用。之后,Belongia 和 Cilbert(1990)通过建立计量经济模型检验了农村金融制度和经济增长二者的关系。Burgess 和 Pande(2003)对印度 1961—2000 年相关数据进行实证分析,提出了银行业的发展可以提高农业的产出和降低贫困人口的数量的观点。金融制度与经济增长之间是相互影响的,金融制度的变革和完善是支持经济发展的重要因素。

2. 关于金融支持新型农业经营主体的研究

Fulton(1995)探讨了农民家庭农场从传统农业向未来社会经济制度过渡中长期存在的合理性。Philips(1953)、Batemna(1979)、Cook M. L(1995)、Sexton(1986)认为,农户自身规模较小,很难在市场交易中获得平等地位。合作社可以获得更多的生产者剩余,使社员的福利增加,是能够实现农业生产要素最大化的一种组织模式。Fama(1983)指出,合作社要加强运行过程中的管理,有效防范合作社内部"搭便车"问题的发生,提高合作社内部成员的合作意识和积极性,从而实现合作社的高效率运行。Boehkje(2014)从合作制度的发展视角比较了传统合作制和现代合作制的差异,认为当前的现代合作制度更有利于增加产品的附加值和提高社员的收入。Grant 和 Namara(1996)通过对英国和爱尔兰农户的外源资金来源的调查,认为农业贷款机构商业化的必然性,使得规模大的农户能更好地利用信贷资金。Ghatak(1999)和 Laffont 等(2000)研究表明,团体贷款有助于提高信贷市场效率。Ghatak(2000)和 Tassel(1999)则指出,同类型借款者聚集在一起可有效解决逆向选择问题。相对于传统农户的组织形式,新型农业经营主体更容易获得资金支持,也有利于提高农村金融市场效率。

3. 关于金融体制机制的研究

加塔克等(1984)认为,由于农村金融机构数量较少和运营成本远高于经济发达地区等原因,出于对自身盈亏收入的考虑,能够为农村服务的金融机构数量非常有限。农户的偿还能力以及风险承受能力都给金融机构带来较高的风险。他们主张农村金融组织的结构创新应该放在如何平衡盈亏上,应当降低信贷门槛,将广大农村经济主体纳入金融体系中来。Juan Buchenau(2003)指出,金融创新活动的主体应包括与农村经济相关的全部和绝大部分的主体,比如农村金融机构、相关农业企业、农户等。金融创新活动要关注各方面因素,应全方面考虑相关主体的成本与收益、关注项目的可操作性与可持续性,需要资金支持和体制保证,明确相关主体之间的权责利边界。Banerjee(1994)认为,如果中小型金融机构与家庭农场主开展长期合作,可以有效降低信用风险对融资带来的负面影响,从而增加家庭农场的融资机会。Stieglitz(1998)同样指出,中小金融机构更有利于解决家庭农场类农村经营主体的融资问题。政府应对农村金融创新给予政策支持,设立配套制度,对创新活动给予相应奖励和政策倾斜,增加农村经济主体的福利范围。

Heidhues 等(1997)在罗马尼亚和农业转型的宏观经济背景下,深入研究了农村金融机制和农村金融市场的未来发展。他们强调如果要建立一个高效的能够解决农业部门融资需求的农村金融体系,必须要有创新的推动。一方面,在金融体系层面需要建立一个有效的监管框架,并且保持央行一定程度上的独立性;另一方面,在金融机构层面,需要完善金融机构的服务管理水平及新产品设计能力。Hartarska(2002)认为,贷款技术和机制创新,对于扩大金融领域的覆盖面具有积极作用。另外,金融体系建立的方式也能够对金融机构及其资金流动产生影响。如果能建立一个可以自我积累并传播知识的金融体系,就能弥补农村市场中存在的信息缺口,处理各种不确定性并有效应对风险。因此,不同的金融机制设置会对金融创新产生影响(Sonne,2010)。

(二)国内研究现状综述

关于农村金融研究的现有文献大多分析金融服务或金融发展与"三农"问题之间的关系以及如何支持"三农"发展(林毅夫,1989;严琼芳,2012;宋军平,2012;丁志国等,2016)。从宏观角度分析,可以掌握农村金融与农业发展、农民增收和农村经济壮大的基本情况,也是现有研究的重要基础。但是,在乡村振兴战略的背景下,微观的农业经营主体经营组织方式等将发生重大变化,下面将围绕农村经营主体的金融服务研究进行文献梳理和评述。

1. 关于农村金融服务创新的研究

马丽霞(2014)指出,农村金融服务领域是当前我国金融服务体系中的薄弱环节,并且在我国金融服务创新方面同样处于较弱地位,从而制约了我国农村金融乃至整个农村经济的发展。魏岚(2014)认为,应该将交易成本作为研究农村金融服务创新的主线,通过从加大政府支持创新力度、提高金融供给和改善农村信用环境等方面入手寻找支持农村金融服务创新的持续动力。潘淑娟(2012)结合当前农村金融产品需求,提出发展专业合作社担保贷款、农村物流金融、设计推广适合农户需求的保单质押贷款、供应链式金融产品等。田英(2014)提出,应当把互联网金融的文化理念注入涉农金融机构。匡亚斌等(2015)提出,开展农村金融产品和服务创新,发展手机移动支付、互联网金融、银行代理等新型业务模式。满明俊等(2013)提出,对于农村金融服务创新而言,应该改变传统的以单一客户贷款为主的传统融资模式,应结合当前农业生产专业化、组织化和社会化特征,充分发挥金融机构在管理、技术、网络方面的优势,依托新型农业经营主体之间、农业产业之间的联动关系,提供综合性的金融服务。唐敏(2014)从模块化视角探讨金融服务系统创新,指出发展模块化可有效提高农村金融服务系统的创新效率。顾循良(2014)指出,农村金融服务创新的重点是加大农村金融服务的覆盖率,大力发展包括村镇银行、农村信用社等在内的新型农村金融机构,提高其在农村地区的数量。梅波(2014)指出,农村金融服务创新应当将创新农村金融服务监管体系作为重要抓手,提高农村金融对农业发展的支持,通过不断健全农村金融服务监管体系和规范监管制度,实现支持农村金融服务创新的目的。王刚贞和江光辉(2017)提出"农业价值链+互联网金融"的农村金融服务创新模式,分析该模式惠及农户多、风险可控、可持续和可推广的主要特点,较好地克服了"业务成本高、抵押品不足、信息不对称"等问题。何广文和何婧(2017)认为,创新农业供给侧结构性改革金融服务,不仅需要从金融服务的供给出发,还需要从农村金融需求的角度考虑。所以,农村金融服务创新是实现农业现代化目标和实施乡村振兴战略不可或缺的一环。

2. 关于金融服务新型农业经营主体的研究

一是关于新型农业经营主体的范畴认识的研究。黄祖辉和俞宁(2010)以浙江省新型农业经营主体为研究对象,将新型农业经营主体分为农业企业、农民专业合作社、农业专业大户三类。张照新和赵海(2013)认为,经营性农业服务组织为农业生产提供专业化服务,也是新型农业经营主体。我国新型农业经营体系的建立是以种养大户和家庭农场为基础,以农村龙头企业、农民专业合作社以及各类经营、服务性组织为支撑,多种生产经营组织共同协作和融合的体系。同时,要进一步加强土地流转制度建设和服务配套,加快发展政策性农业保险,加强新型农业经营主体的人才队伍的培养。王慧敏(2014)认为,应将新型农业经营主体分为家庭经营型、合作经营型和企业经营型三种类型,并且各个类型的经营主体在推动农场经济发展中起到同等重要的作用。虽然新型农业经营主体有三分法、四分法和五分法之说,但是应用最多的是将新型农业经营主体分为专业大户、家庭农场、农民专业合作社、农业产业化龙头企业。

二是关于新型农业经营主体发展意义的研究。当前农业产业经营主体不只是一个概念性产物,实质上是对农业农村发展过程中经营主体的一种统称(纪永茂、陈永贵,2007)。新型农业经营主体是我国农业未来发展和产业化升级的发展动力和可靠保障。薛维海(2010)认为,培育和发展新型农业主体有利于农业转型升级,同时也是提高农业收入的重要举措。黄宗智(2007)认为,应大力推广建设新型农业经营主体,这是我国促进农村经济发展和实现共同富裕的重要途径。新型农业经营主体通过标准化的生产管理规范,可以带动小规模农户学习先进的生产规范和管理模式,促进整个农村生产力水平的提高。孔祥智(2014)认为,新型农业经营主体是中国农产品供给和农业现代化的重要力量,有助于推动农业结构的调整与升级,是现代农业发展中不可忽视的力量。

三是关于新型农业经营主体融资难成因的研究。黄祖辉等人(2010)通过对三类新型农业经营主体资金来源进行研究,指出三者的资金来源就内源融资而言大体相同,往往是通过前期自筹和发展经营中的盈利积累转增而来的;对于外源性融资通常是通过民间资本的借贷、金融机构的贷款和政府的各类资金支持。然而,因为自身规模的差异,三者外源融资的来源也是有所区别的。农业企业通常通过农村信用社等金融机构来进行贷款,民间资本会作为其资金来源的有效补充。专业合作社是通过其自有资本和各级政府的资金支持。刘伟(2015)指出,专业农业大户主要通过自身资本积累而完成的内源融资,农业龙头企业由于规模相对较大,可以通过银行、民间资本等进行多渠道外源融资。张立(2014)、张晓萍(2014)、江伟国等(2015)在研究中指出了新型农业经营主体融资过程中存在缺乏抵押物、无担保的问题。朱文胜等(2014)从新型农业经营主体的征信角度考虑,指出各类农村金融机构对农民专业合作社、家庭农场基本没有建立有效的信用评价体系,进入征信系统的企业数量较少,总体不足一成。融资性担保公司对农业生产经营主体的涉农担保,往往会提出相对严格的反担保要求,进一步提高了融资的门槛。刘炼(2014)认为,农村产权不明晰是造成家庭农场等新型农业经营主体所有的生产要素不能作为抵押物进行融资的最大阻碍,这是制约新型农业经营主体发展壮大的一个关键因素。孔祥智等(2013)提出新型农业经营主体发展面临诸多问题,家庭农场如何制度化、家庭农场主的知识技能如何提高、农民以承包土地入股合作社的失地风险如何避免等。范晓霞(2013)指出,新型农业经营主体发展面临农村土地流转困难、政府政策支持力度不足、贷款难、公共服务不足以及基础设施建设投入不足等困难。孙立刚等(2015)认为新型农业经营主体在融资需求上存在"金融需求多样化、融资需求长期化与季节化并存、融资周期不等"等特征。陈卫东(2013)指出,困扰新型农业经营主体的问题是由于贷款难、费用高和金融机构营业网点少等原因造成。林芳(2013)指出,在新型农业经营主体发展的过程中,存在较严重金融抑制现象、农村信贷供给不足、金融业务创新不足、产品单一等问题。万芹(2013)认为,我国家庭农场的融资困难、融资渠道单一等问题是由农业风险、市场风险等客观因素和其收益不稳定等自身因素引起的。同时,由于农业生产的季节性和时间性,而金融机构的贷款手续繁杂,难以充分满足家庭农场的需要。对于农村金融机构而言,为了避免贷款违约造成损失,大多不愿意为家庭农场提供贷款,从而限制了家庭农场资金的来源。朱启臻(2014)指出,我国家庭农场融资主要存在两方面的问题:一是家庭农场的资金问题,存在着内源融资供给不足,外源融资形式单一;二是我国现行的金融体系特别是大中型商业银行主要是以城市群体为服务对象的,农村服务金融机构相对匮乏,导致家庭农场的外源融资不足,限制了其生产规模的进一步发展。孙晋刚(2014)从农村专业大户的金融需求入手,指出其存在授信额度不高、融资需求得不到有效满足的困难,建议加快开展满足其需求的金融产品创新和保险制度建设。康远品(2015)指出,在家庭农场申请贷款时,银行的贷款手续和审批过程复杂,同时贷款数量受到限制,也是其资金来源不足的一个重要原因。杨蕾等(2014)认为,家庭农场融资困难主要是因为农村金融供给不能满足其规模化的金融需求。霍东乐等(2014)认为,由于缺乏有效的递延资产和担保使家庭农场陷入融资困境。

四是关于提高金融服务新型农业经营主体水平的研究。张启文等人(2015)从交易费用理论、产权理论、信息不对称理论和制度变迁四个角度,研究金融支持新型农业经营主体发展,指出应抓住农地经营权流转等政策契机,以降低交易费用为目标,以破解融资难融资贵为着力点,以降低信息不对称为突破口,从完善农村金融组织体系、构建农村产权融资体系、加快农村金融产品创新、完善农村金融基础设施、扩宽多元化融资渠道、完善相关配套政策措施等方面加以推进。王曙光(2012)、黄祖辉(2010)、中国农村财经研究会课题组(2014)、张超(2014)等从解读中央文件的角度出发,探讨了金融支持现代新型农业经营主体的必要性、重要性。在实证研究上,吴雅楠(2014)、付景林(2014)、刘炼(2014)、张霞(2013)等认为,由于部分新型农业经营主体身份难以界定、农村土地等要素流通市场不完善、风险补偿机制不健全等制约了金融对其支持。张荣(2017)通过实证分析提出,农村金融的发展和农村金融服务水平的提高可以增加农民收入。谢玉洁(2013)指出,新型农业经营主体面临着融资困难,农村信用社金融供给不能满足新型农业经营主体多样化和多层次的金融需求,其供给形式相对落后,融资过程中融资成本较高、融资期限错配、融资担保门槛较高等问题造成其不能有效满足新型金融主体的资金需求。因此,当前的问题在于围绕广大农户需求,创新金融产品,建立完善的利率定价和风险评价机制,健全农村金融服务体系。高彦彬(2014)指出,金融机构需要掌握家庭农场等新型农业经营主体的特点,从而创新金融产品和提供"一站式"的金融服务。

3. 关于农村金融中政府和金融机构的研究

一是关于农村金融中政府角色的研究。朱超(2007)在分析印度政府干预农村金融的经验教训的基础上,提出中国政府应扮演"有限直接"的角色,即一方面通过营造有利的宏观环境和提供适宜的市场交易法律框架,另一方面以透明的方式直接向农村金融机构临时提供资本或再融资。向林峰和文春晖(2013)认为,由于我国传统的计划经济体制的影响,对于我国农村金融制度改革而言,应该从遵循政府作为主导的模式出发,采取"以强制改革"的手段来实现农村金融制度的变迁。胡苇勇(2010)从不完全竞争理论、不完全信息理论及制度经济学等不同视角分析了政府介入的理论基础,认为在中国农村金融中,政府的角色主要是协调推进农村公共财政改革和农村金融改革,通过改革现有金融机构、规范非正规金融、适度放开准入等方式建立竞争性农村金融市场体系,完善农村金融市场的法律和监管框架、优化农村金融生态环境。温湛滨(2005)认为,政府不应过度干涉农村金融市场的发展,通过明确农村金融机构的产权、提供相关制度政策支持和建立政策性金融机构等方式,发挥市场与政府的相互促进作用。刘卫柏(2012)提出,在农村经济建设上,要建立和完善多层次、相互补充的农村金融体系。任碧云、刘进军(2015)认为,经济新常态下要促进农村金融协调发展,就应强化农村金融发展中的政府作用,政府应通过推动金融资源的布局和金融要素的投入多向农村倾斜,建立财政支农与金融支农的联动机制,资金由下拨式管理向基金、项目式管理转变,推动农村政策和法规的建设。射琳(2014)认为,政策性金融的主要任务包括为国家农业基础设施融资、降低农村金融供需主体金融风险、促进农村土地有效流转和平抑主要农产品价格波动等方面。

二是关于新型农村金融机构的研究。发展新型农村金融机构具有多方面的意义,既有利于打破农信社垄断,形成竞争性的农村金融市场(徐忠、程恩江,2004),增强农村金融供给(沈杰、马九杰,2010);还有利于推动农村金融其他领域改革比如为农信社改革提供配套政策以减少农信社改革中的道德风险问题(周小川,2004),为农村金融的利率市场化创造条件(徐忠、程恩江,2008)。在以农信社为主体的农村金融市场中,新型农村金融机构的发展受到多方面因素的制约,比如初期信誉度低、人才不足、汇路不通、网点少且成本高、信贷风险难控制(王曙光,2008;马丽华、宋雅楠,2010),存在制度设计缺陷(年志远、马宁,2009)。村镇银行和贷款公司本身缺乏商业可持续性(洪正,2011)。陈雨露等(2010)提出,村镇银行在运营中存在由于"吸储难"造成的资金供给不足、经营管理缺乏独立性、产品同质化等问题制约了其发展。小额贷款公司由于股权结构分散、高利率引发的"挤出效应"和风险防控意识薄弱、监督管理缺位也使其缺乏发展动力。农村资金互助组织互助功能不足,农户入社时间短,自我管理能力低下等问题都制约其发展。一些文献认为,政府需要扶持新型农村金融机构。比如,王曙光(2008)认为,政府应通过提供批发性贷款和再贷款机制建立政策性保险体系等方式支持新型农村金融机构的发展。丁志国等(2012)指出,农村金融促进农村经济发展的关键是建立新型农村金融机构以及抑制农村资金流失。张昕(2015)对甘肃省农村金融供给和需求进行调研,认为应进一步加强农村金融创新,健全农村的政策扶持体系并且维护金融运行环境。黄可权(2015)通过对农村金融机构的贷款机制进行研究表明,不科学的利率定价机制可能造成一些新型农业经营主体无法获得贷款,而部分资信较差的对象却获得银行贷款。林乐芬、法宁(2015)通过研究银行的金融产品指出,由于银行针对涉农主体而设计定制的金融产品种类较少、产品相对滞后,特别是缺乏与新型农业经营主体资金需求特点相对应的金融产品,从而导致了新型农村经营主体的融资困难。一些文献还讨论了新型农村金融机构改革的特点及逻辑。王信(2014)通过研究我国新型农村金融机构的特征,尤其是通过比较资金互助社和小贷公司的特征,提出了针对我国未来新型农村机构发展模式的改革建议。洪正(2011)认为,新型农村金融机构改革的显著特点是以现有金融机构为主导,对民间资本进行审慎限制。葛永波等(2011)指出,新型农场金融机构能够更好地服务于农村经济发展,与"三农"服务更为契合,但同时也存在目标定位尚未达到政策初衷、现有数量和辐射区域不足、整体资金实力较弱、经营风险较大、政策支持不到位等问题。同时,由于新型农村金融机构同样具有逐利性特征,相关监管部门需要进一步健全激励机制,避免农村资金的逃离。杨静等(2014)参考美国农村金融服务机构建设模式,提出应将涉农资金划归村镇银行、农村合作银行进行管理,直接给予合作金融机构一定的政策扶持。

互助性的合作金融组织应当作为农村金融服务的主力军(李彬,2014)。目前我国农村信用社普遍存在"脱农"问题,即并不是将手中掌握的资金以及其他的金融资源用于农村经济发展,而是把工作重点放在了一些非农产业上,致使发展格局呈现两极分化态势。从国内广大农村地区的发展趋势来看,农民对合作金融组织存在普遍需求。周一鹿(2010)结合美国、日本和印度农业信贷资金使用的经验,提出应该按合作制原则改革我国农村信用社,进一步对各类涉农信贷机构进行合理分工,设计适合我国农业贷款需求的业务制度和监督管理流程。

4. 关于农村金融产品创新的研究

一是关于农村土地房屋抵质押贷款创新的研究。王昌林(2014)认为,农房抵押贷款在操作中存在抵押物有瑕疵、变现难、价值难确定、逆向选择难避免等困难,对此应采取加快相关法规建设、规范执行标准、强化地方政府帮扶、加强配套工程建设等措施。刁其怀(2010)研究发现,农房抵押贷款存在抵押登记基础薄弱、金融机构顾虑重重、集体经济组织虚位、名为抵押实为买卖等问题。认为可通过加强农村保障房建设、加强农房评估、厘清农房流动收益分配机制和加大对金融机构支持等手段予以解决。王磊荣和王选庆(2007)认为,要解决农户资金短缺问题,应建立健全有效的农村资本市场,完善农村土地、房屋等资产的抵押制度。马九杰(2015)认为,随着法律改革和抵质押制度完善,"农地抵押"可能成为促进农村金融市场发展的途径。土地承包经营权抵押贷款方面,黎翠梅(2008)认为,土地的社会保障功能对土地承包经营权抵押贷款构成了现实制约。宋丽萍(2009)认为,农村土地承包经营权抵押贷款创新受到社会舆论的压力,在实际操作中也受到缺少法律支持、土地价值评估难、土地处置变现难、贷款风险防控难等因素的制约。韩喜平、金运(2014)从农村信用担保体系构建问题入手,提出构建"二元结构,四种层次,n类形式"的农村金融信用担保体系与农村金融二元结构配合,激活和培育农村信用体系,创新担保形式,深化抵押担保和信用资源开发。肖诗顺等(2010)指出,我国的农村土地在一定范围内具有可转让性,健全农村土地的抵押贷款机制可有效缓解农村居民融资难题。林乐芬等(2011)认为,进一步健全农村土地流转市场和配套制度,减少对农村土地承包经营权转移和土地股权参与贷款抵押限制,有效解决农村贷款抵押物不足的问题。闫艳(2015)提出,要通过农村土地流转和经营权抵押贷款制度设计加快农村产权制度改革。杨成章(2015)认为,促进农村金融发展,需加快建立健全多层次、多形式的保险和再保险体系,完善农业保险大灾风险分散机制,降低现代农业生产经营风险和银行信贷风险。要进一步扩大有效抵押和质押品范围,发展具有农村特色的金融产品。潘淑娟(2012)指出,农村金融机构可因地制宜地创新金融产品与服务,开展龙头企业担保贷款、保险单质押贷款、农村供应链金融产品,从而解决家庭农场发展融资困难的现实问题,为农村经济发展提供有效保障。

二是关于林权抵押贷款的研究。国内大多数文献认为林权抵押贷款面临较大制约因素。比如,韩立达、王静和李华(2009)认为,林权抵押贷款受到抵押对象限制过严、抵押期限短、抵押融资成本过高和抵押程序繁杂等因素制约。林权抵押贷款还存在公共财政支持不足、相关法律法规缺失、林权改革配套措施不完善等问题。谢郁等(2014)从金融机构、借款人、抵押物和政府法规等不同角度出发分析林权抵押贷款的风险,指出应完善农村信用体系和林权流转体系,建立森林资源资产评估机制和森林保险制度,并出台相关政策法规支持林权抵押。通过涉农贷款担保体系的完善和政策扶持力度的加大,进一步创新抵押贷款形式、完善金融机构信贷操作程序等措施防范林权抵押贷款风险,促进林地抵押贷款的顺利开展。梁姿(2014)从银行涉农贷款的角度出发,参考涉农抵押贷款的操作程序和抵押物的特点,分析了银行不愿进行活体抵押的原因,并提出开展活体抵押的融资策略。此外,创新农业贷款抵押物和抵押担保制度,探索土地承包经营权与草场、水面和林地经营权等抵押贷款。

5. 关于区块链在金融领域应用的研究

一是关于区块链金融应用内容的研究。关于区块链金融内涵的研究,国内众多学者从不同的视角进行了界定和探讨。美国学者梅兰妮斯万(2015)首次提出区块链金融的概念,认为资产可以通过区块链系统进行注册、存储和交易,以数字资产的形式存在,并可被跟踪、控制、交换和买卖。曹磊(2015)探讨了区块链技术在金融领域的应用,认为金融将进入加密货币时代,未来金融将呈现以区块链技术为征信核心的新金融形态。

二是关于区块链在金融领域应用前景的研究。大部分学者肯定了区块链技术具有降低成本、提高效率等优势,应用前景广泛。Templeton(2015)认为,区块链技术既保证安全性又有效率,可提高贷后管理效率,节约客户成本。鲜京宸(2016)认为,区块链技术改变了金融业的运作模式,对金融交易和风险管理都有积极的促进作用。林晓轩(2016)认为,区块链技术将使得金融业升级,促进信用本质的回归,可运用于票据、清算结算等方面。张伟(2016)指出,货币具有从实物到虚拟转变的趋势,中央银行可以利用区块链技术发行数字货币,以及完成货币的支付清算等工作。张晓燕和郭杰群(2017)认为,区块链技术解决了传统金融的一些弱点,能够提高交易的效率及安全性,更好地贴近用户需求。张荣(2017)认为,区块链金融将借助区块链技术,自动、精准地识别客户信用状况,重塑金融市场征信体系。乔海曙(2017)认为,区块链驱动金融创新的实质是智能化的金融服务,将重塑信用机制、降低交易成本、防范道德风险,并驱动金融创新。

三是关于区块链在金融领域应用问题和挑战的研究。杨涛(2016)探讨了区块链金融应用面临的十大挑战,最大挑战在于金融服务和数据服务的"模糊地带",分布式技术最终影响的是账户形态。黄锐(2016)认为,区块链金融引发了新的金融风险,给现行的金融监管体系带来了挑战,应借鉴发达国家的监管实践经验来确定区块链金融应用的业务实质,界定和管理监管对象。张秀广(2016)多角度探讨了区块链金融存在的问题,认为区块链技术尚存在自身因素限制、信息安全认证有待加强,增加了金融监管难度。

四是关于区块链在金融领域的解决方案的研究。聂二宝(2017)基于当前互联网金融征信存在的问题,提出区块链技术和大数据技术的"双通道"征信技术,通过建立信用风险评估系统有效防范互联网金融中存在的信用风险。汪俐彤(2017)认为,区块链技术具有信息采集和信息安全的优势,政府和金融机构可将区块链技术应用于农村金融信息共享平台的建设中。张晓玫(2016)认为,区块链技术对小微企业信贷配给、直接融资与间接融资模式产生巨大影响,提供了更多的融资途径选择。张耘(2017)梳理了国外区块链技术在金融服务业中的应用案例以及主要模式。

(三)国内外研究评论

综上所述,关于农村金融的文献汗牛充栋,不仅研究宏观层面农村金融与农村和农业之间的关系,也在微观层面的金融机构配置和产品服务创新等方面有较多论述。这些文献是本书后续研究的重要基础。同时,关于新型农业经营主体金融服务的文献也已经有不少成果,但是大多从金融供给单一角度进行研究或是对新型农业经营主体整体进行研究,缺乏对新型农业经营主体金融服务的差异化分析。新型农业经营主体与金融服务和农业现代化之间是什么样的关系? 新型农业经营主体的金融服务供需主要问题和提升路径是什么? 新型农业经营主体的供需偏差如何测度? 新型农业经营主体金融服务模式如何进行创新? 有哪些经验可以为我所用? 能否使用金融科技进行底层运行机理和融资模式创新? 上述一系列问题都需要深入研究和分析。虽然新型农业经营主体是实现农业现代化目标和实施乡村振兴战略的主力军和生力军,但是囿于农村金融固有的不足和新型农业经营主体金融需求新特点,必须结合金融供给创新和金融需求提升两个维度,从新型农业经营主体金融服务的理论和实证两个层面,从经验借鉴视角,对新型农业经营主体金融服务创新进行深入的系统研究。

第一章　新型农业经营主体、金融服务与农业现代化耦合分析

　　农业现代化是全面实现现代化的基础和保障。2018 年中央一号文件明确指出,统筹兼顾培育新型农业经营主体和扶持小农户,采取有针对性的措施,把小农生产引入现代农业发展轨道。新型农业经营主体是现阶段实现农业现代化的主力军和突击队。理论上,由于专业化、集约化、组织化和规模化等特点,新型农业经营主体对实现农业现代化将起到至关重要的作用。自从2013 年国家正式提出新型农业经营主体以来,其对农业现代化产生什么样的影响、产生多大的影响都是需要证实的问题。

　　另外,资金问题一直是阻碍农村经济发展的重要原因。由于传统农业的经济收益有限,导致大量资金流向城市,使得农村金融发展滞后,影响农村经济的持续健康发展。我国的新型农业经营主体刚刚起步,尚未形成规模效益,同时前期土地流转、农机设备购置和基础设施建设等需要大量资金,这样金融服务能否跟得上势必成为新型农业经营主体能否持续有效发展的关键因素。

　　出于上述方面的考虑,本章将对农业现代化、新型农业经营主体和金融服务之间的耦合关系进行深入分析,以期厘清农业现代化、新型农业经营主体和金融服务间如何相互影响,尤其是金融服务如何影响新型农业经营主体和农业现代化。

第一节　新型农业经营主体和农业
金融服务发展现状

一、新型农业经营主体的现状

由于新型农业经营主体尚无权威机构发布年度数据，下面将根据第三次全国农业普查数据进行相关分析。

2016年，全国共有204万个农业经营单位。年末在工商部门注册的农民专业合作社总数179万个，其中，农业普查登记的以农业生产经营或服务为主的农民专业合作社91万个；农业经营户20743万个，其中，规模农业经营户398万个。

从上面的数据可以看出，无论是新型农业经营主体的整体数量，还是各类新型农业经营主体数量都快速增长，农业规模化经营已经初步显现。新型农业经营主体已经成为农业现代化的主体力量。从区域角度看，东部地区的新型农业经营主体发展更快，而西部地区的农业经营主体数量更多，农业现代化存在较大的区域差距。

二、农村金融服务的现状

由于种种原因，农村金融体系和金融服务一直远低于城市水平。在农业现代化过程中，如果没有金融体系提供的资金支撑，整个过程将变得极为缓慢。现阶段，农业的金融需求主要通过间接融资信贷的方式解决，所以下面分析农村各市场主体的信贷规模和增长情况。

按照不同的规模和功能划分，新型农业经营主体可分为专业大户、家庭农场、农民专业合作社、农业产业化龙头企业；同时，按照各自的组织形式可以分为个人、企业和非企业组织三类市场主体。

首先,分析在农业生产中数量最多的市场主体——个人(农户)涉农贷款的情况。个人涉农贷款中,2013 年、2014 年和 2015 年分别为 46328 亿元、55158 亿元和 63238 亿元[①],每年都呈现较大增长幅度。同时,从其增长速度来看,2013 年、2014 年和 2015 年个人涉农贷款的增长率分别为 24.8%、19.1%和 14.7%。

虽然近年来个人涉农贷款都保持较高的增长率,但是增长的速度却呈现下降趋势。一方面说明个人涉农贷款整体规模较大、增速较快,能够较好满足个人涉农的资金需求;另一方面说明在确定新型农业经营主体之后,信贷资金更加偏好企业形式的经营主体和其他组织的资金需求。

其次,分析农业现代化过程中发挥越来越重要作用的市场主体——企业。农业现代化将向规模化、专业化和社会化等方向发展,拥有其独特优势的企业将是未来农业现代化的最主要的市场主体。从信贷的绝对量来看,2013—2015 年农村企业的贷款分别为 121951 亿元、133735.3 亿元和 146560 亿元,每年稳步增长。同时,从增速来看,2013—2015 年的增长率分别为 17.7%、9.7%和 9.6%,也就是说,农村企业信贷的增长率是逐年下降的。这说明随着各类新型农业经营主体深度参与农业现代化过程,农村原有的企业面临一定的市场竞争和压力,金融机构更加倾向给组织更完善、规模更大的龙头企业等提供信贷支持。

最后,分析农业现代化中不可或缺的市场主体——农业中的专业组织(如农民专业合作社等)。2013 年、2014 年和 2015 年全国农村各组织贷款分别为 6027 亿元、7061.1 亿元和 8008 亿元,每年稳步增长。从增速来看,2013 年、2014 年和 2015 年分别为 6.7%、17.2%和 13.4%。金融机构对农村各组织的贷款保持在一个较快增长水平,农村各组织(如农民专业合作社等)得到金融机构更多支持,这也是农民专业合作社近年来能够快速发展的重要原因。

---

① 金融服务部分的数据来源于相关年份的《中国金融年鉴》。

第二节　农业现代化与新型农业
经营主体耦合分析

一、样本数据与变量

（一）样本和数据

以 31 个省级区域（不含港澳台）为样本,分析农业现代化与新型农业经营主体之间的关系（下面相关实证分析部分样本不变）。2013 年国家明确提出新型农业经营主体概念。本节的主要数据来源为 2013 年、2014 年和 2015 年的《中国金融年鉴》《中国农村经济年鉴》《中国人口统计年鉴》等权威数据。

（二）变量说明

农业现代化的度量指标主要有两类:一是以某单一指标（如农村人均机械总动力等）度量,二是构建多指标的评价指数。多指标的评价指数看似很科学,但由于缺乏公认的评价指数和评价方法选择的不同,最终导致农业现代化度量出现较大偏差,从而使得相关研究成果无可比性。以农村人均机械总动力作为农业现代化的衡量指标是现有文献的主流做法。因为该指标不仅能够较好度量农业现代化的内涵而且数据容易获取,能够更好发现规律和特征。

关于新型农业经营主体的研究,现有文献大多采用问卷调研方式对小样本区域进行分析。由于中国各地区之间农业发展差距较大,所以某地调研样本可能无法反映全国新型农业经营主体的真实状况。虽然无法获取新型农业经营主体的直接数据,但是其发展必然影响到当地居民收入水平和收入构成。新型农业经营主体专业大户、家庭农场、农民专业合作社、农业产业化龙头企业发展良好,必然使得农村经营性收入和财产性收入增加。所以,使用经营性收入和财产性收入以及经营收入与财产性收入占可支配收入之比作为新型农业经营主体的代理指标。通过对比农村最终收入情况变化来度量新型经营主体的发展情况,能够较好地契合农业现代化的初衷,也符合全面建成小康社会的题中应有之义。

农村金融服务是指农村金融体系为农村经济发展所提供的支撑作用。目前,金融服务的主要形式就是金融机构信贷。农村金融服务既可以为农业产业发展提供资金支持,也可以为当地居民日常生活提供资金支持。所以广义金融服务是指所有的涉农贷款,而狭义金融服务是指仅仅为农户生产提供的资金支持。通过衡量不同层面金融服务指标,可以更加全面地认识金融服务和金融支持对新型农业经营主体和农业现代化的真实影响。

表1-1　变量定义表

变量	度量指标	含义
农业现代化(Y)	农村人均机械总动力	农村机械总动力(万千瓦)/农村人口(万人)
新型农业经营主体(X_1)	农村居民绝对收入(X_{11})	农村经营性收入和财产净收入(元/人)
	农村居民相对收入(X_{12})	农村经营性收入和财产性收入在可支配收入中的占比
金融服务(X_2)	广义金融服务(X_{21})	涉农贷款额(亿元)
	狭义金融服务(X_{22})	农户贷款额(亿元)

(三)变量描述性统计分析

为了掌握各变量的基本分布情况,下面将对核心变量农业现代化(Y)、农村居民绝对收入(X_{11})、农村居民相对收入(X_{12})、广义金融服务(X_{21})和狭义金融服务(X_{22})进行统计分析。从整体和年度视角,重点分析各变量的均值、标准差、最小值和最大值。

1. 整个研究期间各指标变量的统计分析

表 1-2 是 31 个省级行政区域各变量 2013 年至 2015 年的统计结果。从表中可以看出，全国各地的农业现代化水平区域间差距大，最大值为 1.9127，而最小值为 0.0469，也就是说，有的地区农业现代化发展迅速，已经形成一定规模和即将初步完成农业现代化；而有的地区则发展缓慢，农业现代化面临一定的挑战。另外，从新型农业经营主体和金融服务指标看，全国的新型农业经营主体和金融服务区域间差距较大，需要统筹考虑区域间协调和区域间的联动机制，从而才能尽快实现农业现代化和实现乡村振兴。

表 1-2　变量描述性统计

变量	观察值	均值	标准差	最小值	最大值
农业现代化水平	93	0.7961	0.4224	0.0469	1.9127
新型农业经营主体（X_{11}）	93	8804	3431	3970	18944
新型农业经营主体（X_{12}）	93	0.4363	0.1388	0.0946	0.7404
广义金融服务	93	7522	6623	149.92	30374
狭义金融服务	93	1722	1457	74.42	8006

2. 分年度各指标变量的统计分析

为了更好考察每年度的各指标变量的变化情况，下面将分别分析 2013 年、2014 年和 2015 年的各指标变量的统计情况。

一是 2013 年发展情况统计结果。从表 1-3 可知，2013 年农业现代化平均水平为 0.7688，其中最高地区的水平达到 1.6580，而最低地区的水平为 0.0469。表明农业现代化已经取得重要进展，同时区域之间的发展水平差异较大。在 2013 年新型农业经营主体（X_{11}）平均水平为 8001，也就是说，全国农民的经营性收入和财产性收入年平均为 8001 元，最小地区年均收入仅为 3970 元。2013 年各省级区域的平均涉农贷款为 6650 亿元，农户贷款为 1453 亿元，最少地区涉农贷款为 150 亿元，而最多地区涉农贷款为 28372 亿元，表明金融对农村发展和扶贫产生一定积极作用,同时各区域间差距较大,达到上百倍金融服务的差异。

表1-3 2013年各变量描述性统计

变量	观察值	均值	标准差	最小值	最大值
农业现代化水平	31	0.7668	0.4050	0.0469	1.6580
新型农业经营主体(X_{11})	31	8001	3112	3970	16184
新型农业经营主体(X_{12})	31	0.4483	0.1463	0.0946	0.7405
广义金融服务	31	6650	6295	150	28372
狭义金融服务	31	1453	1242	74	6067

二是2014年发展情况统计结果。从表1-4可知,2014年农业现代化水平为0.7977,而2013年为0.7668,表明在确定新型农业经营主体以后农业现代快速推进。2014年,全国新型农业经营主体水平由2013年的8001元提高到8834元;广义金融服务和狭义金融分别由6650亿元与1453亿元提高到7513亿元和1729亿元。说明这一年间,新型农业经营主体发展和金融服务也都呈现快速发展趋势。

表1-4 2014年各变量描述性统计

变量	观察值	均值	标准差	最小值	最大值
农业现代化水平	31	0.7977	0.4263	0.0486	1.7950
新型农业经营主体(X_{11})	31	8834	3416	4517	17618
新型农业经营主体(X_{12})	31	0.4342	0.1371	0.1004	0.7075
广义金融服务	31	7513	6622	297	28911
狭义金融服务	31	1729	1445	101	7013

三是2015年发展情况统计结果。从表1-5可知,2015年农业现代化平均水平为0.8237,其中最高地区的水平达到1.9127,而最低地区的水平为

0.0493。也就是说,农业现代化水平低地区仅为农业发达地区的二十分之一。而新型农业经营主体(X_{11})平均水平为 9578 元,也就是说,农村农民的经营性收入和财产性收入为 9578 元,其中最高的达到 17945 元,最低的仅为 5000 元。从新型农业经营主体(X_{12})指标看,农业现代化发展最好地区的经营性收入和财产性收入在总收入的占比已经高达 71.31%,农业现代化进程非常喜人。

表1-5　2015 年各变量描述性统计

变量	观察值	均值	标准差	最小值	最大值
农业现代化水平	31	0.8237	0.4468	0.0493	1.9127
新型农业经营主体(X_{11})	31	9578	3667	5000	18945
新型农业经营主体(X_{12})	31	0.4264	0.1365	0.0964	0.7131
广义金融服务	31	8403	7035	413	30374
狭义金融服务	31	1983	1654	111	8006

二、基于横截面模型的实证分析

(一)模型设定

农业现代化(Y) $= \alpha + \beta *$ 新型农业经营主体(X_1) $+ \omega$ 　　　(1.1)

其中,农业现代化(Y)是指各省级区域农业现代化水平,α 为回归方程的常数项,新型农业经营主体(X_1)是指各省级区域的新型农业经营主体的水平,ω 为随机扰动项。下面将根据上述回归方程分年度分析新型农业经营主体对农业现代化的影响。

(二)实证结果

根据回归方程(1.1)对 2013 年、2014 年和 2015 年进行省级样本的横截面分析。使用 STATA14 软件进行数据分析,分析结果如表 1-6 所示。从模型 1、模型 2 和模型 3 可知,在 2013 年、2014 年和 2015 年,新型农业经营主体对农业现代化的影响均在 1% 的置信水平下显著为正,而且新型农业经营主体对农业现代化的逐渐增加(1.661<2.049<2.231)。这表明从每年度的横截面数据看,新型农业经营主体有力促进农业现代化发展而且影响越来越大。

表 1-6　新型农业经营主体对农业现代化的影响分析

	模型 1	模型 2	模型 3
	农业现代化(Y)	农业现代化(Y)	农业现代化(Y)
新型农业经营主体(X_1)	1.661***	2.049***	2.231***
	(4.04)	(4.72)	(5.02)
常数项	0.0222	−0.0919	−0.1270
	(0.11)	(−0.47)	(−0.64)
N	31	31	31
$Year$	2013	2014	2015

注:括号内是 t 检验值,* 表示 $p < 0.1$,** 表示 $p < 0.05$,*** 表示 $p < 0.01$,下面各表的含义相同。

(三)基于面板数据模型的实证分析

由于面板数据可以缓解遗漏变量问题和获取更多个体的动态信息,所以下面将分析省级面板数据的新型农业经营主体与农业现代化之间的关系。

1. 模型设定

农业现代化(Y_{it}) = α + β 新型农业经营主体(X_{1it}) + ω_{it}　　　　(1.2)

其中,农业现代化(Y_{it})表示 i 省级区域 t 年的农业现代化水平;新型农业经营主体(X_{1it})表示 i 省级区域 t 年的新型农业经营主体水平。

2. 实证结果

农业现代化和新型农业经营主体均通过单位根检验,根据 Hausman 检验结果,本部分的面板模型采用固定效应。所以使用固定效应模型进行分析,实证结果如下表 1-7 所示。

表 1-7　农业现代化与新型农业经营主体

	模型 1 农业现代化(Y)	模型 2 农业现代化(Y)
新型农业经营主(X_{12})	1.085***	—
	(3.89)	—
新型农业经营主(X_{11})	—	2.4-e6***
	—	(4.99)
常数项	1.269***	0.567***
	(10.42)	(12.34)
N	93	93

从表 1-7 的模型 1 和模型 2 可知,不管何种度量新型农业经营主体指标(X_{12} 或 X_{11})对农业现代化的影响都是在 1% 的置信水平上显著为正的。通过截面数据模型和面板数据模型的分析可知,新型农业经营主体显著提升农业现代化进程。

第三节　新型农业经营主体与金融服务耦合分析

新型农业经营主体是农业现代化的主力军和生力军,而破解新型农业经营主体的融资困境将有助于其实现农业现代化目标。新型农业经营主体要扩大规模和提高产业专业化水平,必然需要大量投资。而相对于工商业投资而言,农业投资一般周期更长和不确定性更高。所以没有完善的金融服务,新型农业经营主体将很难获得足够资金支持。同时,新型农业经营主体发展壮大以后,必然提高农业产业化水平和提高农业的盈利水平,这样将为金融资本提供良好的投资渠道,形成良性发展循环,助推农业现代化目标实现。下面将从横截面数据模型和面板数据模型两方面分析金融服务对新型农业经营主体的影响。

一、基于横截面数据模型的实证分析

由于数据的可得性,下面将对 2013 年、2014 年和 2015 年进行横截面分析,考察各年度金融服务对新型农业经营主体的影响。金融服务分为广义的金融服务和狭义的金融服务,下面考察不同口径的金融服务对新型农业经营主体的影响。

(一)广义金融服务对新型农业经营主体的影响

表 1-8 模型 1、模型 2 和模型 3 分别表示 2013 年、2014 年和 2015 年广义金融服务对新型农业经营主体的影响。从回归结果可知,2013 年到 2015 年间,广义金融服务对新型农业经营主体的影响分别在 5%、5% 和 10% 的置信水平显著为正,这表明金融服务确实能够促进新型农业经营主体的发展。同时,金融服务对新型农业经营主体的影响显著性和影响程度都在降低。这表明现有金融服务还无法满足新型农业经营主体的发展需求,迫切需要创新金融服务和金融产品,才能够为新型农业经营主体的发展提供必要的资金支持。

表 1-8 广义农村金融服务对新型农业经营主体的影响分析

	模型 1	模型 2	模型 3
	新型农业经营主体 (X_1)	新型农业经营主体 (X_1)	新型农业经营主体 (X_1)
金融服务(X_{21})	0.181**	0.181*	0.171*
	(2.13)	(2.02)	(1.87)

	模型 1	模型 2	模型 3
	新型农业经营主体（X₁）	新型农业经营主体（X₁）	新型农业经营主体（X₁）
常数项	6793.9***	7475.4***	8139.8***
	(8.76)	(8.38)	(8.18)
N	31	31	31
Year	2013	2014	2015

（二）狭义金融服务对新型农业经营主体的影响

表 1-9 模型 1、模型 2 和模型 3 分别表示 2013 年、2014 年和 2015 年狭义金融服务（农户贷款）对新型农业经营主体的影响。从回归结果可知，2013 年到 2015 年间，狭义金融服务对新型农业经营主体的影响在统计上是不显著的。这表明直接对经营主体的贷款并没有显著促进新型农业经营主体的发展。

表 1-9　狭义的农村金融服务对新型农业经营主体的影响分析

	模型 1	模型 2	模型 3
	新型农业经营主体（X₁）	新型农业经营主体（X₁）	新型农业经营主体（X₁）
金融服务（X₂₁）	0.497	0.442	0.417
	(1.09)	(1.02)	(1.03)
常数项	7278.4***	8070.3***	8751.9***
	(8.41)	(8.36)	(8.43)
N	31	31	31
Year	2013	2014	2015

二、基于面板数据模型的实证分析

由于回归模型的设定与回归方程(1.2)类似,所以不再对回归方程内容赘述。以2013年到2015年的31个省级区域为研究对象,分析广义金融服务和狭义金融服务对新型农业经营主体的影响。广义金融服务、狭义金融服务、新型农业经营主体的数据序列都通过单位根检验,根据 Hausman 检验结果,本部分的面板模型采用固定效应。

表1-10 新型农业经营主体与金融服务创新

	模型 1	模型 2
	新型农业经营主体(X_1)	新型农业经营主体(X_1)
广义金融服务(X_{21})	0.660***	—
	(10.35)	—
狭义金融服务(X_{22})	—	1.815***
	—	(8.94)
常数项	3842.9***	5679.6***
	(7.96)	(16.03)
N	93	93

从表1-10的模型1和模型2可知,不管是广义金融服务还是狭义金融服务都在1%的置信水平下显著促进新型农业经营主体发展。狭义金融服务(农户贷款)对新型农业经营主体的影响高于广义金融服务对新型农业经营主体的影响(1.815>0.660)。根据横截面数据模型得出金融服务对新型农业经营主体影响不显著的结果,而面板数据模型结果显示金融服务能够促进新型农业经营主体的发展,这说明从单年度来看,金融服务对新型农业经营主体的影响不显著,而2013年以来整个时期内金融服务对新型农业经营主体能够起到促进作用。这表明虽然金融服务能够对新型农业经营主体产生显著影

响,但是金融服务对新型农业经营主体的影响相对有限。

第四节　新型农业经营主体、金融服务与农业现代化耦合分析

在四个现代化的战略目标中,由于中国农业人口最多、农业经营方式较低端、区域间发展差距较大,所以实现农业现代化最具有挑战性。原有的家庭联产承包责任制在中国发展历史中发挥过巨大作用,解决了我国粮食的基本需求,极大地提高了农民的积极性。随着农业生产率的提高,农业生产过程需要劳动力的数量大大降低,大量农民进城务工,农业现代化的发展缓慢。这样原有的以农户为单位、条块分隔的经营方式,将难以适应农业现代化的要求。新型农业经营主体将是农业现代化的主力军和生力军,必然是农业现代化的核心生产要素。自 2013 年以来,新型农业经营主体对农业现代化产生什么样的影响,是否已经产生所预期的极大促进农业现代化的进程,还是发挥的作用不尽如人意。如果新型农业经营主体发挥作用不尽如人意,那么主要的障碍是什么?

从上面的分析可知新型农业经营主体能够显著促进农业现代化的进程,但是对农业现代化的促进作用相对有限。众所周知,金融服务是影响新型农业经营主体的重要因素,而这种影响并不稳定。金融服务不仅对新型农业经营主体产生影响,而且对农村的经济、基础设施和生活产生影响。所以金融对农业现代化的影响,一种可能的途径是影响新型农业经营主体,然后新型农业经营主体影响农业现代化;另一种途径是直接影响农业现代化。下面将分析新型农业经营主体和金融服务对农业现代化的影响。

一、实证模型设定

农业现代化$(Y) = \alpha + \beta *$ 新型农业经营主体$(X_1) + \gamma *$ 金融服务

$$(X_2) + \omega \tag{1.3}$$

其中,农业现代化(Y)是指各省级区域农业现代化水平,α 为回归方程的常数项,新型农业经营主体(X_1)是指各省级区域的新型农业经营主体的水平,金融服务(X_2)为金融服务水平,ω 为随机扰动项。下面将根据上述回归方程分年度分析新型农业经营主体对农业现代化的影响。

二、实证回归结果

表 1-11 中模型 1、模型 2 和模型 3 分别表示根据方程(1.3)所作的 2013 年、2014 年和 2015 年的横截面回归结果。对于新型农业经营主体,从回归可知,不管是 2013 年、2014 年还是 2015 年,都是在 1% 置信水平下显著促进农业现代化水平。这说明新型农业经营主体已经在农业现代化进程中发挥重要作用,而且新型农业经营主体所起到的作用越来越大(1.694<2.082<2.263)。在连续多年中央一号文件支农的政策红利下,新型农业经营主体对农业现代化的作用越来越大。

对于金融服务变量,结果发现其对农业现代化的影响尚小且统计上不显著。这说明现有金融服务对农业现代化资金融通作用十分有限,所以需要对农村金融体系进行完善、创新金融产品、提升金融服务,从而为农业现代化实现提供必需的"营养"支持。

表 1-11 新型农业经营主体、金融服务对农业现代化的影响

	(1)	(2)	(3)
	农业现代(Y)	农业现代(Y)	农业现代(Y)
新型农业经营主体(X_1)	1.694***	2.082***	2.263***
	(4.01)	(4.69)	(4.95)
金融服务(X_2)	4.73-e6	4.77-e6	4.73-e6
	(0.48)	(0.52)	(0.48)

续表

	（1）	（2）	（3）
	农业现代（Y）	农业现代（Y）	农业现代（Y）
常数项	−0.0241	−0.142	−0.0241
	（−0.11）	（−0.64）	（−0.11）
N	31	31	31
$Year$	2013	2014	2015

小　　结

运用横截面数据模型和面板数据模型，使用全国范围 31 个省级区域的权威数据，本章对新型农业经营主体、金融服务与农业现代化的关系进行经验分析。研究发现三者间存在如下关系：

第一，新型农业经营主体是农业现代化的新动能。不管是单变量的分析还是多变量的分析，新型农业经营主体对农业现代化的影响都显著为正。自2013 年以来，新型农业经营主体对农业现代化进程的影响逐渐增加，起到一定的主导作用。

提出新型农业经营主体概念后，在政府政策激励、市场信心提振和土地承包经营权延期 30 年等因素综合影响下，我国农业现代化进程加快。由于现有的以个人家庭为主要单位的耕种和经营方式，很难发挥规模效应，也不利于机械化、信息化和智能化在农业领域的推广使用，这将减缓农业现代化的进程。而自从 2013 年确定新型农业经营主体后，各种类型的新型农业经营主体的投资和生产积极性大大提高，从而使得农业现代化的进程提速。

第二，金融服务显著提升新型农业经营主体能力。根据 2013 年以来的经验分析，发现农村地区的金融资源更倾向于新型农业经营主体，金融服务是新型农业经营主体发展壮大的重要支撑因素。也就是说,相对于把资金贷给传统的农户,金融机构更愿意向新型农业经营主体发放贷款。

金融服务是新型农业经营主体发展壮大不可或缺的重要因素。新型农业经营主体的规模化、专业化和组织化的生产方式,势必需要更多的资金投入。而农业产业的回报周期相对于工业产业要更长,使得资金缺口成为新型农业经营主体发展的障碍。而创新金融服务和开发新金融产品是解决新型农业经营主体发展资金缺口问题的重要途径。金融服务创新将为新型农业经营主体发展提供持久的动力并激发其投资的积极性。

第三,金融服务对农业现代化产生影响不显著。受到种种因素影响,现有的金融服务只是对新型农业经营主体产生积极影响而对农业现代化影响统计上不显著。这说明现有金融体系对农业现代化提供的金融支持和金融服务相对有限,需要不断加强金融服务的强度和精度,这样才能够使得金融资源更好服务于农业现代化建设。

虽然中央连续 19 年一号文件聚焦"三农"问题,大力支持和倡导发展农业现代化,然而受困于原有的经营模式和农业产业回报率有限等因素,资金要素集聚农村的进展依然难以满足中央要求和人民期盼。金融服务和资金要素是实现农业现代化的关键要素,只有不断创新金融服务和金融产品,才能够为农业现代化提高足够的"营养"。理论上对农业现代化至关重要的金融资源,实际发挥的作用与预期尚有不小差距,所以金融服务和金融产品的创新是迫切需要解决的重大理论和现实问题。

第二章　新型农业经营主体
金融服务需求分析

第一节　新型农业经营主体的类型与分布

2012年底,中央农村工作会议正式提出培育新型农业经营主体。20世纪90年代中期以来,随着土地流转的增加、农业产业结构的改革不断深化,种养大户、农民专业合作社、家庭农场、龙头企业等各类农业生产经营组织得到了快速的发育和成长,逐步成为推动农业经营体制机制创新的主要力量,也成为新型农业经营主体的主要组成部分。在现有文献中,新型农业经营主体一般包括种养大户、家庭农场、农民专业合作社、农业产业化龙头企业等。

从图2-1、2-2、2-3可见,河北省十多年来各类新型农业经营主体的数量在不断增长,其他新型农业经营主体的数量也呈现不断增长的态势。

一、家庭农场的类型、特点、分布

"家庭农场"一词起源于美国,最初指大规模的农民生产经营模式,2013年首次在我国第1号中央文件中出现。2013年,农业部对家庭农场进行了调查和统计,提出了7个条件,其中包含农场经营者一定要拥有农村户口(即非城镇居民),家庭的所有成员是主要的劳动力,整个家庭的所有收入以农业收

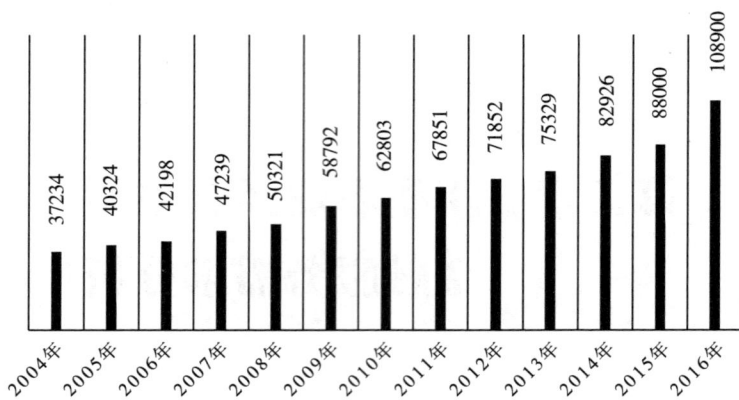

图 2-1　2004—2016 年河北省农民专业合作社数量

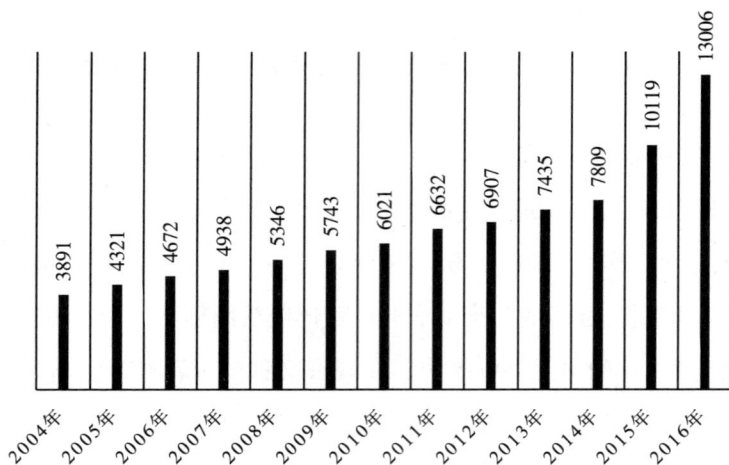

图 2-2　2004—2016 年河北省家庭农场数量

入为主,收入的多少达到一定标准,并且相对稳定。在迅速发展的农村分工与产业分工中,家庭农场主要由家庭成员组成和坚持市场导向的农业生产经营模式,从事集体化、规模化、标准化、专业化和商业化的生产和经营活动。家庭农场的主要收入仍然是农业经营收入。在一定程度上来说,家庭农场是社会分工的产物,是农村经济的微观基础。

据统计,到 2017 年底,家庭农场的数量达 54.9 万个,比上年增长 23.3%。

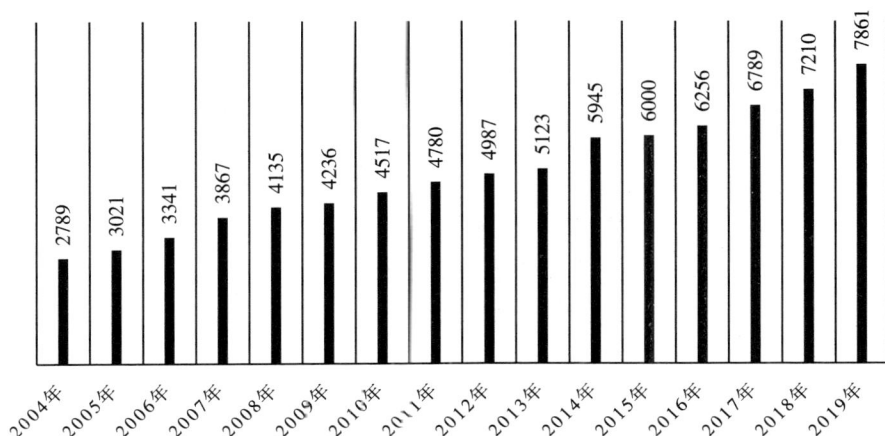

图 2-3　2004—2019 年河北省农业产业龙头企业数量

数据来源：河北省行政工商管理总局。

其中示范性家庭农场有 7.8 万个，比上年增长 26.4%，占家庭农场总数的 14.3%，比重上升 0.4 个百分点。从家庭农场的劳动力情况看，平均每个家庭农场劳动力 5.5 人，其中家庭成员 3.6 人，常年雇工 1.9 人。按行业划分，从事种植业的家庭农场 33.7 万个，占家庭农场总数的 61.5%，其中，从事粮食生产的 22.5 万个，占种植类家庭农场总数的 66.6%，占全部家庭农场总数的 40.9%；从事畜牧业的家庭农场 10.1 万个，占全部家庭农场总数的 18.3%；从事渔业、种养结合、其他类型的家庭农场分别为 3.0 万个、5.9 万个、2.2 万个，分别占全部家庭农场总数的 5.5%、10.8%、4.0%。其中，从事种养结合的家庭农场个数比 2016 年增长 33.8%，占家庭农场总数的比重比 2016 年提高 0.9 个百分点，反映出农业结构调整和产业融合步伐的加快，①具体情况如图 2-4 所示。

各类家庭农场经营耕地 6915.9 万亩，平均每个家庭农场经营耕地在 175 亩左右。从事粮食生产的家庭农场，耕地经营规模在 50—200 亩、200—500

---

①　数据来源：《2017 年家庭农场发展情况》，2018 年 11 月 6 日，见 http://journal.crnews.net/ncjygl/2018n/d10q/bqch/107637_20181106111454.html。

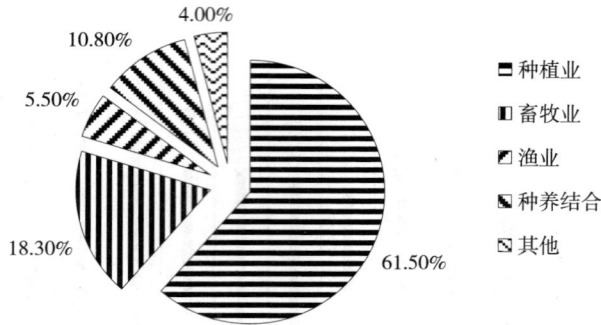

图 2-4　2017 年各类家庭农场占比

亩、500—1000 亩、1000 亩以上的占比分别为 64.6%、26.7%、6.5%、2.2%。从经营耕地的来源看,家庭承包经营的耕地面积为 1506.7 万亩,占 21.8%,比 2016 年减少 0.9 个百分点;流转经营的耕地面积为 4867.4 万亩,占 70.4%,以其他承包方式经营的耕地面积为 541.8 万亩,占 7.8%。根据农业部数据显示,截至 2016 年底,全国各类家庭农场总数为 87.7 万家,平均家庭农业种植 170 多亩耕地,逐渐成为我国农业生产的主力军。根据农业部对我国部分家庭农场生产经营情况的监测表明,家庭农场平均纯收入约为 25 万元/年,劳动纯收入接近 8 万元,比普通农户收入要高。[①]

截至 2015 年末,河北省家庭农场的数量为 30274 个,其中在工商部门注册的有 7809 个,占总体的 25.79%,其中注册为个体工商户的有 4036 个;在农业部门认定的有 5412 个,占总体的 14.90%,其中有 416 个被县级以上农业部门认定为示范性家庭农场;拥有注册商标和通过农产品质量认证的分别有 529 个和 156 个家庭农场。已在工商部门注册、已在农业部门认定、拥有注册商标以及通过农产品质量认证的家庭农场数的占比情况如图 2-5 所示。[②]

[①]　数据来源:《2017 年家庭农场发展情况》,2018 年 11 月 6 日,见 http://journal.crnews.net/ncjygl/2018n/d10q/bqch/107637_20181106111454.html。

[②]　数据来源:《河北省家庭农场发展情况及扶持政策》,2016 年 7 月 14 日,见 http://www.tuliu.com/read-35234.html。

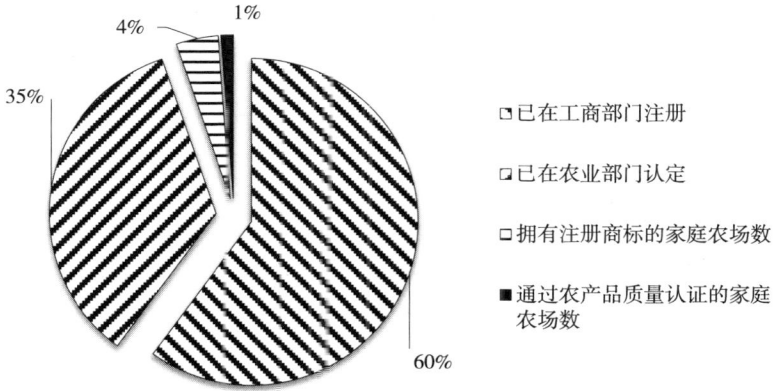

图 2-5　截至 2015 年末河北省家庭农场数量分布

图 2-6、2-7、2-8、2-9、2-10 分别给出了河北省各分市家庭农场数量情况：

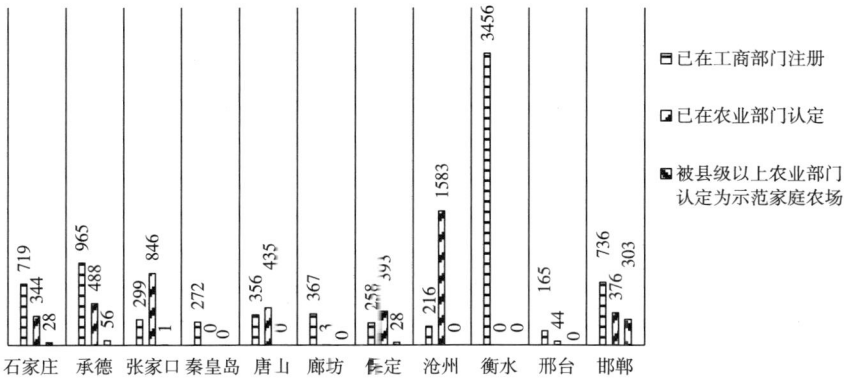

图 2-6　截至 2015 年末河北省各市家庭农场数量（单位：个）

全国家庭农场的主要分布特点是：

第一，从行业分布来看，从事种植业的有 33.7 万个，占比 61.38%，其中，从事粮食种植业的有 22.5 万个，占比 40.9%；从事养殖业、种养结合和其他行业的分别有 13.1 万个、5.9 万个和 2.2 万个，占比分别为 23.86%、10.75%、4.01%，①

---

① 数据来源：《2017 年家庭农场发展情况》，2018 年 11 月 6 日，见 http://journal.crnews. net/ncjygl/2018n/d10q/bqch/107637_2018_106111454.html。

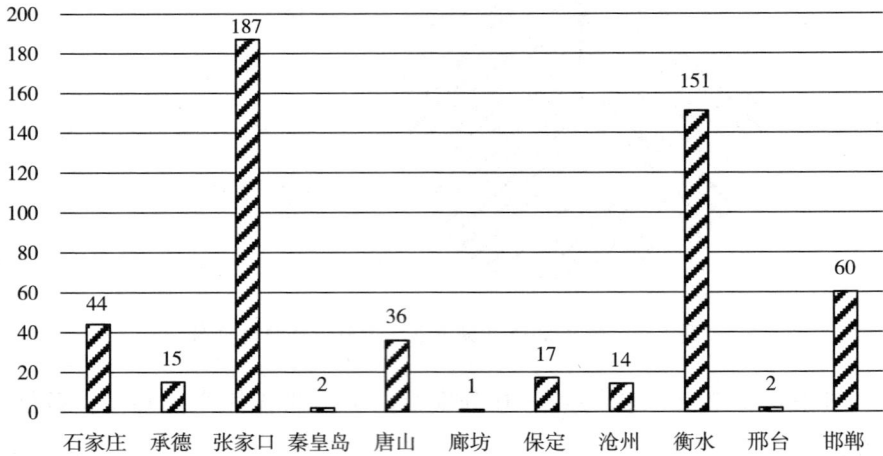

图 2-7 截至 2015 年末河北省各市拥有注册商标的家庭农场数（单位：个）

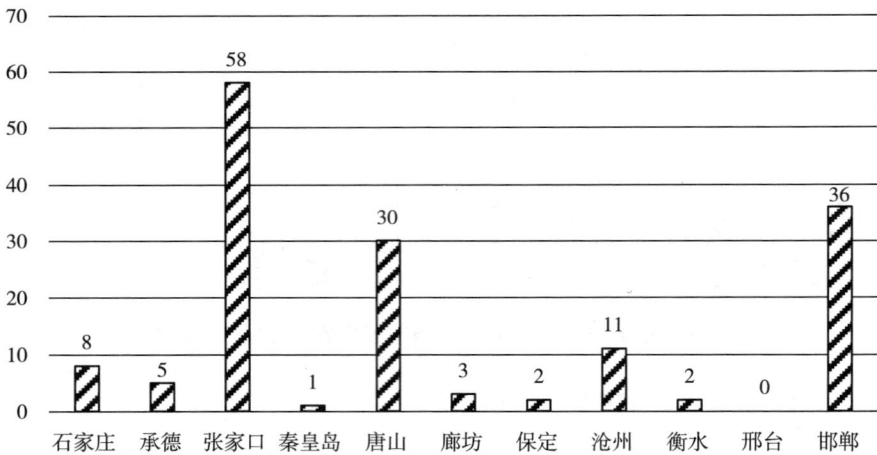

图 2-8 截至 2015 年末河北省各市通过农产品质量认证的家庭农场数（单位：个）

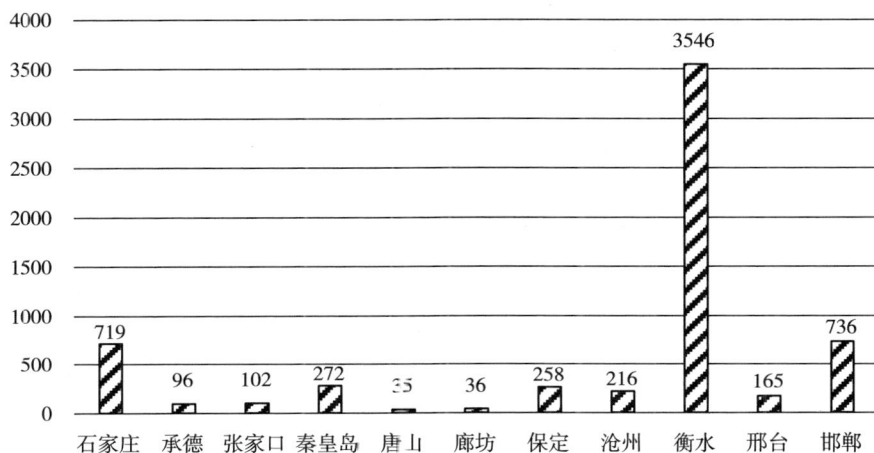

图 2-9 截至 2015 年末河北省各市已在工商部门注册的家庭农场数量(单位:个)

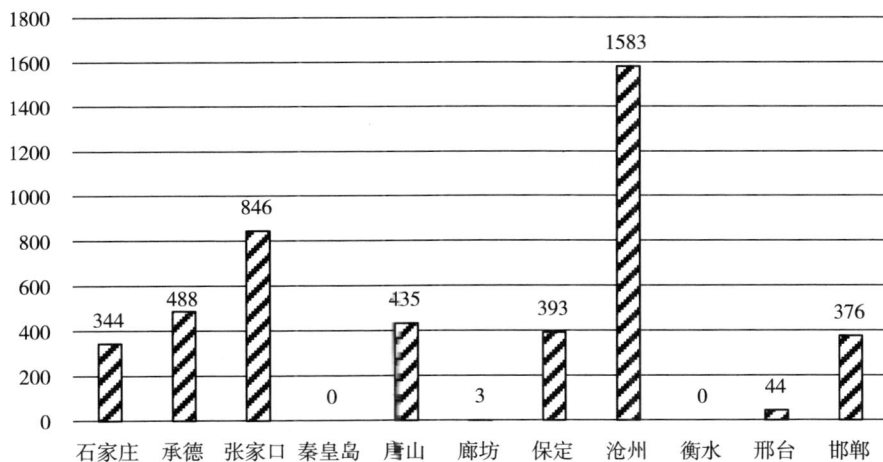

图 2-10 截至 2015 年末河北省各市已在农业部门认定的家庭农场数量(单位:个)

以上数据来源:河北省统计局网站,http://tjj.hebei.gov.cn/。

占比情况如图 2-11 所示。

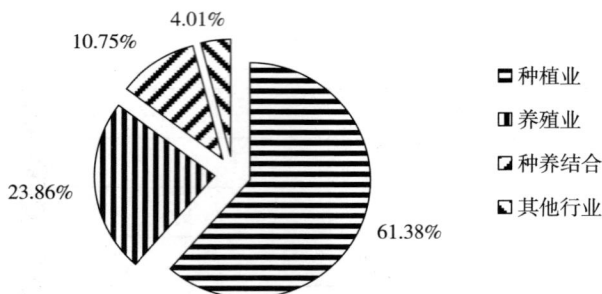

4.01%
10.75%
23.86%
61.38%

■ 种植业
▨ 养殖业
▨ 种养结合
▨ 其他行业

图 2-11　2017 年全国家庭农场行业分布图

据调查,截至 2015 年初,河北省的家庭农场主要包括种植业、畜牧业、渔业、种养结合和其他领域,其数量分别为 15404、12228、79、1709、854 个,其中,分布在种植业和畜牧业的家庭农场占比高达 90% 以上,①是主要的分布领域,具体占比情况如图 2-12 所示。

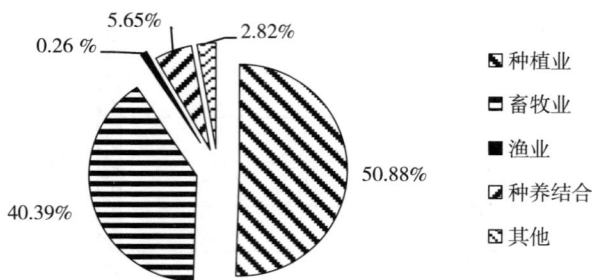

5.65%
0.26%
2.82%
50.88%
40.39%

▨ 种植业
□ 畜牧业
■ 渔业
▨ 种养结合
▨ 其他

图 2-12　2017 年河北省家庭农场分行业分布图

第二,从面积分布来看,经营耕地面积占 50 亩以下、50—100 亩、100—500 亩、500—1000 亩、1000 亩以上的数量分别为 48.42 万个、18.98 万个、17.07 万个、1.58 万个和 0.57 万个,②占比情况如图 2-13 所示。

① 数据来源:河北省统计局网站,http://tjj.hebei.gov.cn/。
② 数据来源:《2017 年家庭农场发展情况》,2018 年 11 月 6 日,见 http://journal.crnews.net/ncjygl/2018n/d10q/bqch/107637_20181106111454.html。

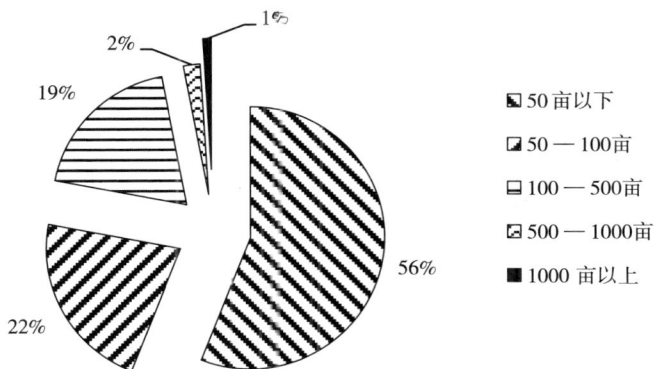

图 2-13　2017 年全国家庭农场面积比重图

在河北省的 15404 个种植业家庭农场中,粮食产业家庭农场的数量为 8159 个,土地经营面积在 50—199 亩和 1000 亩以上的占比分别为 78% 和 1%(见图 2-14)。①

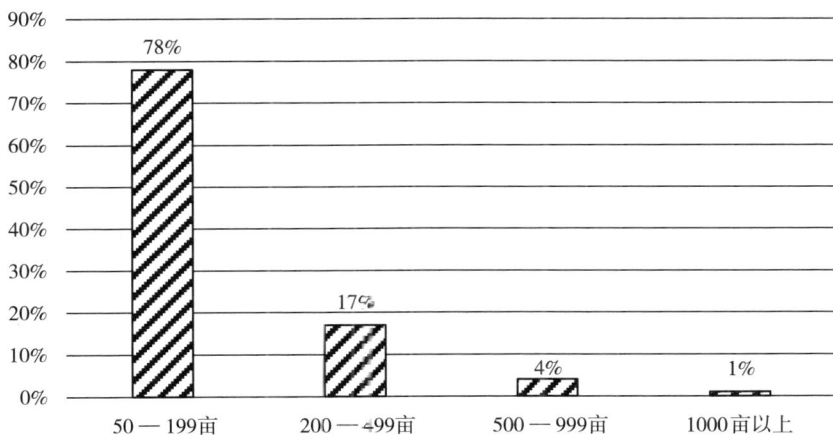

图 2-14　2017 年河北省粮食产业家庭农场不同经营规模占比

第三,从区域分布来看,江苏、湖北、黑龙江、广东、湖南分别为 24.22 万个、11.64 万个、9.81 万个、7.79 万个和 4.34 万个,占比情况如图 2-15 所示。

① 数据来源:河北省统计局网站,http://tjj.hebei.gov.cn/。

这五个省家庭农场合计 57.8 万个,占全国家庭农场总数的 65.9%。①

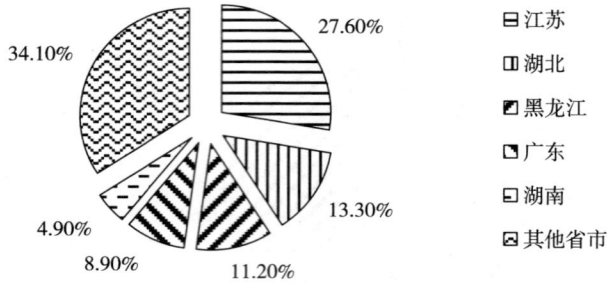

图 2-15　2017 年全国家庭农场区域分布图

　　具体到河北省各市,如图 2-16 所示,从已在工商部门注册的家庭农场数量来看,排名前三位的分别是衡水、邯郸、石家庄;在农业部门认定的家庭农场中,排在

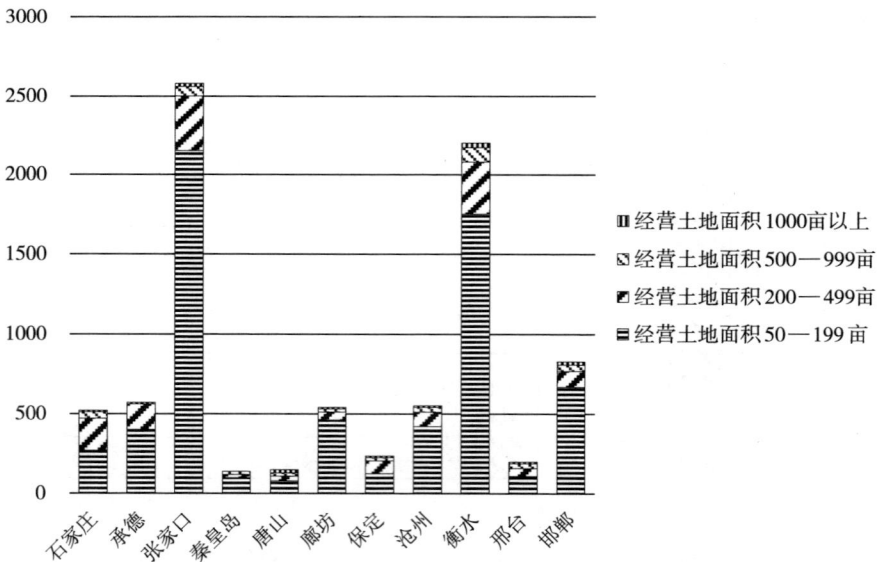

图 2-16　2017 年河北省各市粮食产业家庭农场规模占比

数据来源:中华人民共和国农业农村部网站,http://www.moa.gov.cn/。

---

　　①　数据来源:农业部《全国农村经营管理统计资料》。

前三名的是沧州、张家口、承德。拥有注册商标的家庭农场数量前三名分别为张家口、衡水、邯郸;通过农产品质量认证的家庭农场数量前三名分别为张家口、邯郸、唐山。从分布在粮食产业的家庭农场数量来看,排在前三名的是张家口、衡水、邯郸,其中土地经营面积在 1000 亩以上的前三名分别是衡水、邯郸、张家口。

二、专业大户的类型、分布、特点

专业大户是指从事种养业或其他与农业相关的经营服务达到一定规模的专业化生产的经营主体。如从事种植业的,粮食种植面积在一年一熟地区不低于 100 亩,一年两熟地区不低于 50 亩等。专业大户的生产经营规模要大于传统的生产经营规模。

专业种养大户是现代农业改革的重要经营主体,能够吸收零散土地,加快土地流转,直接影响到农业结构调整优化。专业大户大多是具有企业家精神的现代农民,是中国先进农业生产力的典型代表,从事面向市场的专业化、大规模商品的生产。各地定义专业大户的标准有所不同,南方一些地区把种植 20 亩以上耕地的农户称为大户,北方一些地区则把种植 50 亩以上甚至 100 亩以下耕地的农户才称为大户,生猪养殖业则一般把年出栏生猪 50 头以上的称为规模养殖户。近年来,随着农村青壮年劳动力外出务工,农村土地承包经营权流转加快,种养大户不断增多、种养规模不断扩大。从长远来看,由于新生代农民工不愿务农、不会务农,农村劳动力向城镇转移,务农农民逐渐减少的趋势不可逆转,特别是随着五六十岁的农村老年人逐渐老去,十几年后农村土地将以更快的速度向种养大户流转,届时专业大户将成为农业的主要经营主体之一。

如图 2-17 所示,截至 2014 年末,河北省全省种养大户数量高达 49.9 万家,其中,种植业大户有 357850 家,占全省的比重高达 72%;各类养殖大户数量相对较少,如奶牛的年存栏养殖大户数量为 6754 家,仅占全省比重的 1%。[①]

---

① 数据来源:河北省统计局网站,http://tjj.hebei.gov.cn/。

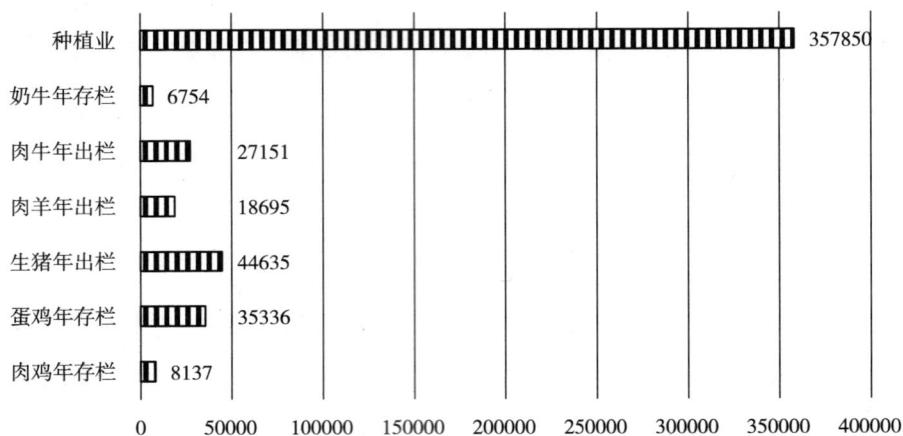

图 2-17　2014 年末河北省各类种养大户数量

从种植大户的角度来分析专业大户的主要分布特点,具体如下:

从行业分布来看,根据中国农业银行在 2014 年开展的专业大户(家庭农场)摸底调查情况,种植大户占比最高,为 73.3%;而经济作物、用材林、果类、蔬菜等种植大户,占比分别为 19.5%、2.7%、2.3%、2.2%,占比情况如图 2-18 所示。

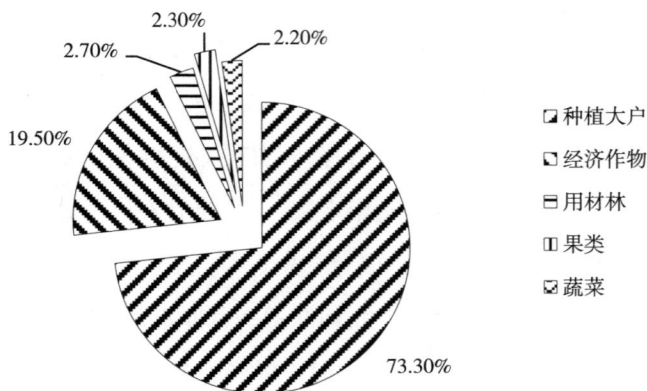

图 2-18　2014 年末全国种植大户行业比重分布图

从面积分布来看,经营耕地面积 50—100 亩、100—200 亩和 200 亩以上

的分别有 225.8 万户、62.9 万户和 28.9 万户,占比分别为 71.1%、19.8% 和
9.1%(见图 2-19)。①

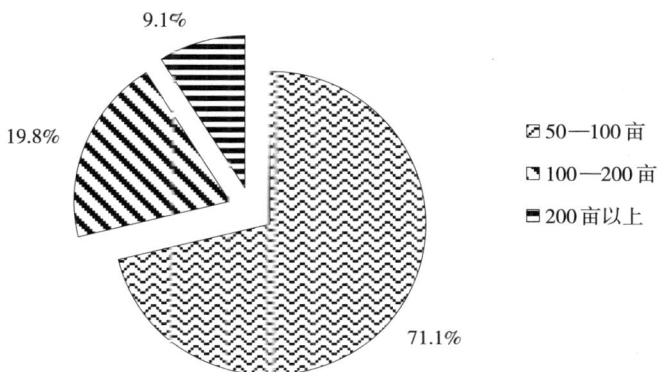

图 2-19　2014 年末全国种植大户占地面积比重图

　　从区域分布来看,种植大户主要分布于东北、新疆及华北地区。其中,黑
龙江 86.8 万户、内蒙古 51.6 万户、吉林 22.8 万户、新疆 21.5 万户和河南 16
万户,占比分别为 27.3%、16.2%、7.2%、6.8% 和 5%(见图 2-20)。五省种植
大户合计 198.7 万户,占全国种植大户总数的 62.5%。②

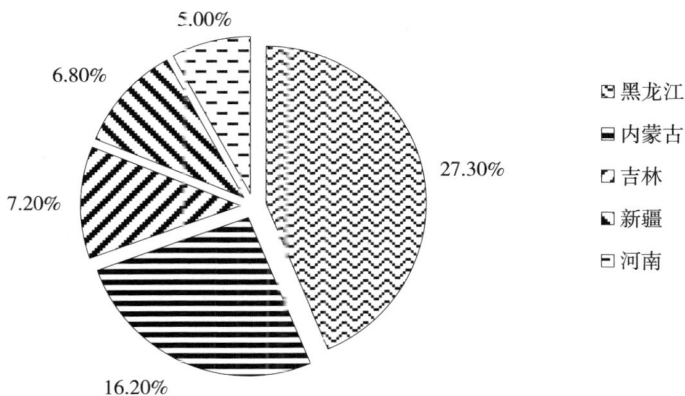

图 2-20　2014 年末全国种植大户区域分布图

---

　　①　数据来源:中华人民共和国农业农村部网站,http://www.moa.gov.cn/。
　　②　数据来源:中华人民共和国农业农村部网站,http://www.moa.gov.cn/。

从河北省来看,在种植业中,张家口经营耕地农户数和秦皇岛经营耕地农户数分别为最多和最少。其中,张家口经营耕地农户数为 11.3 万户,且多集中于经营耕地 30—49 亩;秦皇岛经营耕地农户数为 1866 户,且各阶段的农户数几乎都是最少的。2014 年末数合计,全省种植业经营耕地 30—49 亩的农户数最多,高达 25.46 万户,经营耕地 200 亩以上的农户数最少,仅为 8853 户。① 各市种植业经营耕地农户数量统计前 5 名多集中于中部地区(见图 2-21)。

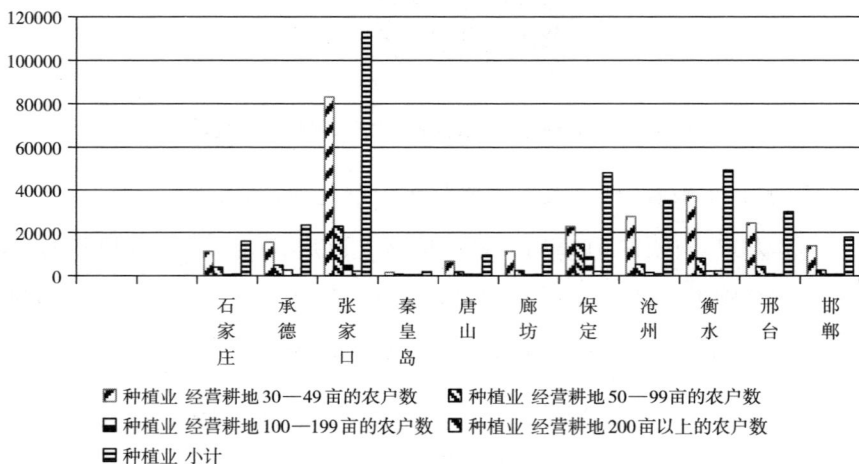

图 2-21　2014 年末河北省各市种植业经营耕地各阶段农户数量

从养殖大户的角度来分析专业大户的主要分布特点,具体如下:

从行业分布来看,猪、牛、羊等牲畜养殖占比为 66.5%,占比最高;而鸡鸭等家禽养殖、渔业养殖捕捞、其他养殖品种,占比分别为 19.5%、8.4%、5.6%(见图 2-22)。②

从区域分布来看,内蒙古、安徽、黑龙江、广东和河北分别为 3.67 万户、3.5 万户、2.27 万户、2.16 万户以及 1.57 万户,占比分别为 13%、12.4%、8%、

---

① 数据来源:河北省统计局网站,http://tjj.hebei.gov.cn/。
② 数据来源:国家统计局网站,http://www.stats.gov.cn/。

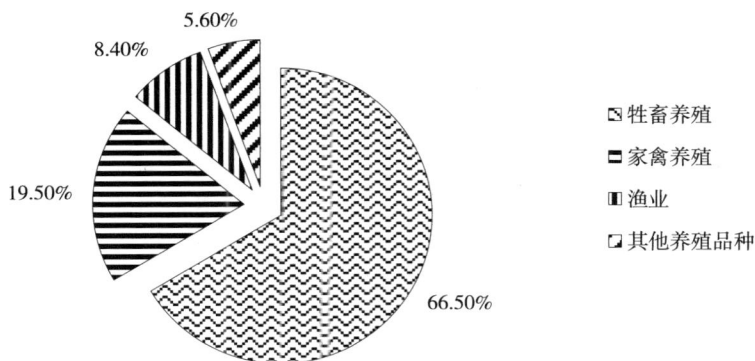

图 2-22　2014 年末全国养殖大户行业分布图

7.6%以及 5.5%。5 省养殖大户合计 13.18 万户,占全国养殖大户总数的 46.6%(见图 2-23)。①

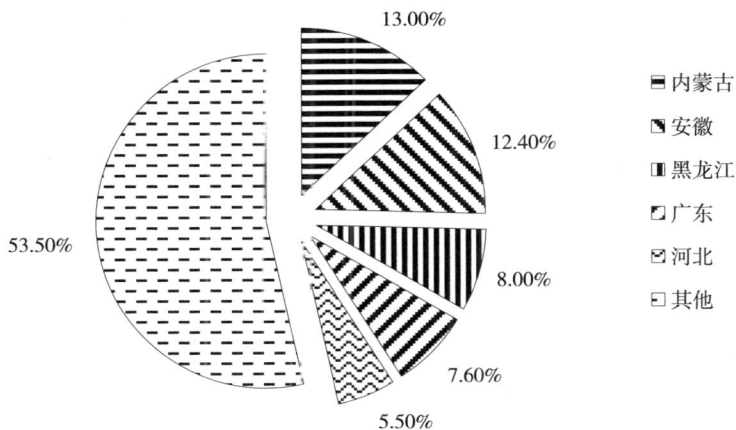

图 2-23　2014 年末全国养殖大户区域分布图

据调查,河北省养殖业经营耕地各阶段农户数量情况如下。

一是奶牛年存栏数各阶段养殖户数量情况。如图 2-24 所示,在河北省,保定养殖户数量为 3146 户,数量最多,且多集中于年存栏数 10(含)—19 头的

---

① 数据来源:国家统计局网站,http://www.stats.gov.cn/。

阶段。沧州养殖户数量仅为39户,数量最少。全省各地奶牛存栏养殖户数量由小到大分别是沧州、秦皇岛、廊坊、承德、邯郸、衡水、邢台、唐山、石家庄、张家口、保定。2014年末数合计,全省奶牛年存栏数10(含)—19头的养殖户的数量最多,为2663户,奶牛年存栏数1000头以上的养殖户的数量最少,仅为393户。各市奶牛存栏养殖户数量统计前5名多集中于中部地区,由此可见,养殖户的数量普遍较低。

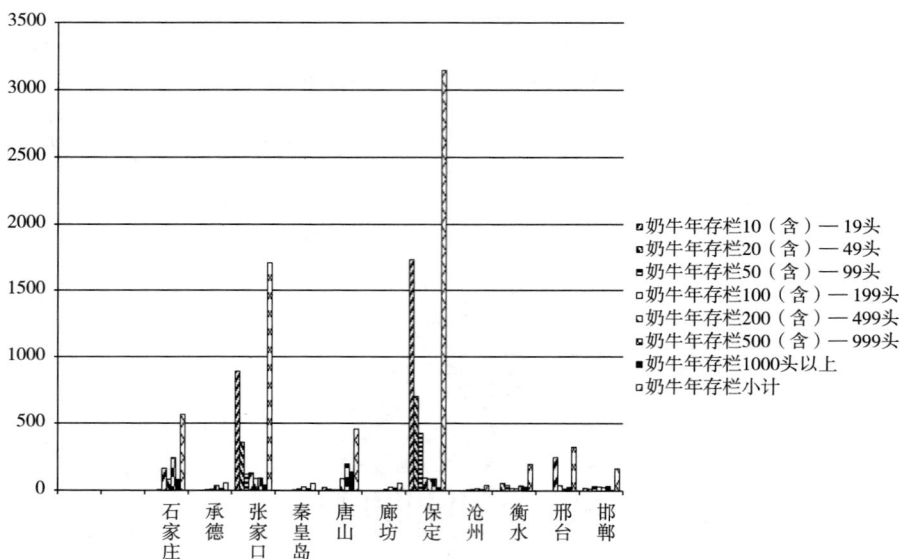

图2-24 2014年末河北省各市奶牛年存栏数各阶段养殖户数量

数据来源:河北省统计局网站,http://tjj.hebei.gov.cn/。

二是肉牛年出栏数各阶段养殖户数量情况。如图2-25所示,全省各地的肉牛年出栏,承德养殖户数量最多,张家口养殖户数量最少,分别为5513户和643户,其中,承德多集中于年存栏数10(含)—19头的阶段。全省各地肉牛出栏养殖户数排名:由小到大分别是张家口、邯郸、秦皇岛、邢台、保定、唐山、衡水、沧州、廊坊、石家庄、承德。2014年末数合计,全省肉牛年出栏数10(含)—49头的养殖户的数量为22854户,数量最多。肉牛年出栏数1000头以上的养殖户的数量仅为 70 户,数量最少,且各市数量大多低于 5 户,各阶段差距悬殊。这表明各市肉牛年出栏的养殖户的数量参差不齐。

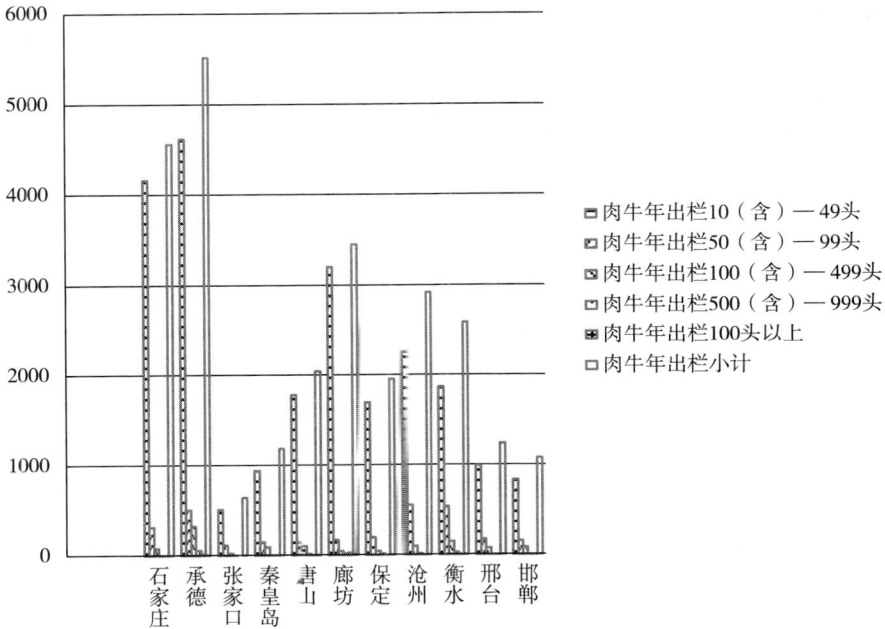

图例:
- 肉牛年出栏10(含)—49头
- 肉牛年出栏50(含)—99头
- 肉牛年出栏100(含)—499头
- 肉牛年出栏500(含)—999头
- 肉牛年出栏100头以上
- 肉牛年出栏小计

图 2-25　2014 年末河北省各市肉牛出栏数各阶段养殖户数量

数据来源:河北省统计局网站,http://tjj.hebe.gov.cn/。

　　三是肉羊年出栏数各阶段养殖户数量情况。如图 2-26 所示,全省各市的肉羊年出栏情况中,张家口养殖户数量最多,石家庄养殖户数量最少,分别为 2868 户和 958 户,张家口多集中于年出栏数 100(含)—499 只的阶段。全省各市肉羊年出栏养殖户数排名 由大到小分别是石家庄、邢台、唐山、衡水、廊坊、保定、沧州、承德、秦皇岛、邯郸、张家口。2014 年末数合计,全省肉羊年出栏数 100(含)—499 只的养殖户的数量为 15365 户,数量最多,而出栏数1000 只以上的养殖户的数量仅为 1148 户,数量最少。肉羊年出栏的养殖户的数量较为平均,各市肉羊年出栏养殖户数量统计前 5 名多集中于中北部地区。

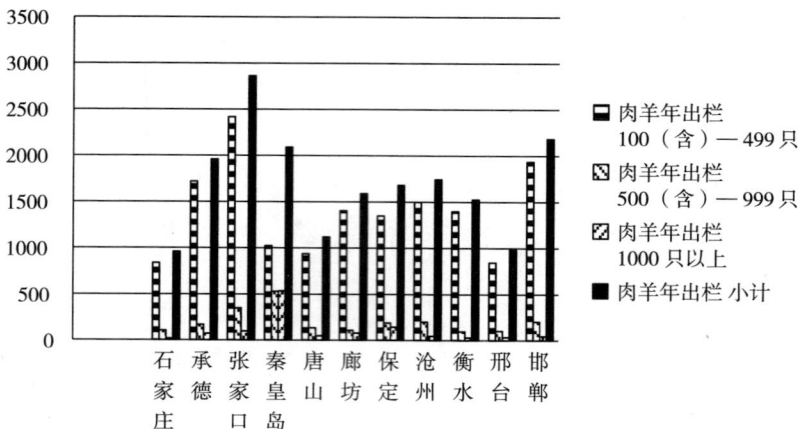

图 2-26　2014 年末河北省各市肉羊年出栏数各阶段养殖户数量

数据来源:河北省统计局网站,http://tjj.hebei.gov.cn/。

四是生猪年出栏数各阶段养殖户数量情况。如图 2-27 所示,全省各地的生猪年出栏情况,唐山养殖户数量最多,张家口养殖户数量最少,分别为

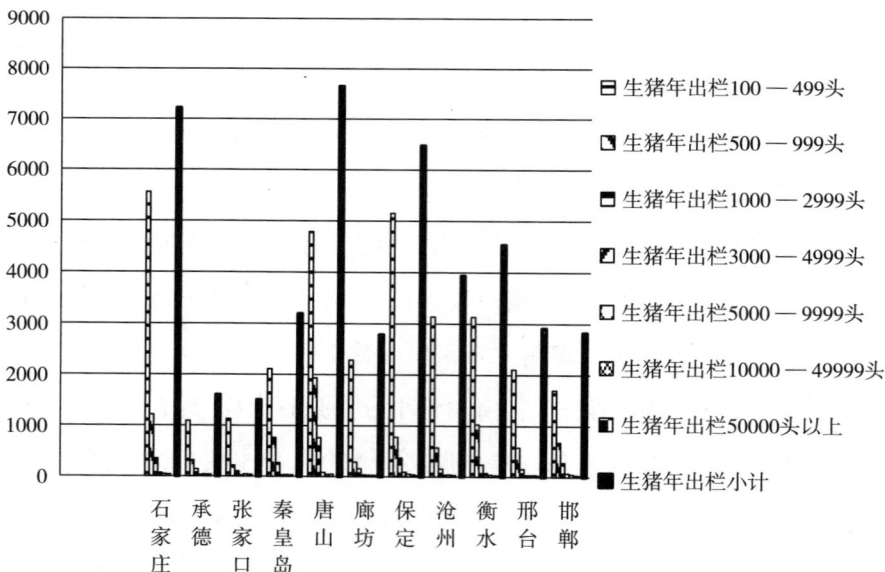

图 2-27　2014 年末河北省各市生猪年出栏数各阶段养殖户数量

数据来源:河北省统计局网站,http://tjj.hebei.gov.cn/。

7654 户和 1504 户,唐山多集中于年出栏数 100—499 头的阶段,数量为 4786 户。全省各地生猪出栏养殖户数排名中由小到大分别是张家口、承德、廊坊、邯郸、邢台、秦皇岛、沧州、衡水、保定、石家庄、唐山。2014 年末数合计,全省生猪年出栏数 100—499 头的养殖户的数量为 32197 户,最多,而生猪年出栏数 50000 头以上养殖户的数量最少,且多为 0 户,各阶段的差距悬殊。但生猪年出栏数各阶段养殖户数量是养殖业中占比最大的,总数为 44635 户。

　　五是蛋鸡年存栏数各阶段养殖户数量情况。如图 2-28 所示,全省各市的蛋鸡年存栏情况,石家庄养殖户数量最多,承德养殖户数量最少,分别为 9507 户和 506 户,且石家庄多集中于年存栏 2000—9999 只的阶段,数量为 8807 户。全省各地蛋鸡存栏养殖户数排名由小到大分别是承德、廊坊、张家口、秦皇岛、唐山、沧州、保定、衡水、邢台、邯郸、石家庄。2014 年末数合计,全省蛋鸡年存栏 2000—9999 只的养殖户的数量为 3.15 万户,最多;蛋鸡年存栏 50 万只以上的养殖户的数量最少,仅为 1 户且多为 0 户,所以各阶段养殖户数量差距较大。蛋鸡年存栏的养殖户数量普遍较高,全省总数为 35336 户。

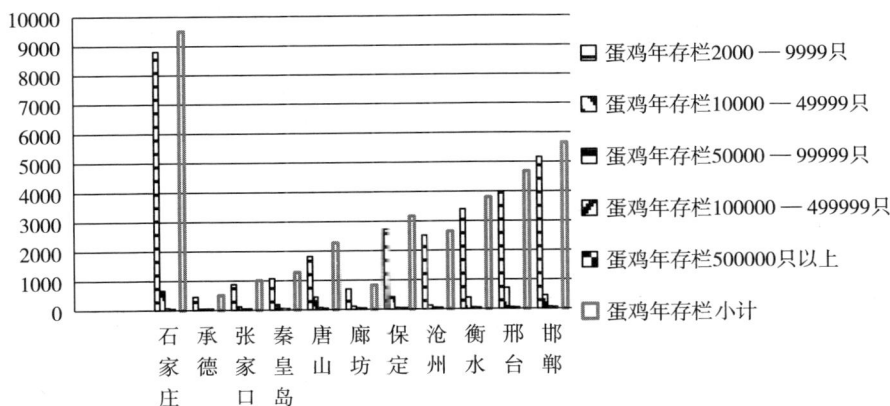

图 2-28　2014 年末河北省各市蛋鸡年存栏数各阶段养殖户数量

数据来源:河北省统计局网站,http://tjj.hebei.gov.cn/。

　　六是肉鸡年存栏数各阶段养殖户数量情况。如图 2-29 所示,全省各市

的肉鸡年存栏情况,沧州养殖户数量最多,石家庄养殖户数量最少,分别为
2292 户和 121 户,且沧州多集中于年存栏 2000—9999 只的阶段数量高达
2012 户。全省各市肉鸡存栏养殖户数排名:由小到大分别是石家庄、张家口、
衡水、廊坊、邢台、保定、邯郸、唐山、秦皇岛、承德、沧州。2014 年末数合计,全
省肉鸡年存栏 2000—9999 只的养殖户数量最多,而存栏 50 万只以上的养殖
户数量最少,分别为 6712 户和 8 户。肉鸡年存栏的养殖户的数量普遍较高。

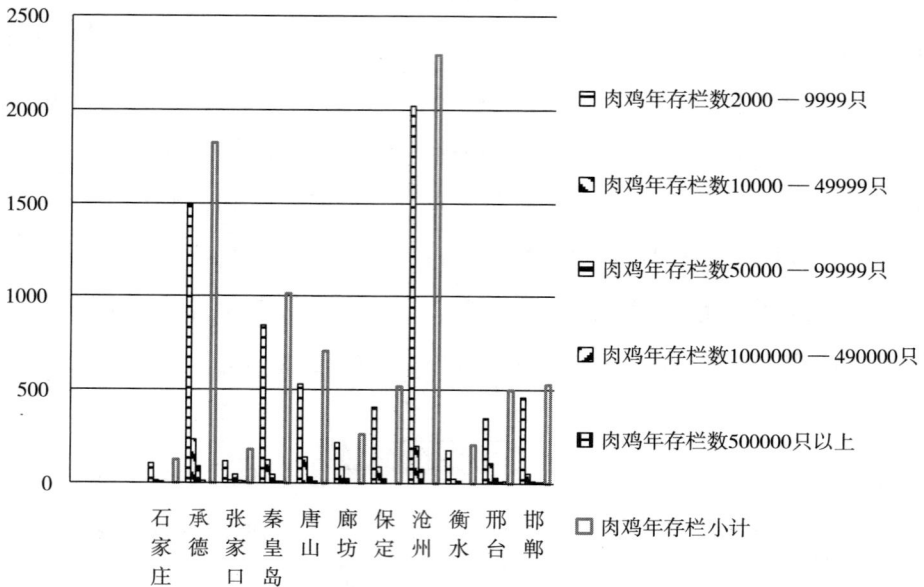

图 2-29　2014 年末河北省各市肉鸡年存栏数各阶段养殖户数量

数据来源:河北省统计局网站,http://tjj.hebei.gov.cn/。

从数量上可以看出,张家口占比比较突出,秦皇岛在 11 个城市中占比
最小。从城市发展以及经济的角度上来看,石家庄、唐山、秦皇岛的种养大
户数量比重较小。从地理位置上来看,保定的平原地区有利于发展种植业
和养殖业,张家口基于优越地理位置,同样是种植养畜的好地方。从图
2-30 可以看出,秦皇岛的种养大户数量极少,占比仅为 2%,因为秦皇岛主
要是以发展水产和旅游为主业。与此同时,地理位置基本相近的唐山、廊

坊、邢台、邯郸种养大户的数量也较少。综上可知,河北省各城市种植业、养殖业尚存在较大差距。

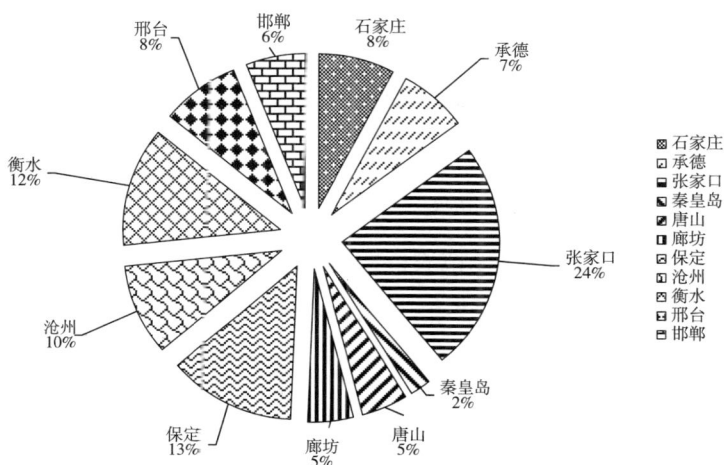

图 2-30　2014 年末河北省各市种养大户数量占全省的比重

数据来源:河北省统计局网站,http://tjj.hebei.gov.cn/。

三、农民专业合作社的类型、分布、特点

农民专业合作社是指在农村家庭承包经营基础上,同类农产品的生产者、经营者、生产经营服务的提供者和使用者,自愿联合和民主管理的互助性经济组织。农民专业合作社主要给其服务对象提供农产品购买、加工、销售、运输、储存以及与农作物生产和经营有关的高端技术和优质信息服务等。

自 2007 年颁布《中华人民共和国农民专业合作社法》以来,农民专业合作社呈现出快速发展趋势。根据工商行政管理总局统计,截至 2020 年 11 月,全国农民合作社达到 224.1 万家,中央一号文件强调,要大力发展农民专业合作社,农民专业合作社是现代农业经营服务的主要载体,是发展农村集体经济的新型实体,是创新农村社会管理的基本主体。农民专业合作社在农业产业中起着重要的作用,既能够增加农民收入,也在促进现代农业发展中发挥着重

要作用。力量弱小的农民通过农民专业合作社进入市场,农民专业合作社成为发展农村集体经济和促进农村创新型社会管理的有效载体。农民专业合作社在带动散户投资者、对接企业、连接市场方面发挥重要的功能,在调整现代农业结构、促进规模经营、提高农业效益、提高农产品质量和拓宽农民增收渠道等方面发挥着核心作用。因此,应把发展农民专业合作社作为壮大农村经济的首要任务。

根据农业部数据,2017年末,全国共有农民专业合作社175.4万个,其中,被农业主管部门认定为示范农民专业合作社的有14.9万个。农民专业合作社社员总数6794.3万户,其中,普通农户、专业大户及家庭农场、企业成员占比分别为83.6%、3.1%和0.4%。主要分布特点是:从行业分布来看,种植业合作社、畜牧业合作社、林业合作社、渔业合作社以及服务业合作社分别为95.4万个、40.4万个、10.4万个、5.7万个以及13.9万个,占比分别为54.4%、23.1%、5.9%、3.3%和7.9%;从区域分布来看,山东、江苏、河南、山西和河北分别为9.36万个、6.39万个、6.29万个、6.23万个和5.8万个,占比分别为10.6%、7.2%、7.1%、7%以及6.6%。五省农民专业合作社合计34.06万个,占合作社总数的38.5%。①

河北省不同行业各类合作社人数具体情况如图2-31、2-32、2-33、2-34、2-35、2-36、2-37所示。

四、农业产业化龙头企业的类型、分布、特点

在新型农业经营主体中,农业产业化龙头企业分为国家级、省级、地市级等不同级别,是新型农业经营主体中规模最大的。农业产业化龙头企业是指主要以农产品的加工或流通为重要业务的企业。它通过多种形式与农民建立起利益联动机制,使农民便捷地进入市场来生产农作物产品,并对其进行加

---

① 数据来源:《2017年家庭农场发展情况》,2018年11月6日,见 http://journal.crnews.net/ncjygl/2018n/d10q/bqch/107637_20181106111454.html。

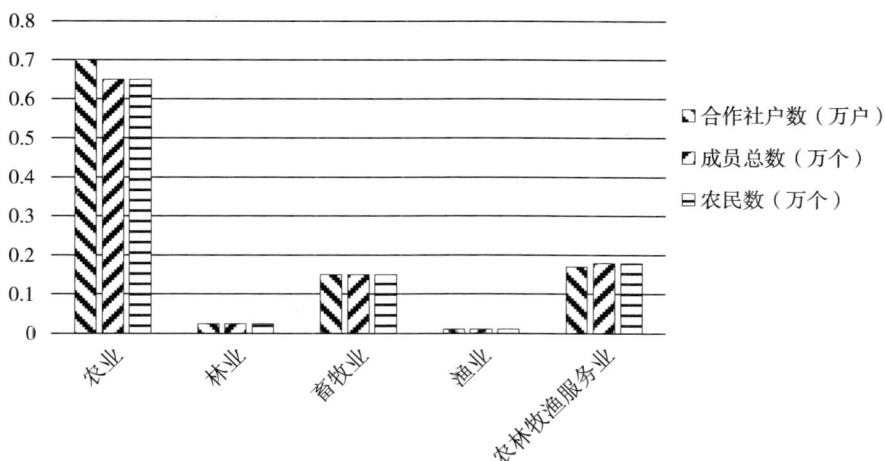

图 2-31　2017 年末河北省分行业合作社户数、成员数、农民数

工、销售等活动。农业产业化龙头企业与家庭农场、专业大户和专业合作社相比,经济实力较强,并拥有更先进的生产技术和管理经验,市场竞争力较强。

龙头企业作为现代农业产业化的核心力量,能够更好地应对和适应复杂多变的市场环境,并为农产品生产的各个环节提供全面服务,改善与农民之间的利益联结机制。

龙头企业在发挥农业产业化过程中有着重要作用。龙头企业在资金、技术和人才方面有着突出的优势,在生产和产后服务等环节发挥重要作用。在生产活动中主要为农户提供各类生产性服务,例如,农业生产技术、农资服务、金融服务等。在产后主要进行农产品加工和市场营销,可延长农业价值链,提升农产品附加值。

2016 年底,全国农业产业化组织总数已接近 41.7 万个,辐射带动农户数量为 1.27 亿,使得农户平均收入增加达 3493 元。全国范围内的龙头企业达到 13.03 万家之多,其销售营业额高达 10.1 万亿元,所提供的农产品及加工制品占农产品市场供应量的三成以上,占主要城市"菜篮子"产品供给的近七成。

截至 2014 年末,河北省农业产业化龙头企业数量为 608 家,国家级 45

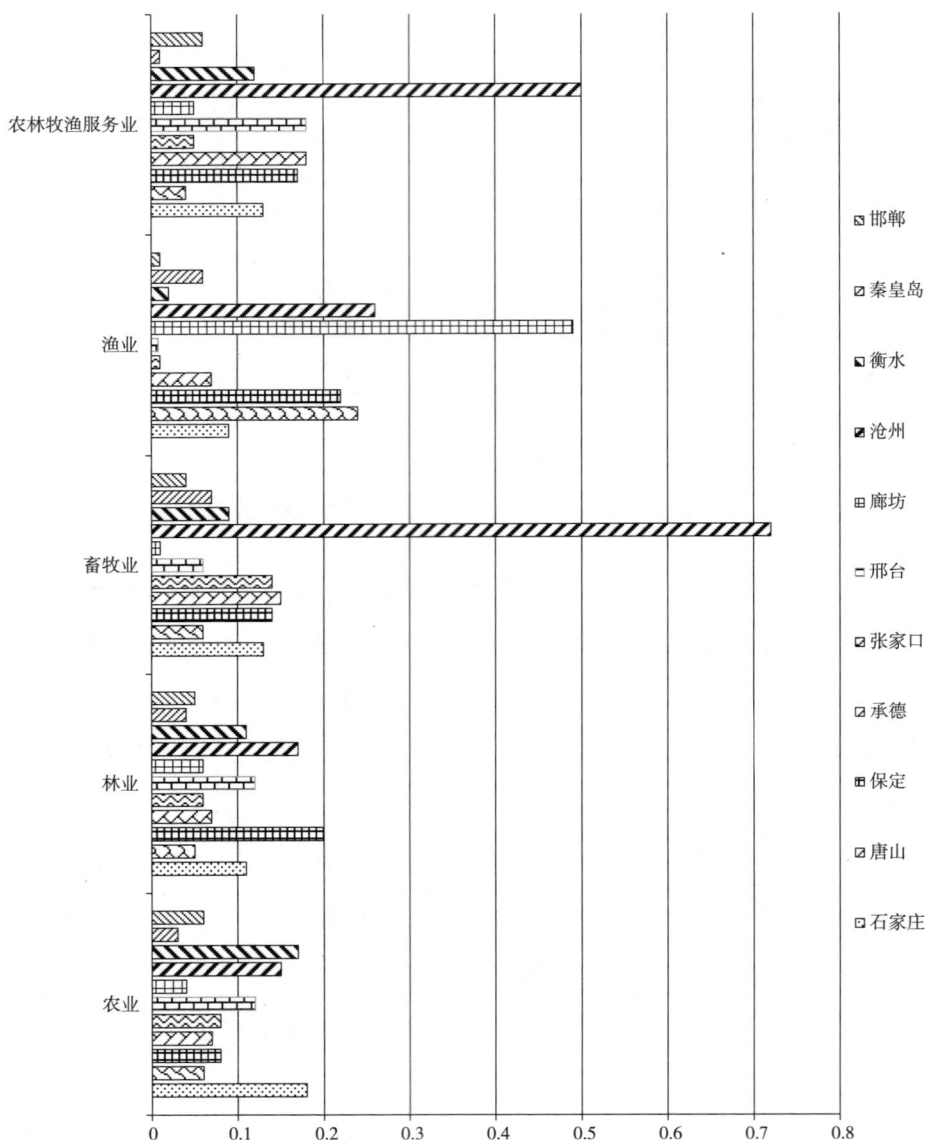

图 2-32　2017 年末河北省分行业各市合作社数量(单位:万户)

家,省级 563 家,国家级农业产业化龙头企业仅占不到 1 成,省级和国家级农业产业化龙头企业分布较均匀。拥有省级农业产业化龙头企业数量前 3 位的是石家庄、保定、邯郸。其占比如图 2-38、2-39、2-40、2-41 所示。

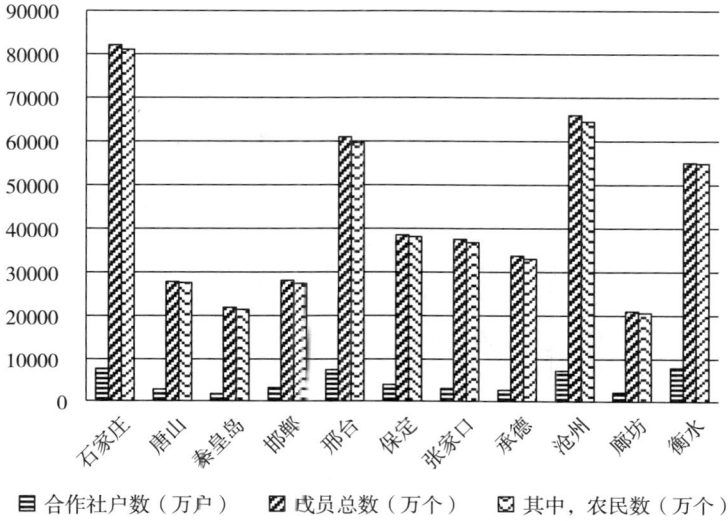

图 2-33 2017 年末河北省各市农业合作社户数及成员情况

合作社户数（万户）　成员总数（万个）　其中，农民数（万个）

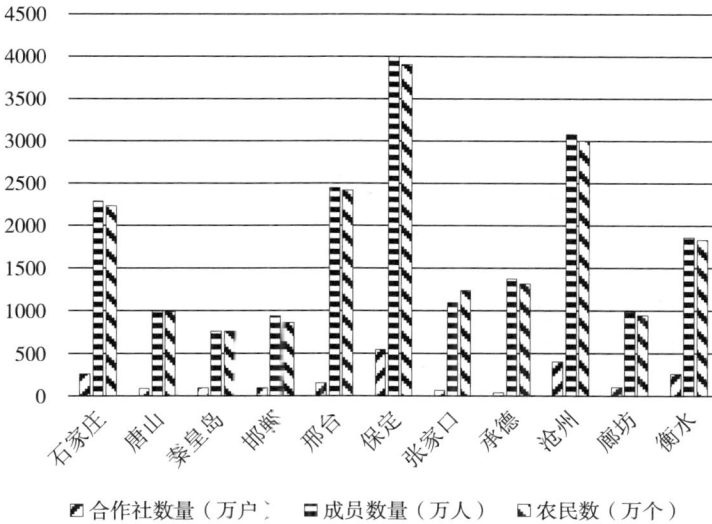

合作社数量（万户）　成员数量（万人）　农民数（万个）

图 2-34 2017 年末河北省各市林业合作社户数及成员情况

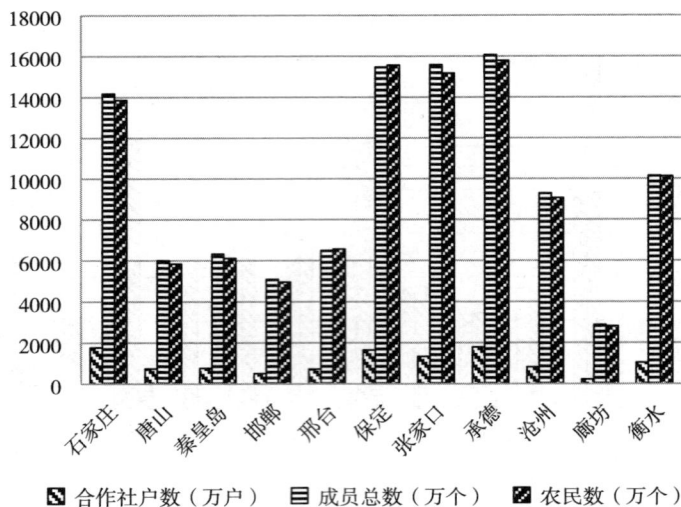

图 2-35　2017 年末河北省各市畜牧业合作社户数及成员情况

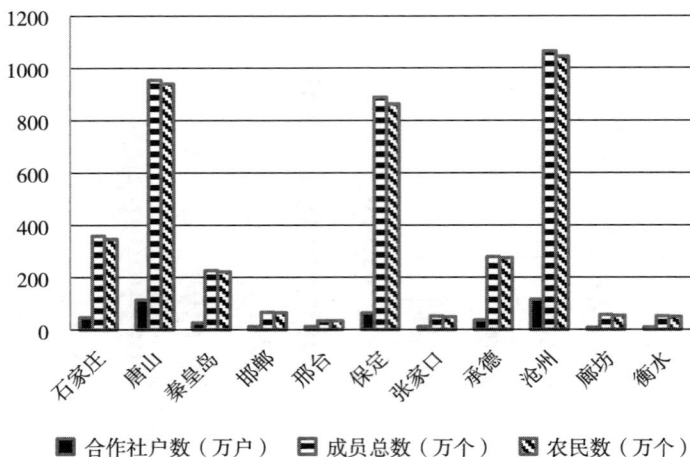

图 2-36　2017 年末河北省各市渔业合作社户数及成员情况

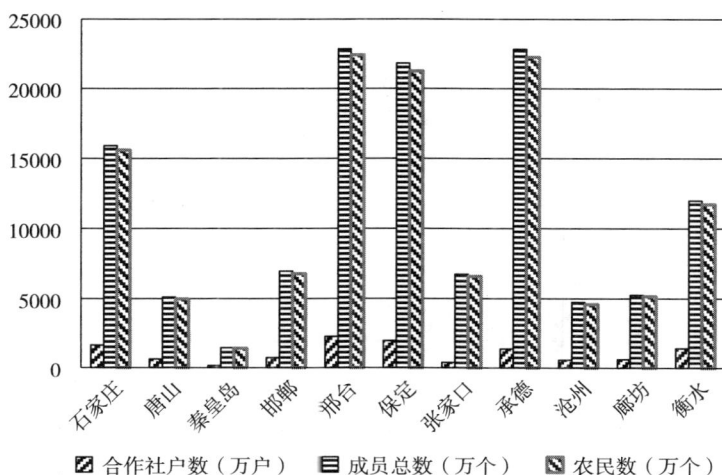

图 2-37　2017 年末河北省各市农林牧渔服务业合作社户数及成员情况

以上数据来源：河北省统计局网站，http://tjj.hebei.gov.cn/。

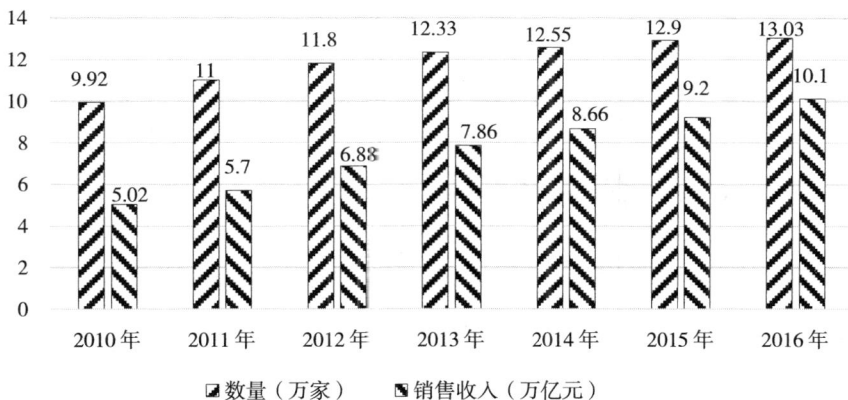

图 2-38　2010—2016 年农业产业化龙头企业发展情况

数据来源：中华人民共和国农业农村部网站，http://www.moa.gov.cn/。

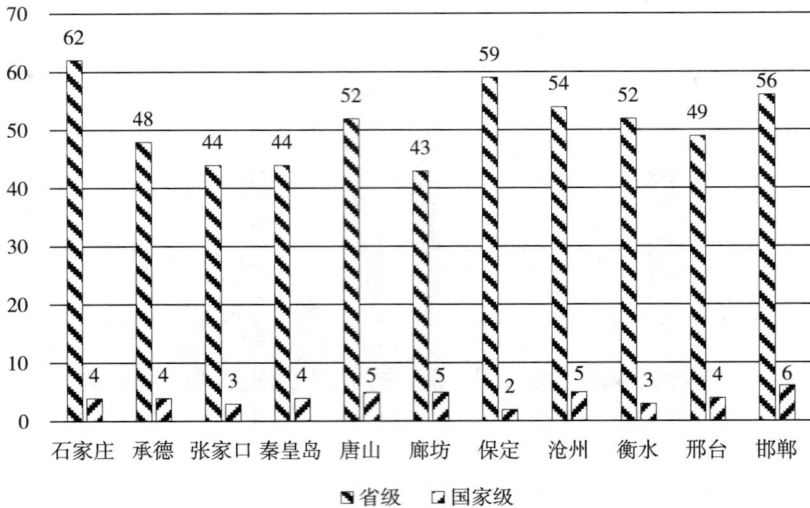

图 2-39　2014 年末河北省省级及以上农业产业化龙头企业数量(个)

数据来源:河北省统计局网站,http://tjj.hebei.gov.cn/。

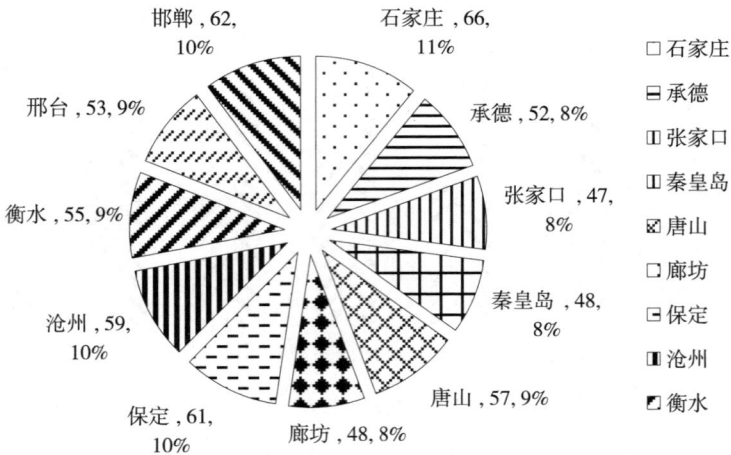

图 2-40　2014 年末河北省省级及以上农业产业化龙头企业数量(个)及占比

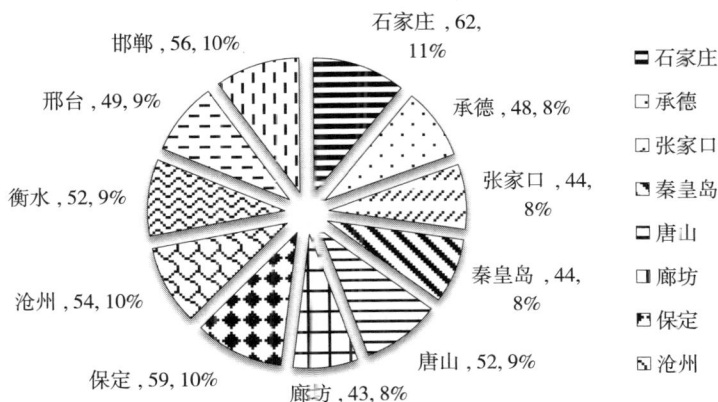

图 2-41　2014 年末河北省农业产业化省级龙头企业数量（个）及占比

　　总体来看，河北省省级及国家级农业龙头企业数量分布较为平均。省级龙头企业的数量集中于 43—62 家之间，差距不大。国家级龙头企业数量在 2—6 家之间且平均。

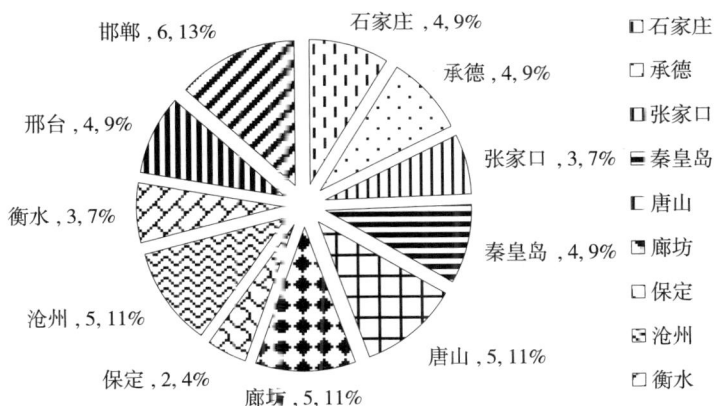

图 2-42　2014 年末河北省农业产业化国家级龙头企业数量（个）及占比

　　如图 2-42 所示，河北省农业产业化国家级龙头企业数量在各市分布相对平均，且多数占比为 9%—11%，其中，最多的占比为 13%，最少的占比为 4%。河北省农业产业化省级龙头企业的数量在各市分布也相对平均，且集中于 8%—11%。各市的省级龙头企业是促进本市经济发展的有力支撑和重要力量,如石家庄、衡水省级龙头企业占全省的省级龙头企业数量的比重相对较大,因此,农村经济取得快速发展。

第二节 不同类型新型农业经营 主体金融服务需求分析

一、家庭农场和专业大户的金融服务需求构成与特征

（一）家庭农场和专业大户金融服务需求的主要构成

一是支付土地流转费。无论是种植业还是养殖业,想要享受规模经营带来的好处,就必须要有足够的耕地。所需耕地以租赁为主,租赁的费用主要由土地的流转形式、流转类型,以及地理位置等因素决定。条件一般的土地流转价格大致是 500 元/亩左右,而土地质量地理位置等较好的土地流转的价格能达到 1500—2000 元/亩。以租赁 100 亩条件一般的土地为例,每年需要支付的流转费用达 5 万元左右。若 100 亩水浇地两茬,小麦早、玉米晚,每年毛收入 21 万,除去物力投入、人力投入 11 万,净收益只有 10 万。对于种养大户来说,5 万元的流转费占到了净收益的 50%,是非常高的支出,而且种养大户仅在粮食主产区的经营规模就很可能高达千亩,每年支付流转费需要几十万。

二是购买农业生产资料和建设农田水利设施费用。购置生产资料的费用主要用于购买种子、肥料、农药等种植必需品,种植机、灌溉机、收割机等大型农具。建设费用主要用于土地整治,农田排水、灌溉,机耕道路的建设等。据调查,2020 年小麦平均每亩成本为 940.08 元;一台大型农田喷灌设备或者大型联合收割机的价格高达几万元甚至几十万元;农田水利设施建设的平均成本在 1500 元/亩以上。若经营面积达到了百亩以上,每年投在生产资料以及设施建设方面的费用就高达 10 多万元。

三是发展设施农业。设施农业是采用人工技术手段,创造出适合动植物全天候生长的环境的设施工程,从种类上可分为设施园艺和设施养殖两部分,后者主要有水产养殖和畜牧养殖两类。发展设施农业可以提高效率,带来较高的收益。据调查,山东省设施栽培平均效益是露地栽培的 5 倍以上。但是,发展设施农业所需要投入的成本也非常高,如普通的蔬菜大棚,每平方米成本大约在 15 元左右,一亩地成本在 8000—10000 元;普通海淡水网箱成本价格一般在 2000—3000 元,而深水网箱成本达到了 10 万元以上;年出栏万头规模的养殖场,成本能达到几百万元甚至几千万元。

四是管理风险的保险需求。自然风险和市场风险是进行农业生产时所要面临的两类主要风险,国家为了保护农业经营主体的利益,帮助其降低风险,出台了一系列政策。在应对自然风险方面,我国主要采用农业保险政策工具和灾后救助等方式来帮助农户。在应对市场风险时,我国主要通过最低收购价政策来保护经营主体的利益。对于新型农业经营主体来说,农业保险政策有助于化解其风险。首先,家庭农场、专业大户通过实行规模化、组织化经营,其生产的产品需要更加丰富,企业管理制度需要更为完善,内部的运营需要更为精细,因此,出现问题的可能性更大。其次,在面对风险时,家庭农场和专业大户主要通过规模经营增加收入,一旦遭受损失则会较为巨大,并影响后期的生产生活,因此,其对农业保险的需求更为强烈。与之相比,普通农户收入中的农业经营收入只占到一小部分,其如果遭遇自然风险而产生的损失要低于新型农业经营主体因风险遭受的损失,因此,普通农户对于农业保险的有效需求大大降低。

（二）家庭农场和专业大户金融服务需求的特点

一是根据产业类型的不同,家庭农场和专业大户金融需求主要来自流动资金、固定资产和产业延伸资金三个方面。

流动资金的金融需求主要用于支付某些生产必需成本,如原材料供应、土地流转费等,流动资金需求约占总资金需求的70%。由于农作物成熟的时间不同,种植类新型农业的资金需求具有明显的时段性。而对于养殖类新型农户的资金需求,则表现为多元化和零散化的特征。

固定资产的金融需求主要用于建设基础设施、配套生产设施、购置农业机器设备等,这部分资金需求一般占新型农业经营主体资金需求的20%左右。由于基础设施、机器设备等都存在折旧期,所以这类资金的需求时间和需求数量都相对固定。

产业延伸的金融需求在种植类新型农户中主要用于农产品后期的加工制作、产业链的延伸等方面,一般占总资金需求的10%左右。在养殖类新型农户中主要用于新型农业生产规模化、产业化形成的产业链条,这部分金融需求相较于流动资金、固定资产的金融需求来说,占比较小,约为10%。

二是与普通农户相比,种养大户的信贷需求规模一般都在10万元以上,仅仅依靠信用贷款、联保贷款难以满足;通过贷款获得的大部分资金都用于投入生产、扩大规模等,剩余资金不多;短期资金需求主要用于购买生产资料等,中长期资金需求主要用于支付基础设施建设、农业机器设备购买的费用;自有资金主要用于购买生产资料、支付转包费等,抵押品缺少银行的认可,所以难以形成固定资产;种养大户大都是农村能人,经营能力比较强,从事规模经营能带来较高的收益,并且还受到地方政府的支持,所以其盈利能力和还贷能力都较强。就目前来说,种养大户的贷款需求面临的最大问题就是没有合适的金融产品与之相匹配。

二、农民专业合作社金融服务需求的构成与特征

(一)农民专业合作社金融服务需求的主要构成

近年来,农民专业合作社的数量快速增加,规模也逐渐扩大,并且各项功能也在不断完善。据农业农村部网站消息,截至2020年11月,全国农民专业

合作社达到 224.1 万家,辐射带动近一半的农户。图 2-43、2-44、2-45 分别给出了 2008—2020 年全国农民专业合作社数量、入社农户数量,以及社均成员数量,从图中可以看出,各类指标均呈现出增长的趋势。

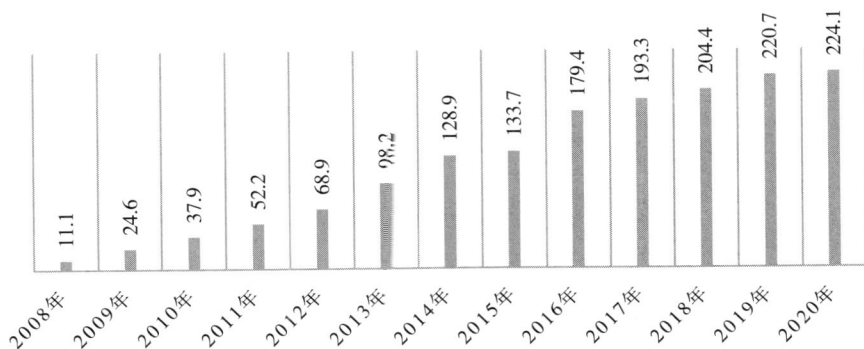

图 2-43 2008—2020 年农民专业合作社数量(万个)

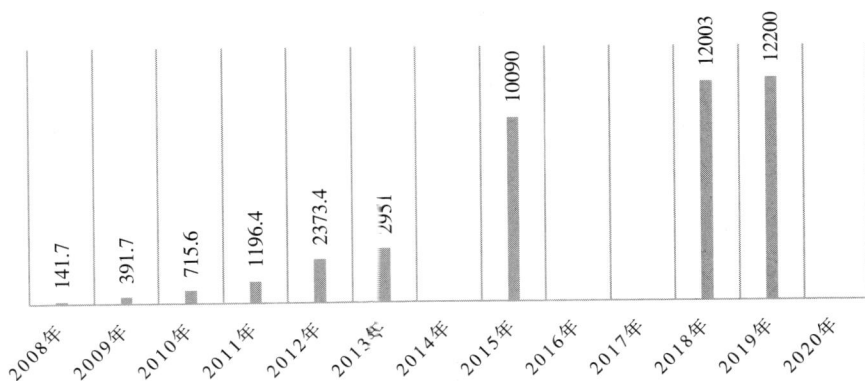

图 2-44 2008—2020 年入社农户数量(万个)

农民专业合作社的服务范围已经覆盖了农村的大部分产业,包括养殖、种植、林业、农家乐等。服务内容由传统的种养环节延伸到了购买生产资料、病虫害统防统治、机械化服务等诸多领域。据统计,2017 年实行产销一体化服务的合作社有 93.1 万个,占合作社总数的 53.1%;以生产服务为主的合作社 50.9 万个,占合作社总数的 29.1%;以购买、仓储、运销、加工和其他服务为主

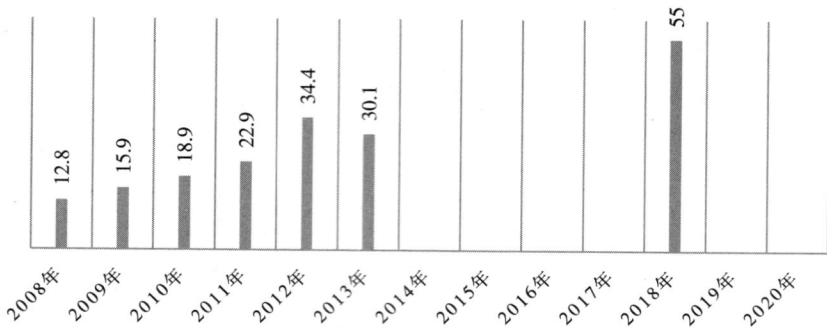

图 2-45　2008—2020 年社均成员数量（个）

数据来源：人民网，http://www.people.com.cn/。

的合作社所占比重分别为 3.3%、0.9%、2.1%、2.0% 和 9.5%。①

合作社的信贷需求主要集中在以下几个方面。

一是购买生产资料，主要为其社员购买种子、化肥、农药等。合作社一般是先为员工垫付资金统一购买，然后再销售给社员，通过这种方式可以降低采购成本。据统计，2018 年各类农民专业合作社为成员统一购买生产资料总值达 3020.5 亿元，平均每个成员 4200 元。若每个合作社的平均成员数量为 70 个，平均每户购买生产资料的资金为 7000 元，那么合作社就需要 49 万元的流动资金，生产规模越大，资金需求就越多。由于资金需求的期限为几个月，所以为短期需求。

二是提供技术支持和加工服务。随着合作社功能的不断完善，越来越多的合作社为其社员提供生产技术支持和农产品加工服务。技术支持上，一方面是为农户提供害虫防治、农机作业以及集中育秧等服务，提高农业生产科技水平，这类技术支持由于需要购买机器设备等，资金需求量比较大；另一方面是引进新品种、新技术等，这类支持所需资金比较少，主要用于新建一些设施。加工服务是指合作社在收购社员农产品后对农产品进行粮食烘干、简单包装

---

① 数据来源：《2017 年家庭农场发展情况》，2018 年 11 月 6 日，见 http://journal.crnews. net/ncjygl/2018n/d10q/bqch/107637_20181106111454.html。

等初加工活动,2017 年底以加工服务为主的合作社占合作社总数的 2.0%。合作社的规模越大,越有着较高的经营管理和较大的机器设备需求,所需要的资金就越多。而合作社以收取会费为主要收入来源,资金回收速度相对较慢,贷款期限比较长,因此这部分资金需求主要为长期需求。

三是购销农产品,合作社对社员生产的农产品进行统一收购与销售,并且提供仓储和运输服务。资金需求主要体现在以下三个方面。

第一是农产品的收购。合作社将农产品统一收购之后,出售给经销商,然后按照约定将获得的利润分配给社员,这种方式与龙头企业收购产品类似,整个过程需要大量的资金。由于合作社只需要对农产品进行简单加工,就能将产品快速出售,从而回收资金,因此这种贷款需求具有短期性和季节性的特点。据统计,2018 年各类农民合作社为成员统一销售农产品达 8182.5 亿元,平均为每个成员销售农产品 1.14 万元。

第二是建设冷链仓储设施。蔬菜、水果等农产品储藏时间不宜过长,而且易受到周围环境的影响。以前收购这类农产品需要尽快出售,但是由于数量过多,集中上市会导致价格大跌甚至难以出售。因此,一些合作社开始通过兴建冷链仓储设备,实现农产品分批上市,稳定农产品的价格,而且还能延长农产品的保鲜时间。这类仓储设备主要包括冷库、地窖、冷藏运输车等,但是建造冷库、地窖,购置冷藏运输车等都需要耗费大量的资金,比如要建一个存储 1000 吨的蔬菜冷库,全部工程下来需要资金 150 万元至 250 万元。

第三是开展营销促销。合作社规模越大,越是注意品牌的营销,为了建立更多的销售渠道,需要开设更多的销售网点来加强宣传,也需要投入大量的资金。

(二)农民专业合作社金融服务需求的特征

从整体上来看,合作社的资金需求包括合作社社员的需求(包括普通农户和种植大户)与合作社自身的需求。合作社为农业小生产与大市场的连接搭建了桥梁,其未来将有较快的发展速度,其功能也将越来越完善,随着农民老龄化的加速,合作社将成为发展农业生产的重点机构。与此同时,合作社自身的资金需求也在不断增大,其在资金需求规模上的特点与种养大户类似,即需求规模在 10 万元以上,资金需求的期限不定,抵押品缺少银行认可。但是需要注意的是,虽然农业合作社的成立需要在工商部门注册,但由于其内部的组织框架不一,导致金融机构对其贷款主体地位的认可度较低,难以获取信贷支持。因此,多数合作社以其社员为主体进行贷款,满足合作社的自身资金需求,即通过第二层次的贷款需求来满足第一层次的需求。

三、农业产业化龙头企业金融服务需求的构成与特征

(一)农业产业化龙头企业金融服务需求的主要构成

据 2018 年调查,全国农业产业化组织数量已达 41 万多个,辐射带动的种植业生产基地约占全国农作物播种面积的 60%,带动畜禽饲养量占全国的 2/3 以上,辐射带动 1.27 亿农户,户年均增收超过 3000 元,其中各类龙头企业超过 13 万家,成为建设现代农业的重要力量。

在农产品市场中,龙头企业提供的产品及加工制品占比达 33%,根据 2016 年发布的《新型农业经营主体发展指数调查(五期)报告》,农业产业化龙头企业的整体偿债能力较高,其资产负债率为 9.45%。在农业产业化过程中,快速发展的龙头企业需要大量的资金,但是由于其筹集资金能力不足,其资金只能用于购买生产资料和扩大经营规模,而用于企业研发新产品、引进新技术以及打造销售品牌等方面的资金投入不足,这与龙头企业规模发展的需求不相符。

(二)农业产业化龙头企业金融服务需求的特征

一是资金需求总量大,资金用途多样化。龙头企业要带动各类经营主体

和小农户共同发展,没有源源不断的资金支持是难以实现的。由于自身难以筹措资金,其发展受到较大的限制。另外,企业获得的资金需要用于各个方面,比如,对内进行机器设备的更新、经营范围的拓展,对外进行企业的品牌宣传、农产品的收购等。

二是短期资金需求集中。由于各种农产品的成熟具有季节性,导致龙头企业的资金需求也具有季节性。在农产品成熟的季节,龙头企业需要收购来自各方的农产品,因此这个时期就需要集中大量的资金来满足企业的需求,使得龙头企业的资金需求呈现出时间集中的特点。

三是长期资金需求缺口大。由于在初创期,龙头企业需要购买大量的机器设备、厂房等固定资产,这部分资金靠短期借贷是难以实现的,而若没有这部分资金,企业就难以扩大生产经营的规模,也就难以引领小农户的发展,所以,企业对长期资金的需求很强烈。另外,当企业的生产经营规模达到一定程度时,就需要通过研发新产品、引进新技术、更新各种机械设备等来增强自身的竞争力,才不至于被市场所淘汰。因此,要实现企业的长远发展,也必须要有足够的长期资金的支持。

第三节　新型农业经营主体金融服务需求的影响因素分析

一、新型农业经营主体融资困难分析

(一)内部融资治理结构不完善、经营风险较大

从内部融资结构来看,合作社在经营能力和规模上都发展较快,但由于发展时间较短等原因,规范程度相对较低。首先,由于合作社的领导者多为农民,受已有管理水平限制,在财务管理制度、组织机构、利益联结机制等方面存在不健全、不完善等问题。其次,合作社的市场准入门槛过于宽松,部分"挂

牌社""空壳社"为了套取政府补贴,导致大量合作社迅速扩张,再加上相关制度难以跟进,合作社整体信用被拉低。从风险视角来看,由于专业合作社类型主要为种植业和养殖业,因此存在高风险低收益的特征。具体来看,合作社主要面临因为自然灾害风险以及农产品所具有的生产周期长和生产盲目性等特征,导致供需出现失衡,价格波动较大问题。因此,合作社经营存在高风险低收益的特性,导致金融机构给予其信贷支持方面的积极性较低。

(二)缺乏有效的担保和抵押资产

金融机构对那些管理规范、盈利和偿债能力较强的合作社更容易发放贷款,而大部分合作社由于规模较小、发展潜力不足,再加上缺乏优质抵押物,难以获得金融机构贷款。首先,多数合作社的办公场所和营业场所是通过租借的形式来获得使用权,目前难以进行抵押贷款。其次,由于农村产权流转市场滞后和土地承包经营权、林地承包权存在产权模糊等问题难以获得贷款。现阶段,"两权"抵押的融资方式仍存在抵押物难以有效处置等难题。最后,合作社没有确立规范的出资形式和验资程序,导致合作社财产存在虚拟化问题,使得合作社与金融机构之间存在信息不对称,因此难以获得金融信贷资金。此外,由于合作社自身发展不足,也难以获得关联企业担保和商业担保公司担保,制约了合作社获取金融信贷。

(三)缺乏必要的金融产品和服务

近年来,合作社在获取金融产品和服务上不断提升,但金融机构的金融产品和服务仍难以满足合作社的需求。一是金融服务机构数量不足,融资渠道较为单一。由于政策性银行"不能"、商业银行"不为"、邮政储蓄"分流"以及农村信用合作社"有限"等诸多问题,金融机构信贷出现非农化倾向,金融机构的信贷供给远低于农民的储蓄存款,农村金融体系信贷能力不足。二是合作社获取贷款条件苛刻。农业生产周期性长、资金需求量较大,金融机构由于缺乏相关金融产品或者以较高利率使得合作社出现"不能贷"和"不敢贷"的情况。调研结果显示,认为金融机构贷款利率较高的合作社占比76%,这表明绝大多数合作社认为融资成本较高,不利于合作社获得信贷支持。三是在金融产品和服务等方面的创新不足。传统的金融机构难以满足农民专业合作社对不同规模和方式的信贷资金需求,如农户小额信用贷款、抵押担保贷款等金融产品缺乏创新性和灵活性。

(四)农业保险体系和风险补偿体系机制不完善

农业作为弱质性产业,具有风险高、收益低的特性,与之相对应的是农民专业合作社较弱的抗风险能力,降低了如期偿还贷款的可能性。那些获得信贷支持的合作社都是信用等级较高,且有相关担保机构担保,而那些信用等级较低的合作社则难以获得信贷支持。例如,经调查发现,石家庄区域合作社农业保险的购买比例仅为58%,表明农户购买农业保险意识不强和存在保险体系不健全问题。究其原因:一是保费高和险种少,难以满足农业生产领域的需求;二是理赔难和额度低,农业保险理赔程序繁冗复杂,且赔付金额远远低于合作社实际损失额度;三是农业保险业务由于其单位价值与赔付率不对等,往往较难盈利。

二、新型农业经营主体信贷可得性影响因素理论分析

大量学者对农民专业合作社融资难进行有益探讨,忻红等(2015)研究发现,合作社融资难主要是因为农业自身的弱质性与合作社自身规模小,这会导致合作社面临较大的自然风险和市场风险,以及缺乏有效的担保抵押物。孙才仁等(2014)研究发现,金融机构产品和服务方式创新不足以及农业保险体系不健全导致合作社融资难,难以满足农业多元化的金融需求。顾群(2016)研究发现,影响农业合作社信贷的因素主要体现在农业合作社自身信用不足、金融机构信贷政策缺乏灵活性。王一博(2018)的研究则认为影响合作社信

贷可得性最主要因素为合作社基本状况、盈利水平、银社关系,此外,合作社自身建设存在不足和金融机构产品及服务有限也导致合作社难以获得信贷。

施生旭等(2015)研究认为,影响合作社融资的因素是盈利能力和融资历史。陈炎伟(2018)研究发现,农业合作社的固定资产规模越大、发展等级越高以及与银行之间关系越紧密,则越容易取得信贷支持。郭红东等(2011)研究发现,合作社的固定资产规模、信用等级、示范等级是影响其信贷可获得性的主要因素,提出应加强自身建设、创新金融产品和服务等建议。在此基础上,李坚未等(2014)也认为,合作社固定资产规模、经营能力、银社关系是影响其融资的主要因素。农民专业合作社作为特殊的经济组织,影响企业信贷的因素主要包括借款企业的资产规模、行业特征、经营状况、财务状况、企银行关系等,企业领导者的年龄、受教育程度等,以及企业抵押担保和政府优惠政策等外部环境因素。戎承法和胡乃武(2011)研究发现,合作社的经营能力、社长背景、无形资产以及外部政策环境与合作社获得信贷支持正相关。宰晓娜等(2013)研究认为,合作社的财务会计情况、管理者的期望与合作社的信贷可得性负相关,是否设立法人账户、实有资本与信贷可得性显著正相关。兰庆高(2014)研究发现,合作社社长任职经历、利润水平、政府财政支持与合作社信贷可得性正相关。综上所述,本书主要选取农民专业合作社的经营能力、盈利能力、规范建设、管理者自身建设、银社关系、垂直一体化程度、担保能力和外部环境7个方面因素,作为影响其社信贷可得性待检验因素。

(一)经营能力

农民专业合作社的经营能力是其能否取得信贷的重要指标,合作社拥有越强的经营能力,则表明合作社的产品越畅销,规模不断扩大、发展潜力也较大以及盈利能力较强,合作社未来的整体发展前景较好。因此,金融机构倾向于对这样的合作社给予信贷支持。本研究用固定资产规模和利润水平来衡量合作社的经营能力。

1. 合作社固定资产规模。合作社固定资产规模衡量合作社拥有多少优质的抵押物,是金融机构发放信贷的重要参考因素之一,固定资产规模越大的合作社,能够用于抵押的数量越多、质量就越好,金融机构在筛选和评价合作社贷款的成本就会变小,信贷风险也就变小,更容易获得金融机构贷款。本研究假定合作社固定资产规模与获取信贷的可能性呈正相关关系。

2. 合作社利润水平。合作社的利润水平直接关系合作社的偿债能力,这是金融机构最为关注的指标之一。利润水平越高的合作社,其偿还债务能力越强,金融机构提供信贷的意愿就越大。本研究假定农民专业合作社的利润水平与获取信贷的可能性呈正相关性关系。

(二)规范建设

合作社自身的规范程度主要包括形式和内容规范两个方面。其中,政府、社会等对合作社的认可和评价程度为形式上的规范,一般用合作社的示范等级来表示,财务会计制度准确、完整为内容上的规范,一般用财务制度完善程度来表示。合作社规范程度越高,则越容易取得金融机构的信贷。本研究用示范等级和财务制度来衡量合作社的规范建设。

1. 合作社的示范等级。各级政府在一定时间内按照一定标准筛选和评价合作社的示范等级,主要分为国家级、省级、市级和县级4个级别,并对外公布,具有很大的参考性和准确性。因此,不难看出,等级越高的合作社,其规范度和信用度也越好,金融机构对其信贷意愿就越大。本研究假定农民专业合作社的示范等级与获取贷款的可能性呈正相关关系。

2. 合作社的财务制度。财务制度用来反映企业会计核算的规范性、会计信息真实性和全面性。完善的财务制度有助于金融机构更全面、准确了解合作社的财务信息,并通过财务信息对是否给予合作社信贷支持进行判断,财务制度越健全,金融机构提供贷款的意愿就越大。本研究假定合作社财务制度与获取金融机构的信贷可能性呈正相关关系。

（三）管理者的自身情况

农民专业合作社的管理者是本组织的带头人，其文化程度、工作经历对合作社的发展起着举足轻重的作用。本研究用文化程度、工作经历作为衡量管理者自身情况的两个重要指标。

1. 管理者的文化程度。管理者较高的文化程度表明其受教育年限较长，看待事物和认识事物的视野一般比较开阔。同样，管理者文化程度越高，对合作社的发展现状、存在的问题等深层次、本质性的问题一般能够看得越透彻，有助于破解合作社发展过程中的难题，使得合作社又好又快地发展，从而提高金融机构的信贷意愿。因此，假定管理者文化程度与获取金融机构的信贷可能性呈正相关关系。

2. 管理者的工作经历。一方面，具有村干部、企业负责人等经历的管理者，积累了一定的工作经验，往往既能够统筹全局，把握好合作社的发展方向，又能够抓住重点和关键，做好合作社的主要工作，增加合作社规模和利润，降低各种风险，有利于促进合作社健康稳步发展；另一方面，合作社管理者通过将以前工作积累的交际能力和人脉关系充分利用好，有助于通过优质的社会关系助力合作社健康发展，取得金融机构信贷意愿也就越大。因此，假定合作社的管理者具有村干部企业负责人等经历，则获取信贷支持的可能性就越大。

（四）合作社与银行关系

合作社与银行之间的关系也是影响金融机构发放贷款的重要因素，如果合作社的各种信息能够及时全面准确地反映给金融机构，则金融机构提供信贷支持的意愿就较大；反之，则难以获得贷款。衡量银社之间关系的指标用合作社与银行之间的定期对账。

银社之间的定期对账能够降低相互之间的信息不对称，这既有利于降低银行对合作社的贷前信息搜集、筛选成本，又能够使得银行全面准确掌握合作社发展方向等信息。因此,假定合作社越能够与银行定期对账,则获取贷款的可能性就越大。

(五)农业产业化程度

农业产业化是以市场为导向,并充分发挥农业各主体的生产积极性,有效推动农业科技进步,改进传统农业的生产方式,加快农业现代化发展步伐,以实现农业专业化、集约化、规模化,加快构建农业一体化经营体系。因此,农业产业化有助于提高金融机构的信贷意愿。本研究用与上下游参与主体之间紧密程度和深加工程度两个指标来衡量农业产业化程度。

1. 与上下游参与主体之间的紧密程度。基于产业链和价值链的分工与合作,合作社与上下游参与主体之间关系越紧密,则处于产业链的上下游企业之间利益联结关系也就越紧密,与上下游企业连接越紧密的合作社的相关信息也会越透明,且能够参与到产业链条的合作社也是相对有实力和规模的。因此,金融机构更能够通过上下游企业更加详细地了解合作社的情况。因此,假定合作社与上下游参与主体之间的紧密程度越大,则更容易获取贷款。

2. 深加工程度。农产品深加工程度能够很好地衡量产品的质量和附加值。通常来说,产品深加工程度越大越能够提升产品质量,增加产品的附加值,表明产品的市场销售量越大,越有助于提高金融机构对合作社的信贷意愿。因此,假定合作社加工程度与获取金融机构的信贷可能性呈正相关关系。

(六)担保能力

本研究中合作社的担保能力用第三方担保来衡量。合作社进行第三方担保有利于增加金融机构对合作社的授信意愿和额度,分散金融机构的信贷风险,调动其贷款积极性,降低其后顾之忧。在调研过程中发现,合作社担保形式主要为公职人员担保、政府相关部门担保以及农户联保。因此,假定合作社有第三方担保,则更容易获得贷款。

（七）外部环境

外部环境主要由合作社是否购买农业保险、是否得到政府支持以及是否具有内部融资来衡量。

1. 农业保险。保险机构能够提供因自然灾害等造成合作社遭受损失时的一定额度赔偿,这有助于将农户未来的不确定性收入转化为确定性收入,并在一定程度上分散农村信贷风险,从而提高金融机构的信贷意愿。因此,假定合作社购买农业保险,则获取贷款的可能性就越大。

2. 政府支持。政府相关政策支持对于促进合作社发展、农民增收起着重要作用,尤其是当前合作社发展存在质量不高、市场话语权较低等问题,政府相关政策支持能够为合作社发展营造良好的外部融资环境。因此,假定合作社取得政府政策支持,则获取贷款的可能性就越大。

3. 内部融资。内部融资是指合作社通过内部社员筹集发展资金。合作社具有内部融资能力,表明发展比较规范,并且有着良好的信用记录。因此,假定能力具有内部融资能力,则越容易获取贷款。

三、影响新型农业经营主体信贷可得性因素实证分析

（一）新型农业经营主体信贷可得性调查描述性统计

1. 固定资产规模与信贷可得性

在调研样本中,合作社的固定资产规模在 50 万元、50 万—100 万元、100万—500 万元以下的数量分别有 16 家、20 家、20 家,占比分别为 12.3%、15.4%、15.4%,固定资产规模在 500 万—1000 万元、1000 万元以上的合作社数量分别为 53 家和 21 家,占比分别为 40.8% 和 16.2%。不难看出,固定资产规模在 1000 万元以上的合作社数量占比较少。从调研结果来看,种植业合作社数量占总样本的比重较大,但种植业合作社的固定资产规模又普遍较小,大

部分该类型的合作社自身并不拥有生产设备,只有小部分具有最基本的农机加工和生产设备等。而调研中的农机合作社具有的固定资产规模相对较高,这类合作社拥有的农机设备专门服务于分散农户和规模较小的合作社。

从两者之间关系来看,固定资产规模在 50 万元以下的合作社获得信贷的数量为 0 家。而固定资产规模在 50 万—100 万元、100 万—500 万元、500万—1000 万元以及 1000 万元以上求得信贷的合作社数量分别为 4 家、10 家、36 家和 18 家,获得信贷的占比分别为 20%、50%、67.9% 和 85.7%。不难发现,固定资产规模越大的合作社,获得信贷的比重也就越大。

2. 利润水平与信贷可得性

从调研结果来看,利润水平在 10 万元以下的合作社的数量为 38 家,在所调研样本中的占比最大,为 29.2%,而利润水平为 10 万—30 万元、30 万—50万元、50 万—100 万元以及 100 万元以上的合作社的数量分别为 31 家、37家、20 家和 4 家,分别占比 23.8%、28.5%、15.4% 和 3.1%。不难发现,大部分合作社利润水平较低,主要是因为调研样本中多以种植业合作社为主,农作物的市场价格波动较大,且呈下跌趋势明显。由调研可知,有 18.5% 的合作社利润水平在 50 万元以上,利润水平较高的合作社深加工能力强,产品附加值较高,且符合市场需求,此外,这些合作社深度融入产业链中,与上下游企业有紧密的业务关系。

从两者之间关系可以看出,利润水平在 10 万元以下、10 万—30 万元、30万—50 万元、50 万—100 万元和 100 万元以上的合作社数量分别为 4 家、17家、29 家、15 家和 3 家,所获得信贷数量占比分别为 10.5%、54.8%、78.4% 和75.0%。不难发现,利润水平越高的合作社,获得的信贷也呈上升趋势。

3. 示范等级与信贷可得性

在调研样本中,国家级示范社、省级合作社、县市级示范社数量分别为 5家、51 家和 65 家,分别占比 3.8%、39.2% 和 50.0%。而未评级合作社数量为9 家,占调研总样本的 6.9%。其中,栾城县、正定县和赵县三地示范社数量居多,主要以小麦、玉米等种植合作社的规模较大;国家级示范社、县市级示范社主要以粮食种植业和果蔬种植业合作社为主,养殖业和农机服务合作社相对较少。

从两者之间关系来看,不具有评级的合作社均没有取得信贷支持,而样本中的国家级示范社全部获得信贷支持。其中,县市级和省级合作社所获得信贷数量分别为31家和32家,获得信贷的占比分别为47.7%和62.7%。不难看出,等级越高的合作社示范,越容易获得信贷支持。

4. 财务制度与信贷可得性

从调研结果来看,合作社的财务制度基本都较完善,不具有财务制度、财务制度不完善、一般完善、较完善和非常完善的合作社的数量分别为2家、23家、38家、48家和19家,在调研的样本中,发现大多数合作社配有专职财务人员。

从两者之间的关系来看,存在财务制度不规范问题的合作社均没有获得信贷支持,而财务制度一般完善、较完善和非常完善获得信贷的比例分别为36.8%、77.1%和89.5%。不难发现,合作社的财务制度越完善,越有助于获得信贷支持。

5. 文化程度与信贷可得性

从调研结果来看,具有高中或中专及其以下管理者水平的合作社数量比重为62.4%,其中,管理者文化程度在小学及以下、初中、高中或中专的合作社占调研总样本比重分别为3.1%、18.5%和40.8%。而管理者文化程度在大专和本科及以上的合作社占比分别为33.1%和4.6%。不难发现,管理者文化程度普遍较低,高文化程度的管理者较为缺乏。

从两者之间关系来看,管理者文化程度在小学及以下、初中、高中或中专、大专和本科及以上的合作社获得信贷数量分别为1家、4家、22家、35家和6家,获得信贷的占比分别为25.0%、16.7%、41.6%、81.4%和100%。不难发现,管理者的文化程度越高,获得信贷的可能性就越大。

6. 工作经历情况与信贷可得性

从调研结果可知,管理者有过和没有过村干部等工作经历的合作社的数量分别为72家和58家。不难发现,有过村干部等工作经历的管理者更多一些。

从两者之间的关系来看,管理者有过和没有过该工作经历的合作社获得信贷数量分别为37家和31家,获得信贷的占比分别为63.8%和43.1%。不难发现,管理者有过相关工作经历的合作社获得信贷的可能性更大一些。

7. 定期对账与信贷可得性

从调研结果可知,银社之间定期对账和未定期对账的合作社分别为85家和45家,占总样本比重分别为65.4%和34.6%,结果发现定期对账的合作社较多。

从两者之间的关系来看,定期对账和未定期对账的合作社获得信贷的数量分别为52家和16家,获得信贷占比分别为61.2%和35.6%。不难发现,定期对账比没有定期对账的合作社更容易获得信贷。

8. 合作社和上下游参与主体之间紧密程度与信贷可得性

从调研结果来看,只有10%的合作社与上下游参与主体之间处于关系松散状态,而处于一般紧密、较紧密和十分紧密状态的合作社分别为45家、46家和26家,分别占总样本的34.6%、35.4%和20.0%,这表明大多数合作社与上下游参与主体之间存在较紧密关系。

从两者之间关系来看,处于松散状态的合作社都未获得金融机构的信贷支持,而处于一般紧密、较紧密和十分紧密状态的合作社获得信贷数量分别为45家、46家和26家,获得信贷的占比分别为35.6%、58.7%和96.2%。不难看出,处于产业链与上下游参与主体之间保持紧密关系状态的合作社,更有助于获得信贷支持。

9. 深加工程度与信贷可得性

从调研结果可知,对产品进行深加工的合作社仅占39.9%,其中,加工程度较强和非常强的合作社分别为 24 家和 20 家,分别占总样本的 18.5%和 15.4%;仍有 60.1%的合作社对产品未进行深度加工,其中,没有加工、较小程度加工和一般程度加工的合作社分别占 8.5%、24.6%和 27.0%。可以看出,多数合作社仍停留在初加工阶段,深加工程度的合作社较少。

从两者之间关系来看,没有进行加工、较小程度加工、一般程度加工的合作社所获得的信贷数量分别为 4 家、6 家和 20 家,获得信贷的占比分别为 36.4%、18.8%和 46.5%。而加工程度较强、非常强的合作社获得信贷占比分别为 79.2%和 90.5%,可以看出,加工程度越深的合作社,获得信贷可能性越大。

10. 第三方担保情况与信贷可得性

从调研结果来看,取得和未取得第三方担保的合作社分别为 59 家和 71 家,可以看出,取得第三方担保的合作社更多一些。在调研中可知,最基本的三种担保形式为公职人员担保、当地政府部门担保和合作社成员之间联保。

从两者之间关系来看,取得和未取得第三方担保的合作社获得信贷数量分别为 19 家和 49 家,获得信贷的占比分别为 32.2%和 69.0%。不难看出,合作社具有第三方担保与合作社获得信贷支持呈正相关关系。

11. 农业保险与信贷可得性

从调研结果来看,购买和未购买农业保险的合作社分别有 54 家和 76 家,分别占总样本的 41.5%和 58.5%,未购买农业保险的合作社占比较高,究其原因,很大程度上,合作社的管理者和社员风险意识不强,再加上农业保险产品和服务不足,难以满足合作社的需求。与此同时,保险费用过高导致保险产品难以推广和扩大覆盖面,此外,发生风险后保险公司存在赔付不及时和赔付难度大等问题。

从两者之间关系来看,购买和未购买农业保险的合作社获得信贷的数量分别为 61 家和 7 家,可以看出,购买农业保险的合作社更容易获得信贷支持。

12. 政府支持情况与信贷可得性

从调研结果来看,得到政府支持和未得到政府支持的合作社数量分别为96家和34家,可以看出,大多数合作社得到了政府的支持。在调研中,政府支持主要表现为对购买大型先进农业生产、加工设备和种子化肥的补贴等。

从两者之间关系来看,没有得到政府支持和得到政府支持的合作社所获得信贷数量分别为6家和62家,获得信贷的比重分别为17.6%和64.6%,可以看出,合作社得到政府支持和获得信贷之间存在正向关系。

13. 内部融资情况与信贷可得性

从调研结果来看,合作社不存在内部融资和存在内部融资的数量分别为58家和72家,占总样本的比重分别为44.6%和55.4%,可以看出,存在内部融资的合作社更容易获得信贷支持。调研还发现,存在内部融资的合作社具有发展规范、发展速度较快特点。

从两者之间关系来看,存在内部融资和不存在内部融资的合作社获得信贷的数量分别为33家和35家,两种情况下获得信贷的合作社数量基本持平,在这里假设具有内部融资的合作社更容易获得信贷支持。

(二)模型设定与变量选取

所调研的农民专业合作社分为获得了贷款和没有获得贷款两种结果。由于数据是离散而不是连续的,因比,选择二元 Logistic 非线性模型进行实证分析。

因变量 y 设为"合作社是否获得信贷",定义"已获得过信贷"情况为 $y=1$,定义"未获得过信贷"情况为 $y=0$。本次调查的样本观测数据 $n=130$。设 $x_{i1},x_{i2}\cdots x_{ik}$ 是与 y 相关的自变量。即:$(x_{i1},x_{i2}\cdots x_{ik};y_i)$,$(i=1,2,3\cdots n)$。其中,$y_i$ 为因变量,取值为 0 或 1。y_i 与 $x_{i1},x_{i2}\cdots x_{ik}$ 的关系为:

$$E(y_i)=p_i=\beta_0+\beta_1 x_{i1}+\beta_2 x_{i2}+\cdots+\beta_k x_{ik} \tag{2.1}$$

y_i 概率函数为:

$$p(y_i) = f(p_i)^{y_i} [1-f(p_i)]^{(1-y_i)} \quad y=0,1; i=1,2,3\cdots n \quad (2.2)$$

Logistic 回归函数为：

$$f(p_i) = \frac{e^{p_i}}{1+e^{p_i}} = \frac{e^{(\beta_0+\beta_1 x_{i1}+\beta_2 x_{i2}+\cdots+\beta_k x_{ik})}}{1+e^{(\beta_0+\beta_1 x_{i1}+\beta_2 x_{i2}+\cdots+\beta_k x_{ik})}} \quad (2.3)$$

于是，$y_1, y_2 \cdots y_n$ 的似然函数为：

$$\prod_{i=1}^{n} p(y_i) = \prod_{i=1}^{n} f(p_i)^{y_i} [1-f(p_i)]^{(1-y_i)} \quad (2.4)$$

对似然函数取自然对数，得：

$$\text{In}L = \sum_{i=1}^{n} \{ y_i \text{In}f(p_i) + (1-y_i)\text{In}[1-f(p_i)] \}$$

$$\text{In}L = \sum_{i=1}^{n} [y_i \text{In}(\beta_0 + \beta_1 x_{i1} + \beta_2 x_{i2} + \cdots + \beta_k x_{ik}) - \text{In}[1+$$

$$e^{(\beta_0+\beta_1 x_{i1}+\beta_2 x_{i2}+\cdots+\beta_k x_{ik})}] \quad (2.5)$$

最大似然估计是选取 $\beta_0, \beta_1, \beta_2 \cdots \beta_k$ 估计值 $\hat{\beta}_0, \hat{\beta}_1, \hat{\beta}_2 \cdots \hat{\beta}_k$，使得 (2.5) 式的值最大。在上式中，$p_i$ 表示合作社是否获得贷款两种情况；$x_{i1}, x_{i2} \cdots x_{ik}$ 是影响合作社取得贷款的影响因素；β_0 是预测方程的常数，$\beta_1, \beta_2 \cdots \beta_k$ 是自变量系数。

表 2-1 实证模型影响因素、变量名称和变量定义

影响因素	变量名称	变量定义
经营能力	固定资产	50 万及以下 =1;50 万—100 万 =2;100 万—500 万 =3;500 万—1000 万 =4;1000 万以上 =5
	利润水平	10 万及以下 =1;8 万—30 万 =2;30 万—50 万 =3;50 万—100 万 =4;100 万及以上 =5
合作社自身情况	示范等级	未评级 =1;县级 =2;市级 =3;省级 =4;国家级 =5
	财务制度	没有 =1;不完善 =2;一般 =3;较完善 =4;非常完善 =5
管理者自身建设	文化程度	小学及以下 =1;初中 =2;高中中专 =3;大专 =4;本科及以上 =5
	工作经历	村干部、企业负责人或在政府部门工作过 =1;其他 =2
与银行关系	定期对账	无 =1;有 =2

续表

影响因素	变量名称	变量定义
农业产业化	与上下游关系	不紧密=1;一般紧密=2;紧密=3;很紧密=4;十分紧密=5
	深加工程度	没有=1;较小=2;一般=3;较强=4;非常强=5
担保能力	第三方担保	无=1;有(政府或公职人员、担保机构、相关企业)=2
外部环境	农业保险	无=1;有=2
	政府支持	无=1;有=2
	内部融资	无=1;有=2
因变量	合作社信贷情况	获得过信贷=1;未获得过信贷=0

(三)模型实证分析

所调研的合作社样本数据为有资金需求的 130 家合作社,并运用 SPSS19 统计软件进行实证分析。本书采取了向后筛选法,将所有变量放入模型,再逐步将变量进行显著性检验。

表 2-2　影响农民专业合作社信贷可得性因素的 Logistic 模型回归结果

解释变量	模型一			模型二		
	系数(β)	Wald 值	Exp(β)	系数(β)	Wald 值	Exp(β)
常数项	-39.418***	9.671	0.000	-31.670***	14.766	0.000
固定资产	2.258**	5.795	9.561	1.623***	8.937	5.114
利润水平	-0.357	0.249	0.700	—	—	—
示范等级	-0.179	0.028	0.836	—	—	—
财务制度	3.005***	6.950	20.180	2.248***	7.365	9.468
文化程度	1.322**	3.930	3.753	1.271**	5.585	3.566
工作经历	1.228	0.884	3.415	—	—	—
定期对账	2.862**	3.843	17.499	3.241***	6.921	25.560
与上下游紧密程度	2.974**	5.661	19.576	1.881**	6.208	6.562

续表

解释变量	模型一			模型二		
	系数(β)	Wald 值	Exp(β)	系数(β)	Wald 值	Exp(β)
深加工程度	-0.616	0.732	0.540	—	—	—
第三方担保	2.650**	4.094	0.071	-2.134**	4.185	0.118
农业保险	2.223*	3.587	9.234	2.891***	8.327	18.016
政府支持	1.701	0.873	5.478	—	—	—
内部融资	-0.399	0.110	0.671	—	—	—
预测准确率(%)	94.6			95.4		
对数似然值	34.784			37.549		
卡方检验值	0.673			0.666		
Nagelkerke R^2	0.897			0.888		

注: *、**和***分别表示10%、5%和1%的显著性水平。

由上述模型估计结果,可以得出影响合作社信贷因素的结论如下。

1. 合作社的经营能力

实证结果表明,固定资产规模的估计系数在5%水平下显著为正,与前面的假设和统计描述结论均相一致。调研中发现,在获得信贷支持的合作社中,房屋、机器设备作为抵押物获得贷款的作用较大,而承包耕地、宅基地作为抵押物获得贷款的作用有限。

实证结果表明,利润水平的估计系数并不显著,与前面假设不一致,可能是因为在调研过程中合作社利润水平回答的是上一年合作社利润水平,并且以小麦、玉米粮食作物为主的种植业合作社占调研样本较大比例,近两年小麦、玉米市场价格走低,导致多数合作社利润水平较低,这就降低了金融支持的意愿。此外,由于各种风险也会造成市场价格波动。

2. 合作社的规范建设

实证结果表明,示范等级的估计系数并不显著,与前面假设不一致。这可能是因为部分具有一定示范等级的合作社只存在形式上的规范,而实际上内容的规范与评价标准还有一定差距,其目的是获得国家优惠政策,此外,大多数合作社处于相对松散的状态。

实证结果表明,财务制度的估计系数在1%水平下显著为正,与前面的假设和统计描述结论均相一致。这表明完善的财务制度有助于提高获得信贷的可能性。

3. 管理者的自身建设

实证结果表明,文化程度的估计系数在5%水平上显著为正,与前面的假设和统计描述结论均相一致。合作社的管理者文化程度较高,有助于提高获得信贷的可能性,调研发现,文化程度较高的管理者更加注重信用和声誉,且在管理能力和风险防范等方面能力较强,因此,能够提高金融机构信贷的意愿。

实证结果表明,管理者工作经历的估计系数并不显著,这与假设不一致。一方面,有过一定工作经历的管理者仍可能存在管理经验不足的问题;另一方面,由于合作社在经营方式、利益分配等方面不同于以往工作内容,因此,管理者也需要一定时间了解和掌握合作社的本质和规律性。

4. 银社之间的关系

实证结果表明,与银行定期对账的估计系数在5%水平上显著为正,这表明,合作社与银行能够定期对账,有助于提高金融机构信贷的意愿,这与前面的假设和统计描述结论均相一致。调研发现,通过与银行定期对账,合作社将自身的重要信息及时、准确、完整地反映给金融机构,从而建立起紧密的银社关系,充足且完善的合作社信息能够提升金融机构信贷的意愿。

5. 垂直一体化程度

实证结果表明,与上下游参与主体之间紧密程度的估计系数在5%水平上显著为正。这与前面的假设和统计描述结论均相一致。调研发现,大部分合作社与上下游企业都有较密切的联系,处在链条中的合作社已与上下游企业之间形成产销一体的产业链和价值链,合作社的重要信息比较透明且实力相对雄厚,因此,金融机构的信贷意愿更大。

实证结果表明,深加工程度与获得信贷之间相关性并不显著,这与假设不一致。一是多数合作社处于发展初期阶段,一定程度上受到技术的限制,对产品深加工则需要更多的人力成本,使得产品市场价格相对过高,市场占有率有限;二是农产品时常由于供求不平衡导致农产品市场价格波动,使得合作社未来收益也存在不确定性。这都降低了金融机构信贷支持的意愿。

6. 担保能力

实证结果表明,第三方担保的估计系数在5%水平上显著为正,这表明,有第三方担保的合作社更容易获得金融机构的信贷支持,这与前面的假设和统计描述结论均相一致。调研发现,公职人员、政府相关部门和农户联保等担保方式分散了合作社的信贷风险,提高了金融机构信贷的可能性。

7. 外部环境

实证结果表明,购买农业保险的估计系数在1%水平上显著为正,这表明,参与购买农业保险的合作社有助于获得金融机构的信贷支持,这与前面的假设和统计描述结论均相一致。调研发现,购买农业保险的合作社将其可能因自然风险造成的未来不确定的收入变为确定性收入,增加了合作社偿还贷款的能力,提高了金融机构的信贷意愿。

实证结果表明,政府支持的估计系数并不显著,这与前面假设不一致。调研中发现,一是由于政府补贴的范围较小、额度较少,补贴主要限于种子、化肥等。二是政府的相关优惠政策在执行过程中不一定能有效落实。因此,政府支持与合作社是否获得信贷支持的相关性不显著。

实证结果表明,内部融资对合作社能否获得信贷影响不显著,这与前面假设不一致。究其原因,社员作为分散的个体农户,经济实力普遍较弱,内部筹资能力有限,在调研中,部分合作社社员仅能够提供额度较小、数量不等的资金,这表明,合作社整体实力较弱,不能增加金融机构提供信贷的意愿。因此,内部融资对合作社能否获得信贷影响不显著。

小　　结

本章从新型农业经营主体发展的类型与分布、金融服务需求以及信贷可得性的影响因素等方面进行阐述。调研组以河北省石家庄地区的农民专业合作社为调查对象,通过设计调查问卷,获取了148个样本资料数据,对新型农业经营主体中的农民专业合作社的影响因素和信贷可得性两者之间的关系进行了描述性统计分析和实证分析。同时,通过梳理农民专业合作社融资难相关文献,提出影响合作社信贷可得性的因素主要为合作社固定资产规模、合作社的利润水平、合作社与银行之间的关系以及合作社与上下游企业之间的紧密程度等。为了系统掌握影响新型农业经营主体中的农民专业合作社的金融服务因素,实证分析了农民专业合作社信贷可得性影响因素。研究结果表明,固定资产规模、财务制度、与银行关系等因素对农民专业合作社获得正规信贷支持具有正相关影响。利润水平、示范等级、财务制度、政府支持和内部融资等因素对农民专业合作社获得正规信贷支持不显著。

第三章 新型农业经营主体金融服务供给分析

第一节 新型农业经营主体金融服务供给数量分析

一、农村金融服务层次和范围有待提升和扩大

随着国内金融政策的不断完善与发展,在我国农村地区日益呈现出以银行业金融机构和非银行业金融机构以及众多小微金融机构协调发展的局面,使得农村地区的金融体系格局不断向更高层次、更大范围的农村金融服务体系发展。近几年,合作性金融、政策性金融和商业性金融优势互补、协调发展,促使农村金融服务趋于便利和完善。随着互联网技术的日渐发展和逐步优化,通过互联网渠道出现的众筹资金、网上银行、电子化金融产品等促进了互联网金融业的蓬勃发展,部分互联网金融组织也在"三农"领域进行了积极的探索。2014年,银监会启动基础金融服务"村村通"工程,通过引导农村的金融机构开设更为标准化的网点、更为简易的定时定点服务以及布设便民的自助服务终端来扩大覆盖面和服务范围,引导其利用电话银行、手机银行等低成本方式不断扩展服务范围。截至2017年6月末,基础金融服务已覆盖54万

个行政村,银行网点乡镇覆盖率达 96%。农村中小金融机构涉农贷款余额 9
万亿元,占银行业涉农贷款余额的 31%,连续多年实现涉农贷款增量稳中有
升;村镇银行农户与小微企业贷款余额占比 93%,户均贷款不到 50 万元,其
中,农村中小金融机构发挥了举足轻重的作用。农村中小金融机构的相关情
况如表 3-1 所示。

表 3-1　2016 年农村中小金融机构相关情况

机构名称	法人机构数(个)	营业网点数(个)	从业人员数(人)
农村信用社[①]	1125	28285	297083
农村商业银行	1114	49307	558172
农村合作银行	40	1381	13561
村镇银行	1443	4716	81521
贷款公司	13	13	104
农村资金互助社	48	48	589
合计	3783	83750	951030

注:①此处不含有农村合作银行以及农村商业银行;数据来源:《中国银行业监督管理委员会年报
(2016)》。

农村地区的金融机构主要包括:农村合作金融机构中的农村合作银行、农
村商业银行和农村信用社,政策性银行中的农业发展银行,商业银行中的中国
农业银行和中国邮政储蓄银行,以及新型的农村金融机构中的农村资金互助
社、村镇银行农村贷款公司。到 2016 年末,我国的农村金融机构资产总额为
29.3 万亿元,同比增长 14.9%,高于银行业平均增速 2.3 个百分点。其中,东
北地区农村金融机构资产总额增速高于农村金融机构资产平均增速 12.9 个
百分点,农村金融机构实力不断增强。

农村信用社改革稳步推进。2017 年末,我国的农村信用社各项存贷款余
额分别为 15 万亿元和 27.2 万亿元,这一金额占同期全部金融机构的各项存
贷款余额的比例分别是 11.9% 和 16.1%。农户的贷款余额以及涉农贷款余
额分别是 4.4 万亿元和 9 万亿元,比上年末分别增长了 11.6% 和 9.5%。按贷

款五级分类的口径统计,截至 2017 年末,我国农村信用社不良贷款余额和比例分别为 6204.3 亿元和 4.2%,资本充足率为 11.7%;2017 年实现利润 2487.8 亿元,相较于 2016 年增加 146.7 亿元。[①] 全国共组建以县(市)为单位的统一法人农村商业银行 1262 家,农村信用社 907 家,农村合作银行 33 家。长期以来,农村信用社以服务"三农"为方向,在其发展中发挥了重要作用。同时,由于体制机制的原因,改革初期,农村信用社发展中存在着产权关系不明晰、历史包袱沉重、资产质量差、潜在风险大等问题,使得农村信用社在提升农村金融服务时受到了阻碍。[②] 2018 年 2 月 4 日,《中共中央国务院关于实施乡村振兴战略的意见》指出,要大力推动农村信用社省联社的改革,保持农村信用社县域法人地位和数量总体稳定,这是中央一号文件连续 3 年提及的"省联社改革"。

这次改革在思路设计上有重大突破。首先是进一步深化农村信用社的改革,厘清农村信用社、农村商业银行的产权关系,理顺公司治理体系,建立市场化机制;其次是不再强调恢复农村信用社"三性"(组织上的群众性、管理上的民主性、业务经营上的灵活性),允许建立股份制和股份合作制;最后是充分发挥省联社服务和统筹的职能,强化农村商业银行和农村信用社的独立法人地位,更好地服务乡村振兴战略。自 2003 年以来,农村信用社(含农村商业银行、农村合作银行)的存贷款余额、资产规模和盈利能力均有较大幅度的提高,其不良贷款明显"双降",资本实力得到增强,金融风险大幅度下降,基本具备了自我发展的能力,支农能力不断增强。

农村信用社在增进我国农村地区的金融服务能力、推动社会主义新农村建设、促进我国农村地区金融稳定与发展方面均发挥了重要作用。2014 年,中国人民银行进一步加大了支农再贷款的投放力度,农村信用社(含农村商

---

① 数据来源:《2017 年第四季度中国货币政策执行报告》。

② 数据来源:《深入推进金融机构改革　营造良好金融环境》,《金融时报》2018 年 2 月 23 日。

业银行、农村合作银行）支农再贷款余额 1852 亿元,占金融机构支农再贷款总额的 85.8%,同比增长 26.4%。2016 年末,全国农村信用社(含农村商业银行、农村合作银行)的各项贷款余额为 13.42 亿元,涉农贷款和农户贷款余额分别为 8.19 万亿元、3.96 万亿元。全国农村信用社资本充足率为 12.13%。[1]

新型农村金融机构快速发展。自 2006 年以来,中国银监会采取"增量式"改革路径,积极培育发展各类新型农村金融机构。截至 2014 年末,全国的农村资金互助社、村镇银行、小额贷款公司、贷款公司的数量分别达 49 家、1254 家、8791 家、13 家。东部地区贷款公司和村镇银行占全国比重最高,分别达到 46.2% 和 33.5%,西部地区小额贷款公司和农村资金互助社占全国比重较大,分别为 35.6% 和 30.6%。

表 3-2　2014 年末新型农村金融机构地区分布　　　　（单位:%）

	东部	中部	西部	东北	全国
村镇银行	33.5	23.9	25.7	12.0	100
贷款公司	46.2	15.4	30.8	7.7	100
农村资金互助社	28.6	20.4	30.6	20.4	100
小额贷款公司	29.9	19.9	35.6	14.6	100

注:数据来源:《2014 年中国金融区域运行报告》。

据资料显示,到 2016 年底,农村商业银行的数量占全部农村合作金融机构(农村商业银行、农村信用社和农村合作银行的统称)的比重为 44.4%,资产、资本和利润分别占农村合作金融机构的 63%、66.7% 和 70.5%。农村商业银行的涉农贷款余额为 4.9 万亿元,其中,县域农村商业银行的涉农贷款占各项贷款为 76%,农村商业银行新增存款的一定比例用于当地贷款考核,达标率为 77%。农村商业银行的资本充足率为 13%,拨备覆盖率为 185.5%,资本利润率和资产利润率分别达到 13.8%、1.1%。农村商业银行法人股比例达

_____

[1]　数据来源:《农村商业银行数量达 1000 家》,《人民政协报》2016 年 4 月 27 日。

60%。农村商业银行通过改制和增资扩股引进民间资本达 4604 亿元,民间资本占总股本比例为 83%。①

　　以河北省为例,主要支持"三农"发展的金融机构营业网点数量不断增多,中国农业银行河北省分行持续深化"三农"金融事业部改革,继续完善组织架构和运行机制,优化对"三农"的服务水平。农村合作金融机构改革稳步推进。截至 2017 年 6 月底,全省已开业的农村商业银行总数达到 37 家,获批筹建的农村商业银行 6 家,另有 46 家县级联社正在改制过程中,已经启动改制工作的机构以及已经挂牌开业的农村商业银行共计 89 家,合计占全省县级机构总数的 59%,农村金融机构改革成效显著。

表 3-3　2003—2017 年河北省银行业金融机构营业网点数量

年份	大型商业银行	邮政储蓄银行	小型农村金融机构	新型农村金融机构
2005	3867	1250	5024	0
2006	3345	1250	5063	0
2007	3293	1311	4941	0
2008	3213	1346	4872	2
2009	3070	1328	4791	132
2010	3107	1345	4857	8
2011	3107	1367	4814	22
2012	3187	1409	4610	2
2013	3222	1449	4840	61
2014	3245	1459	4848	105
2015	3292	1461	4876	153
2016	3276	1461	4881	209
2017	3264	1461	4901	265

数据来源:2003—2017 年中国人民银行河北省金融运行报告。

---

①　数据来源:《农村商业银行数量达 1000 家》,《人民政协报》2016 年 4 月 27 日。

尽管如此,我国在农村地区金融服务机构配置仍然存在明显不足。一些金融机构为了获得更高利润,集中在经济发展较为迅速的东部沿海以及中部地区,而在经济发展比较缓慢的西北地区,金融服务网点的覆盖范围显得尤为不足。截至 2016 年底,全国仍然有 1296 个金融机构空白乡镇。

到 2017 年末,全国银行业金融机构共有营业性网点 22.76 万个,较 2013 年末增长 8.5%,银行业网点乡镇覆盖率达 95.99%,25 个省、市、计划单列市、区、实现"乡乡有机构"。农业保险乡村服务网点达到 36.4 万个,网点乡镇覆盖率达到 95%,村级覆盖率超过 50%。随着普惠金融机构服务体系的持续发展,其覆盖范围持续扩大。另外,农村地区正规金融机构账户的渗透率与发达国家相比存在较大差距。发达国家的正规金融机构账户渗透率是指一国 15 岁以上拥有正规金融机构账户的人在该人群中的比率,以此来衡量正规金融机构的覆盖广度。这一指标的世界平均水平为 50.49%,金砖国家这一指标为 48.23%。我国的账户渗透率为 63.82%,相比 OECD 发达经济体(88.39%)差距还较大。发达国家的城市化进程快而高,城乡差距并不明显,而我国由于城乡发展不均衡的现实问题根深蒂固,普惠金融以后的发展,需要以农村地区正规金融机构账户的充分普及作为支撑,其普及率的提高将为普惠金融的发展助力。

表 3-4　2014 年各项指标的国际对比　　　　　　　　（单位:%）

经济体	OECD 发达经济体	金砖国家	中国	世界平均
正规金融机构账户拥有率	88.39	48.23	63.82	50.49
正规金融机构账户拥有率(农村)	37.16	44.23	58.02	44.13
ATM 为主要取款方式	72.53	57.51	33.41	43.25
借记卡	58.71	32.97	41.02	30.40
信用卡	43.87	12.11	8.23	14.79
手机支付比率	—	2.41	1.33	1.99
手机支付比率(农村)	—	1.89	0.48	1.38
来自金融机构的贷款比例	14.00	7.65	7.26	9.05

资料来源:World Bank Global Findex Database,2014。

从 ATM(自助柜员机)的分布及使用情况分析可知,中国自助柜员机使用比例较低。究其原因,一是自助柜员机在我国的覆盖率不高、覆盖范围不平衡;二是部分乡镇居民更愿意在银行柜台办理各项存取款业务。这种更加依赖以柜台服务为主导的模式,不仅给机构网点的进一步扩张带来了压力,也使得基层网点人员的配备面临较大的挑战。从银行卡使用情况分析得知,我国拥有借记卡的比例与发达国家以及金砖国家相比有较明显的差距,信用卡普及率不高,特别是农村地区,未达到世界平均水准。这种状况与乡镇居民对金融工具的了解不足以及其落后的消费观念有密切的关系,从而在一定程度上制约了金融服务的需求和发展;而有针对性的金融服务供给的缺失,又使得农村信用卡拥有率偏低,进而导致未能激发农村地区有效需求的局面。随着政策的不断深化、金融教育的普及,农村地区消费需求的不断扩张,农村居民对于大宗商品的分期付款以及其他临时小额信贷等需求也有不断扩张的趋势。

从手机支付情况分析可知,当前,手机银行的用户人群以区域划分多为城镇人口,从年龄构成来看多为年轻人,而对于亟须发展手机银行这类业务的偏远地区此类金融服务还较为缺乏。手机银行有它自身的优点,能够突破时间和空间上的限制,通过整合自身优点以推进普惠金融发展,完善农村的金融服务,并且能够为服务提供者带来可观的经济效益。随着未来中国移动互联网设施的继续发展建设以及智能手机在农村地区的广泛使用,手机银行可以作为开拓普惠金融的新渠道,解决一系列空间难题,并降低网点设置、人力配置等成本。

二、农村贷款数量有待进一步扩大

近年来随着金融机构的蓬勃发展,在诸多部门和金融机构的共同努力以及各项政策的大力支持下,我国金融支持"三农"发展的力度也逐步增强。2016 年,我国全部的农村金融机构,包含县及县以下的金融机构本外币贷款余额为 23 万亿元,同比增长约 6.5%,此金额占各项贷款余额的比重是

21.6%,比 2007 年末的额度增长了 356.8%,9 年间平均年增速约为 18.7%;涉农贷款(本外币)余额为 28.2 万亿元,占各项贷款比重的 26.5%,同比增长 7.1%,较 2007 年末增长 361.7%,9 年间平均增速为 18.8%。

农户贷款余额 7.1 万亿元,同比增长 15.2%,这一额度占各项贷款余额的比重为 8.0%,较 2007 年末,这一额度增长了近 428.7%,9 年间的平均年增速为 20.4%;此外,农林牧渔业的贷款余额约为 3.7 万亿元,同比增长 4.2%,占各项贷款余额比重为 3.4%,相比 2007 年末,增长了近 143.3%,9 年间平均年增速为 10.7%。

表 3-5　2016 年金融机构本外币涉农贷款分机构月报表

（单位:亿元、%）

项目机构		农林牧渔业贷款		农村(县及县以下)贷款		农户贷款		涉农贷款	
		余额	同比增长	余额	同比增长	余额	同比增长	余额	同比增长
全部金融机构		36627	4.2	230092	6.5	70846	15.2	282336	7.1
中资全国性大型银行		6200	-1.5	88222	2.0	23979	27.4	103974	2.5
中资中型银行		2190	2.5	44881	11.5	1504	35.5	68773	12.1
中资小型银行		17287	26.6	71497	22.3	30381	27.0	81626	21.1
其中	农村商业银行	12828	34.8	46107	28.5	23735	34.6	53096	26.2
	农村合作银行	730	-23.6	1468	-46.1	989	-41.3	1767	-43.2
	村镇银行	1724	18.2	4953	15.4	3234	20.3	5550	35.9
	农村信用合作社	10920	-16.1	24712	-17.8	14902	-15.2	27039	16.2
	中资财务公司	30	-11.1	780	1.8	80	20.9	924	4.9

数据来源:中国人民银行调查统计司。

通过上述图表可知,在我国农村地区正规金融机构配置的信贷资源处于不协调状态。虽然金融机构在农村地区发放短期贷款的总额在不断增长,但是农村短期贷款在其短期涉农贷款中的比重仍然较低。据中国人民银行发布的相关数据显示,截至 2017 年底,全国的涉农贷款余额为 30.95 万亿元,约占贷款总比重的 24.8%,同比增长 9.64%。其中,农户贷款余额为 8.1 万亿元,同比增长 14.41%,农村企业及各类组织贷款余额也在增加,特别是新增贷款当中,1/3 以上主要用于"三农"的发展,我国农村的金融服务水平有了很大的提高。

显然,在信贷资源配置方面,我国的涉农金融机构做得并不完善,突出问题主要体现在农业贷款发放方面,金融机构尚未向广大农村地区配置充足的信贷资源,亦未满足农村地区经济发展所需的资金需求。农村的金融供给远低于城市,城乡不平衡的发展格局仍然较为突出。

第二节　新型农业经营主体金融服务供给质量分析

一、农村金融产品和服务方式不能满足快速发展需要

当前,我国大力倡导农村地区的金融产品与服务创新政策,大量体现农村金融服务的便利度、满意度以及可得性等特点的金融产品涌现出来,中国人民银行等官方机构也在着力支持农村地区的金融产品与服务的创新进程。首先,推出符合广大农民需求的金融产品,通过降低成本、增强可复制性,使农村金融产品与服务创新更加契合农民的利益;其次,根据中央农村工作会议中"赋予农民更多财产权利"的改革部署,严格遵循"三权分置"的土地流转要求,审慎推进农民住房财产权抵押贷款和承包农村土地的试点工作;与此同时,在促进农业现代化、生产规模化以及农民增收和城乡统筹发展方面做出成效。

但是,当前我国的农村金融服务水平相对较低,农村金融产品的创新不足。首先,农村地区的金融机构采用较为落后的服务方式,有些服务甚至难以

满足农村地区居民的金融需求。一是由于其只开设基础性的金融服务,诸如存贷款业务等,而以计算机、网络为依托的更为现代化、信息化的基础设备的投入和升级使用不够。二是整体服务水平偏低,金融服务机构的数量相对较少。各金融机构为提高盈利能力,将众多长期的非营利性农村网点和亏损性的农村网点撤离了农村地区,并转而将其聚集到县级乡镇地区并减少网点以节约成本,使得农村金融服务机构的数量持续减少。三是农村地区的金融服务效率比较低。农村地区的金融机构采用传统的人工操作,与信息化城市的服务网点相比,在开展各项服务时,效率明显偏低,特别是涉农贷款,就一般情况而言,在城市地区办理涉农贷款业务的时间要比在农村地区办理相同业务平均快 3—5 个工作日。其次,相对落后、偏远的农村地区布设网点的金融机构,在农村的金融产品业务创新方面,一般仅仅开放最为传统的存贷款业务,然而,像基金代销、银行卡、国债等现代化的金融业务基本都没有在农村地区的金融服务网点开展。而且,考虑到其经济效益,布设在农村地区的金融机构更加倾向开展小额短期贷款业务,此举并未充分结合农村地区居民的特定金融需求来开展多样化的金融服务。由此造成了金融产品数量及种类的匮乏,从而无法满足新型农业经营主体发展需要。

二、农村金融机构加强了风险控制，但涉农贷款不良率较高

随着国家对"三农"服务支持的各项政策出台,农村信用社的支农能力明显增强。其中,农户贷款占全部金融机构的 70%,涉农贷款占全部金融机构的 30%,使金融成为支持"三农"发展的中流砥柱,并将持续发挥重要作用。中国农业银行的相关部门通过各项改革和控制,不但使得农村地区的金融机构的营业额得到增加,服务水平也有所改善,而且在试点范围扩大之后,试点地区的县支行的利润额占全行县支行的利润额比重近乎增加了 50%,其业务量占全行县支行的业务量的比例提升了约 50%。

新型农村金融机构在解决农村地区金融机构网点少、地域覆盖率低、金融

服务层次低、同业竞争不充分等方面发挥了重要作用,县域金融体系得到进一步丰富。国家开发银行发挥开发性金融的支农作用,在农村和县域地区的社会建设、农业"走出去"等方面发挥着积极的作用。

中国邮政储蓄银行以其覆盖全国的众多网点,在沟通城乡方面发挥着自身优势,以此持续提升农村和县域地区的金融服务。中国农业发展银行改革实施总体方案于 2015 年 4 月 12 日正式发布实施,通过不断强化政策性农业银行的支农地位,使其在农村的金融体系中切实发挥骨干作用。近几年,我国主要的涉农金融机构盈利水平显著提高,涉农贷款的不良率持续下降,其可持续发展能力正稳步增强。到 2016 年末,金融机构涉农贷款的不良率是 3.1%,中资四家大型银行涉农贷款的不良率是 2.9%。其中,农行涉农贷款的不良率为 2.0%;中资中型银行涉农贷款的不良率亦为 2.0%,其中农发行的涉农贷款不良率为 0.6%;但是与此同时,农信社的涉农贷款不良率依然比较高,为 8.0%,而其中的农村商业银行的涉农贷款不良率为 2.9%,农村合作银行的涉农贷款不良率仍然为 3.3%。

表 3-6 2005—2016 年主要涉农金融机构盈利水平状况　　（单位:%）

机构名称	盈利水平	2007 年	2008 年	2009 年	2010 年	2011 年	2012 年	2013 年	2014 年	2015 年	2016 年
农村商业银行	资产利润率[①]	0.70	0.79	0.80	1.01	1.20	1.25	1.26	1.38	1.11	1.01
	资本利润率[②]	12.97	13.71	13.36	13.82	15.43	15.94	15.91	17.23	13.95	13.14
农村合作银行	资产利润率	0.84	1.03	1.05	1.19	1.30	1.34	1.32	1.15	0.96	0.63
	资本利润率	13.29	15.87	15.85	16.05	17.06	16.57	14.87	13.0	10.93	7.27
农村信用社[③]	资产利润率	0.45	0.42	0.41	0.36	0.74	0.82	0.85	0.95	0.80	0.69
	资本利润率	10.36	9.87	9.72	8.34	15.30	16.29	16.14	17.37	14.07	11.83

续表

机构名称	盈利水平	2007 年	2008 年	2009 年	2010 年	2011 年	2012 年	2013 年	2014 年	2015 年	2016 年
新型农村金融机构	资产利润率	—	—	—	—	—	—	—	1.42	1.28	0.96
	资本利润率	—	—	—	—	—	—	—	10.1	9.38	7.64
邮政储蓄银行	资产利润率	—	—	—	0.4	0.6	0.63	0.57	0.55	0.52	0.51
	资本利润率	—	—	—	25.4	32.2	27.9	23.2	19.76	15.27	12.87

注:①资产利润率指的是金融机构在一个会计年度内获取的税后利润与总资产平均余额的比率。

②资本利润率指的是金融机构在一个会计年度内获取的税后利润与资本平均余额的比率。

③此处不含农村商业银行和农村合作银行。

数据来源:中国银行监督管理委员会。

表 3-7　2016 年金融机构涉农不良贷款　　　（单位:%）

机构 ＼ 项目	涉农不良贷款			
	余额		比率	
	本期	同比增长	本期	增长
全部金融机构	8649	8.7	3.1	0.0
中资全国性大型银行	3043	13.9	2.9	0.3
中资中型银行	1349	34.3	2.0	0.3
中资小型银行	2095	28.3	2.6	0.1
其中　农村商业银行	1554	30.6	2.9	0.1
其中　农村合作银行	58	−27.1	3.3	0.7
其中　村镇银行	93	44.9	1.7	0.3
城市信用合作社农村信用合作社	2161	−18.4	8.0	−0.2

数据来源:中国人民银行调查统计司。

　　另外,农村信用社的供给利率普遍较高,增大了农民的负担。由于目前农村信用社作为农村地区最大的短期贷款的提供者,其收费标准决定了农民负担大小。由于农村地区相对较高的服务成本,导致农村信用社采取最高政策允许的贷款利率。

三、农业保险覆盖面稳步扩大，但针对性产品仍显不足

近年来我国农业保险实现了跨越式发展。一是农业保险覆盖范围进一步扩大。国家重点发展关系国计民生和国家粮食安全的农作物保险、主要畜产品保险、重要"菜篮子"品种保险等，设施农业、渔业、农房、农机具、制种保险推广范围得到进一步扩大。在地域范围方面，最初我国农业保险试点只有5个省（自治区、直辖市），现在实现了全国范围内覆盖。在风险保障能力方面，我国农业保险已覆盖农林牧渔等主要农业产业。逐步完善和延伸了上下游农业产业链，过去在生产领域有自然灾害疫病风险等，现在在流通领域有农产品质量风险以及市场风险等。

二是农业保险的产品不断创新。生猪价格保险的试点从北京扩至湖南、四川和重庆等地区，蔬菜价格保险的试点从上海扩至宁夏、广东、江苏、山东等地区；为了满足新型农业经营主体的需求并从其实际情况出发，我国开发出了农机保险、设施农业保险等保险产品。同时，开展了水文指数保险、气象指数保险试点；加强与涉农信贷和涉农保险的合作，并推动小额贷款保证、保险业务的发展。全国持续推出各项与地区相适应的农业保险。水稻目标价格保险、玉米和大豆气象指数保险等特色险种在黑龙江率先推出；贵州新开办5个农险品种；全国首个农村保险改革创新试点落在安徽金寨县；甘肃定西、甘南、武威等地建设了农业保险示范区；浙江衢州市人民保险财产保险公司推出了家庭农场组合的产品保险，为家庭农场提供了在家庭财产、农业种植、小额贷款保证、人身意外4个方面的风险保障；安徽省合肥市人民保险财产保险公司为安徽省第一个家庭农场开具单独保单并且提供优质服务，该家庭农场一旦遭遇自然灾害，人保财险公司将会单独勘察、定损和理赔。

三是风险保障的能力逐步提高。据中国保监会公布的数据，2007年农业保险保障额为1126亿元，到2016年已达2.16万亿元，年均增速达38.83%，共计向2.4亿户次的受灾农户支付理赔1544亿元，对抗灾、救灾以及灾后重

建产生了积极和深远的影响。

表 3-8　2013 年农业保险补贴情况①

项目			内容
补贴品种			1. 种植业。玉米、水稻、小麦、棉花、马铃薯、油料作物、糖料作物 2. 养殖业。能繁母猪、奶牛、育肥猪 3. 森林。已基本完成林权制度改革产权明晰、生产和管理正常的公益林和商品林 4. 其他品种。青稞、牦牛、藏系羊（以下简称"藏族聚居区品种"）、天然橡胶，以及财政部根据党中央、国务院要求确定的其他品种
补贴区域			全国各地自主自愿开展且经财政部确认符合条件
补贴比例	种植业保险		在省级财政至少补贴 25% 的基础上，中央财政对东部地区补贴 35%、对中西部地区补贴 40%；对纳税人补贴范围的新疆生产建设兵团、中央直属垦区、中国储备粮管理总公司、中国农业发展集团有限公司等（以下统称"中央单位"），中央财政补贴 65%
	养殖业保险		在省级及省级以下财政（以下简称地方财政）至少补贴 30% 的基础上，中央财政对中西部地区补贴 50%、对东部地区补贴 40%；对中央单位，中央财政补贴 80%
	森林保险	公益林保险	在地方财政至少补贴 40% 的基础上，中央财政补贴 50%；对大兴安岭林业集团公司，中央财政补贴 90%
		商品林保险	在省级财政至少补贴 25% 的基础上，中央财政补贴 30%；对大兴安岭林业集团公司，中央财政补贴 55%
	藏族聚居区保险、天然橡胶		在省级财政至少补贴 25% 的基础上，中央财政补贴 40%；对中央单位，中央财政补贴 65%

四是政策的支持力度逐年增强。当前我国农业保险的主要险种为财政补贴型保险，能有效减轻农村居民的保费负担。自 2007 年以来，国家财政部按

①　资料来源：《关于 2013 年度农业保险保费补贴工作有关事项的通知》，2013 年 2 月 22 日，见 http://www.gov.cn/gzdt/2013-02/22/content_2337831.htm。

照"政府引导、市场运作、自主自愿、协同推进"的原则,推出了"农业保险保费补贴政策",前提是农户和地方自愿参加,为投保农户提供一定量的保费补贴,积极引导农户参与农业保险,并且在政策上逐步增强支持力度。

五是加快对财政支持的农业保险重大灾害分散机制的建设。用机制创新增强风险数据的研究及积累,组织建成中国农业再保险共同体和保险风险分散的集成平台。在重大灾害之后锁定农业保险风险分散渠道,增强风险的抵御能力。

六是服务水平不断提高以及服务覆盖面持续扩大。农业保险的经营主体从 2007 年的 6 家增加到 26 家,已经建成农业保险基层服务网点 36.37 万个,保险协办员数万人,农业保险服务点乡镇覆盖率达 93%,村级覆盖率达 48%。[①] 推动展开小额人身保险的试点服务,使得保险服务的地域突破偏远地区,从而使保险服务惠及广泛的低收入群体。

但是,也应清醒地认识到,我国农业保险发展仍然处在初级发展阶段,面向新型农业经营主体的保险供给仍然存在以下几个问题。

第一,信息不对称。由于农业保险机构与农户之间信息不对称,加之农民自身的农业投保意识较匮乏,使得农业保险机构对农户的信用指数难以进行量化分析,而农业风险的不可抗力又很大,多数金融机构对规模化的大型农业新型组织投保存有顾虑。

第二,农业保险制度不完善。农业保险制度在我国开展虽已近十年,但农业保险制度仍有待发展完善。农业保险受自然因素的影响最大,赔付率没有可控性,赔款标准亦无法完全细化或量化。新型农业的发展与保险业的发展还没有找到恰当的契合点,这在一定程度上有碍于新型农业经营主体的发展与壮大。

第三,理赔程序实施较为复杂。随着科学技术的迅猛发展、义务教育的普

---

① 数据来源:《农业保险的转型升级》,《互联网保险观察》2016 年 4 月 15 日。

及,新型农户素质有所提高,相较于传统农业农户的保险意识有所增强,且大部分合作社、家庭农场、龙头企业都选择为产品提供一份风险保障。但是,据保险公司对理赔案件的审核要求,大部分程序都较为复杂,各案件还须通过上级分公司进行核实,使赔付工作效率大打折扣,导致部分农户迟迟得不到保险赔付资金,对灾后恢复生产带来影响。

以上众多因素都显示出我国保验业对于新型农业经营主体的支持仍然有待增强。

第三节　新型农业经营主体金融服务供给结构分析

我国农村金融的运行主要由政策性金融、商业金融与合作金融三部分共同协作完成。我国农村金融体系主要包括农村信用社、邮政储蓄银行、农业发展银行、农业银行以及各类民间金融机构。但是,从实际运行的层面来看,存在政策性金融职能不完善、商业金融发挥作用不全面、合作金融规模较小、民间金融不规范等问题。

一、政策性金融供给不足

农村金融的政策性金融体系三要由农业发展银行、农业银行等机构构成。而这一部分金融体系的资金供给不足,无法满足我国农村市场庞大的资金需求。政策性金融的经营是不以营利为目的的,其主要的资金支持多来源于政府财政支出或社会捐赠等。由于农业的周期性与脆弱性,国家适当的农业扶持是必不可少的,这就需要农业发展银行、农业银行等发挥其重要的政策性金融职能。但在银行商业化的大背景下,其政策性金融职能受到较大的削弱。一是机构设置最低至行政县区,并未到达农村地区,无法发挥在乡村振兴中的支撑作用。二是资金来源渠道不足,资金支持力度不稳固。三是支农范围定位存在缺陷,且资金使用效率低下。同时,农业政策性保险体系尚不健全,政策性金融作用有限。

二、商业性金融战略收缩

随着农村信用社产权改革的深入推进,农村商业银行机构数量逐步增多,资本实力不断壮大,支农信贷投放能力显著增强,有力支撑了农业农村经济发展。截至 2016 年末,全国共组建农村商业银行 1222 家,较年初增加 256 家,北京、天津、上海、重庆、安徽、湖北、江苏、山东和江西 9 省市已全面完成农村信用社改制工作。农村商业银行资产、负债分别达 20.3 万亿元、18.8 万亿元,均占商业银行的 11%。[①]

表 3-9　小额贷款公司分地区情况统计表(2017)

地区名称	机构数量 (家)	从业人员数 (人)	实收资本 (亿元)	贷款余额 (亿元)
全国	8551	103988	8270.33	9799.49
北京市	99	1403	136.07	146.77
天津市	95	1299	119.54	129.60
河北省	437	5894	247.74	245.60
山西省	294	3233	186.15	172.60
内蒙古自治区	361	3259	257.71	262.06
辽宁省	547	5061	362.84	310.98
吉林省	532	4892	145.03	109.88
黑龙江省	254	1997	133.33	112.62
上海市	123	1575	200.00	219.01
江苏省	630	5795	809.26	932.72
浙江省	326	3418	574.58	668.74
安徽省	439	4867	363.87	447.01

---

① 数据来源:《农信社改革步入"深水区"　省联社定位亟待明确》,《21 世纪经济报道》2017 年 8 月 15 日。

续表

地区名称	机构数量 （家）	从业人员数 （人）	实收资本 （亿元）	贷款余额 （亿元）
福建省	118	1415	258.81	299.81
江西省	200	2531	222.56	223.45
山东省	334	448.62	495.04	—
河南省	282	3752	221.07	238.48
湖北省	283	3615	305.63	310.71
湖南省	128	1903	104.20	105.40
广东省	461	9509	653.54	855.60
广西壮族自治区	304	3909	264.83	474.33
海南省	56	970	61.71	65.95
重庆市	266	6319	734.90	1467.37
四川省	322	5729	537.45	606.15
贵州省	281	2630	88.52	80.99
云南省	272	2944	129.13	127.88
西藏自治区	18	156	14.32	13.98
陕西省	270	2868	245.81	241.77
甘肃省	331	3570	151.35	128.99
青海省	77	878	47.99	47.17
宁夏回族自治区	128	1680	62.28	56.22
新疆维吾尔自治区	283	2635	181.51	203.13

注：由于达到符合上报条件的日期与批准设立日不完全同步，该表小额贷款公司的统计数量与各地实际公布的小额贷款公司数量存在差异。

农村商业银行已经逐渐成为促进我国三农发展的主要支撑力量。2005年中央一号文件重点强调，要推动小额信贷组织在农村地区的发展与建设。小额信贷公司等农村商业性金融机构，已经在农村地区迅速发展起来。央行公布的 2017 年小额贷款公司数据统计报告显示，截至 2017 年末，我国共有小额贷款公司 8551 家，其贷款余额为 9799.49 亿元，全年共计增加了 504 亿元（见表3-9）。

从表3-9可以看出，全国 31 个省级行政单位中，小额贷款公司机构数量江苏省、辽宁省和吉林省位列前三位,相较于去年吉林省新增92家,增幅位列第一。从业人员数广东省、重庆市和河北省位列前三。实收资本上差别较大,江苏省、重庆市和广东省位列前三,其中江苏省以占据全国实收资本总量9.79%(809.26亿元)位居第一。贷款余额最高的是重庆市,为1467.37亿元;其次为江苏省,贷款余额932.72亿元。

小额信贷的兴起推动了农村金融业务的快速全面发展,同时,也产生了一些严峻的问题。小额信贷公司融资方式单一,融资渠道短缺,影响了其资金供给,进而无法满足农村地区庞大的资金需求。小额信贷机构只放贷不吸储的模式,使其发展遇到瓶颈,甚至会出现缺少资金而无法放贷的局面,因此极大地影响了其原有职能的发挥。由于道德风险与逆向选择等信息不对称的问题,无法满足商业银行对小额贷款机构的信心,进而减少对其资金支持。在此背景下,大部分商业银行机构都选择撤离农村地区。因此,拓宽融资渠道,增加资金供给是亟待解决的问题。

三、合作金融发展滞后

农村信用社是我国目前唯一的一个将营业网点设至农村地区的商业性金融机构,可以直接接触并支持农村金融,直接向农户提供信贷等金融服务。但出于盈利发展的可持续性需要,农村信用社的发展更趋向商业化,无法更好地体现其服务"三农"的定位。更重要的是,其资金融通主要以短期融资为主,无法为乡村振兴提供足量的长期资金,因此其在农村金融建设中无法起到重要作用。我国目前的新型农村合作金融主要包括两大形态:一是信用合作制,以农民专业合作社和供销合作社为基础,进一步发展农村合作金融;二是坚持封闭性、社员制的原则,不支付固定回报,不以对外吸储放贷为基准。从不同的监管主体来划分,主要包括由银监会监管批准、地方政府审查、财政部和国务院扶贫办管理、农民与企业自行组建以及合作社内部部门资金互助等不同的形式。我国现存的各类资金互助社的状况差异较大,亟待整顿和规范。

尽管 2008—2014 年中央一号文件以及党的十七届、十八届三中全会文件均明确支持微型信贷组织的发展和支持以成员为基础的信用合作,银监部门也出台了相关的资金互助规定。但目前存在的资金互助组织、乡村发展协会、农村社区基金、民间自发产物等大多尚未得到经营许可。2014 年的中央一号文件提出要适时制定农村合作金融的发展管理办法。合作金融在我国还有待发展、完善,逐步改良,进而形成以我国金融实际为主导,以国际优秀经验为辅助,结构清晰、运行规范、互联互通的强大体系。引导贫困村互助资金项目尽可能地转变为贫困地区可持续发展的资金互助社,对其因地制宜、区别对待、分类指导、妥善处理,培训农民自己的真正的合作金融机构。

四、民间融资较为活跃

随着我国金融业的逐步发展与完善,民间金融的创新发展也渐渐地在我国农村区域的金融业态中扮演着重要的角色。其广泛的融资渠道、强大的信息优势、灵活的业务方式都可以很好地弥补农村正规金融机构资金供给不足的缺陷。根据此次调查结果,农户从民间融资渠道所获得的资金占到资金样本的70%以上。一些农村企业,也通过入股、借贷等民间融资方式筹集资金。但民间融资也存在缺陷:一是民间融资利息率过高,极易产生借贷风险;二是民间融资由于其本身的不正规性,运行方式不够透明,不具备完全的合法性。这些缺陷大大地限制了民间融资在农村金融发展进程中发挥的作用,在活跃地方经济发展的同时其高额利息也限制了经济的发展。

第四节　新型农业经营主体金融
服务供给环境分析

一、农村金融供给宏观政策环境需进一步改善

财政政策方面,对农村金融供给的支持力度逐年稳步加大,但从涉农金融

服务的政策机制看,尚存在衔接协调问题。2014 年国家继续深化农村改革、支持粮食生产、促进农民增收,实施种粮直补、良种补贴、农机具购置补贴、农资综合补贴等政策。其中,中央财政共安排农机购置补贴 237.5 亿元,比上年增加 20 亿元。从政策支持力度看,要重点支持金融机构开展的新型农业经营主体贷款业务、农业种养殖业贷款业务、农户小额贷款业务、大宗农产品保险业务以及银行卡助农取款、汇款、转账等政策性的支付业务,必须要遵循"政府引导、市场运作"的方针政策,充分运用好补贴、奖励、税收优惠等政策工具。还必须要遵循"鼓励增量,兼顾存量"的原则方针,不断完善涉农贷款相应的财政奖励制度、农村的金融税收政策以及优化农户小额贷款税收的优惠政策。同时,将新型农村金融机构以及基础金融服务比较薄弱地区的银行业金融网点的定向费用补贴政策落到实处。要建立地方财政出资的涉农信贷风险补偿基金,切实改善农村的信贷损失补偿机制。优先支持开展"三农"金融产品创新服务,而对于涉农贷款占比相对较高的县域银行业法人机构,则可以对其实施"弹性存贷比"制度。

从涉农金融服务的政策机制看,目前仍存在着一些需要衔接协调之处。一是从涉农企业信贷看,风险分担和补偿机制不完善,银行和增信机构之间的合作缺乏实质性协同效应,且地位不平等,使得合作机制缺少长期性、稳定性和可持续性;农业保险服务的不完善,使得农村金融的风险无法得到分散和转移,不能为建设新农村、调整农业结构提供稳固的前提基础;再保险机制缺乏,担保机制不健全。二是从农村地区的金融服务中介体系看,发展尚不完善。农村金融市场的担保体系不完善,缺乏有实力的担保机构,专业评估、登记系统不健全。三是小额贷款公司、融资担保公司的财政、税收政策需要协调。由于这两类公司尚未明确金融机构的法律地位,在业务监管上参照金融机构,在征税上参照普通公司,加上资本运用杠杆率偏低,资本回报率明显低于银行机构,融资担保公司的资本回报甚至导致业务发展缺乏可持续性。这些问题导致目标定位偏离涉农服务,并容易出现不规范经营行为。

多种货币政策与信贷政策的有效结合,可以创造出更加多样化的资金渠道,进一步提高资金供给量。但是信贷资金供给仍然缺乏稳定机制。为了拓宽农村金融机构的融资渠道,可以通过以下几个方面来实现:第一,进一步优化中央银行对商业银行的再贷款业务,同时加大中央银行对商业银行的再贴现业务力度,实现再贴现与再贷款业务对农村区域金融服务的配合与支持。第二,降低农村金融机构的准备金率,并着力实施国家"定向降准"的有关规定,进一步提升放贷比,优化信贷结构,提高资金供给。第三,严格执行国家宏观审慎性监管原则,结合国家宏观经济发展的现状,维持健康稳定的放贷比,不断调整经营政策,进一步促进农村金融的可持续发展。第四,还要持续健全统计涉农贷款的相应制度,更为精准、及时地对农林牧渔业贷款作出综合反馈;同时,也能够对农村小微企业贷款、农户贷款以及农民专业合作社贷款的详尽状况作出合理反映。为提高政策支持的有效性和增强其针对性,还应该根据涉农贷款的多维统计口径,制定出更符合预期的监管措施和政策要求。除此之外,还需要对农村地区的金融机构进行更为严格的监管,并且根据同类金融机构的下调正常存款准备金率来开展金融业务,提高放贷比,增强资金供给能力。但现实调研发现,信贷资金供给缺乏稳定机制。基层政府普遍反映,银行对中小微企业压缩贷款、抽贷,在市场上容易造成连锁反应。首先,影响信用基础。银行承诺之后又收回资金,导致金融机构与企业之间的信任受到较大影响。其次,多数企业在流动资金银行被抽贷之后,通过借高利贷或挤占客户资金来应急,导致企业倒闭。有的企业在被抽贷之后,转向小额贷款公司融资,但银行很排斥从小额贷款公司融资的客户,从而加速抽贷。

对于差异化监管而言,只有不断完善监管方法,提高监管手段,使监管的有效性得到充分发挥,才可以适应并满足农村发展的需要。但合同履约的监督机制仍不完善,因此如何从现有制度中提升监管有效性变得尤为重要。一是要加强监管引导。对于涉农信贷的投放进行合理引导,加大信贷投向监管力度,对涉农信贷服务薄弱地区设立机构网点,对金融机构创新涉农产品给予一定的支持和帮助。对一些涉农机构实行"弹性存贷比考核制度"和"差异化存款偏离度考核制度",进而达到规避农户贷款风险的目的,并提高其不良贷款的最高值。二是要完善风险防控的措施。由于涉农信贷风险危害性大、范围广,因此实施多层次的风险监测预警机制,可以不断提高银行业金融机构的涉农贷款风险管理能力和水平,以此来促进其对农村地区金融服务的效率和质量的提升,使农村实体经济健康向上发展。目前,我国小微金融机构不断涌现,如农村资金互助社、小额贷款公司、典当行、融资性担保公司、私募股权基金等金融机构,而其监管却较为落后。后来出现的非融资性担保公司、网络贷款公司(P2P)等机构,尚无明确的监管主体,也使得监管不足。面对小微金融机构数量多、分布广的特点,监管政出多门,职责交叉,有效性差,从而使得地方性小微金融管理真空与重叠并存的问题较严重,监管体系有待进一步完善。与此同时,合同履约的监督机制仍不完善。司法审判、执行环节难度仍然较大。以农业专用设备抵押贷款为例,从受理到判决的程序复杂、时间较长,加上流转困难,抵押设备在拍卖处理过程中的贬值较大。待走完司法程序,很难追回损失。三是要完善监督与考核制度。通报银行业涉农贷款投放的情况,提高涉农机构的存贷透明度,并按照人民银行的监管机制,对其一定比例存款投放进行监测考核,提高银行业金融机构涉农业务考核的分值权重,并且通过此种措施来促进"三农"服务机制建设。

二、农村金融生态环境有所改善,但仍存在较多问题

首先,农村金融基础设施建设有所改善。为了有效解决农村融资难的问题,人民银行制定实施了一系列政策措施,如加快建设支农、惠农、便农的"支付绿色通道",加强农村信用体系建设,搭建动产融资统一登记平台,农村地区的金融服务环境得到进一步改善。为了加快我国的"绿色支付通道"以及"惠农、变农、支农"的进程,通过利用人民银行组织的推动开展全方位与深层次的合作服务,持续扩大支付系统的覆盖范围。除此之外,还需要提高农民工

的银行卡以及银行卡助农取款服务的便利度等特色服务的深入发展,金融机构组织开展助农取款服务点的综合服务试点与运行,以此优化与升级农村区域的支付体系。引导农民更多次、更广泛地运用非现金来办理日常结算。2016 年,农村区域网上银行开通数量累计为 4.29 亿户,相比上年净增 0.73 亿户,增幅为 20.5%。在助农取款服务方面,截至 2016 年末,农村地区拥有覆盖村级行政区 53.17 万个,助农取款服务点共计 98.34 万个,村均拥有量为 1.8 个,村级行政区覆盖率超过 90%,非银行支付机构在农村设立的服务点数量共计 2.18 万个,占全部服务点数量比重约为 2.22%。2016 年助农取款服务点办理支付业务共计 4.95 亿笔,金额为 4247.78 亿元人民币,同比增长 13.53% 和 5.96%,增幅放缓。①

其次,农村信用体系不断完善。在推动农村信用体系建设方面,一是多部门信用信息共享机制初步建立。中国人民银行征信中心与环境保护部等 8 家单位签署信息采集合作文件,推进征信系统非银行信息采集。2013 年,中国人民银行印发了《农村信用体系建设基本数据项指引》,规范信用信息采集指标和指标类型、格式、内容的一致性。2014 年,印发了《关于加快小微企业和农村信用体系建设的意见》,进一步明确了农村信用体系建设的重要意义和工作原则,提出完善信用信息征信体系、建立信用评价机制、健全信息通报与应用制度、推进实验区建设等 8 项任务,并在全国 31 个省确定了 32 个县(市)为农村信用体系建设试验区。二是为了提高农户以及家庭农场的信用价值,探索并完善家庭农场等经营主体的信用信息采集与应用机制,使之能够更为准确地获取其信用价值,通过展开信用评价制度,引导出台以信用为基础的相关政策措施,强化新型农业经营主体融资的可获得性和便利性,充分利用信用信息的重大作用,使普惠金融在农村地区能够得到大面积的推广。农村信用体系不仅对农村地区的小微市场主体融资提供了便捷的途径,也是发展普惠

---

① 数据来源:中国人民银行网站,http://www.pbc.gov.cn/。

金融的有效途径之一。到 2016 年底,我国已经有 1.72 亿户农民建立信用档案,而且已经建立信用档案的农户中,获得信贷支持的共计 9248 万户,贷款余额达 2.8 万亿元。① 农村信用体系的发展,刺激了融资租赁业务和应收账款质押融资业务的蓬勃发展,进而部分缓解了农户和涉农企业因为缺乏担保物而导致的融资难问题。北京、江苏、重庆、辽宁、广西、四川、深圳等地区试点开展商业银行网点代理查询个人信用报告,引入自助查询终端提供信用报告查询服务。北京成立全国首个征信行业自律组织,开启征信行业自律监管;上海、四川、深圳等多个地区小额贷款公司获批接入征信系统;陕西探索地区信用环境评价的指标体系和评价方法,试点开展民间信用环境综合评价;湖南实现小额贷款公司和融资性担保公司信用评级,结果在银贷、银担合作、政府管理等多领域应用,发挥了信用记录的正向激励作用。

再次,支付结算环境持续改善。非现金支付工具发展迅速,业务量持续增长,银行卡发卡量稳步增加,电子支付业务保持快速增长,移动支付业务增势迅猛。截至 2017 年第三季度,全国办理非现金支付业务共计 2434.95 亿笔,金额为 923.80 万亿元,同比分别增长 32.55%、2.26%。其中,银行卡发卡量平稳增加。全国银行卡在用发卡数量 65.18 亿张,同比增长 8.35%,环比增长 2.69%。全国人均持有银行卡 4.71 张,其中,人均持有信用卡 0.36 张。而在电子支付领域,移动支付业务增长快速。7 至 9 月,银行业金融机构处理电子支付业务共计 381.35 亿笔,金额共计为 523.47 万亿元。其中,移动支付业务 97.22 亿笔,金额 49.26 万亿元,同比分别增长 46.65%、39.42%;网上支付业务 120.87 亿笔,金额 439.89 万亿元,同比分别增长 4.14%、1.37%。此外,非银行支付机构第三季度处理网络支付业务 10778.33 亿笔,金额 38.98 万亿

---

① 数据来源:《中国农村金融服务报告 2016》,2017 年 8 月 25 日,见 http://www.gov.cn/xinwen/2017-08/25/content_5220259.htm。

元,同比分别增长 76.78% 和 47.99%。①

2014 年 8 月,《全面推进深化农村支付服务环境建设的指导意见》出台,农村资金流转网络不断完善。截至 2016 年底,助农取款服务点 98.34 万个,覆盖行政村超过 50 万个,行政村覆盖率超过 90%,人民银行支付清算系统已经覆盖了约 84 万个农村金融机构网点,覆盖率高达 93.46%,我国共有 8 万多个农村地区的银行营业网点可以办理农民工银行卡等特色服务业务。2016 年在助农取款服务点办理的支付业务共计 4.9 亿笔,金额达 4247.78 亿元,业务笔数和金额分别较 2015 年增长 13.53% 和 5.96%。到 2016 年底,我国农村地区开设个人银行结算账户共有 35.6 亿户,单位银行结算账户共有 1823 万户,各类银行卡共计 25.52 亿张,人均持卡约为 2.8 张,基本实现了"人人有卡、家家有账户、补贴能到户"。② 山东农村支付环境建设取得了新的突破,在全国率先实现了手机支付行政村 100% 全覆盖和银行卡助农取款服务点的"新双百"目标;云南设立了境外机构开立人民币银行结算账户的"绿色通道",到 2016 年 6 月,云南省跨境人民币结算共计 357.13 亿元,同比增长 13%。全省共有 5 家跨国集团企业搭建了人民币资金池,应计所有者权益金额达到 486.02 亿元,还开辟了境外机构开立人民币银行结算账户的"绿色通道",全省为境外机构开立境内外汇账户共计 282 户,沿边金融改革综合试验区建设的基础设施保障得以强化。③内蒙古嘎查村启动"助农金融服务点"全覆盖工程,截至 2015 年 6 月末,已在全区建立 11293 个"助农金融服务点",覆盖全区 10333 个行政村的 99%,为农牧民提供了便捷的金融服务。④

---

① 数据来源:中国人民银行:《2017 年第三季度支付体系运行总体情况》,2017 年 12 月 6 日,见 http://www.pbc.gov.cn/goutongjiaoliu/113456/113469/3432842/2007120514262885621.pdf。
② 数据来源:数据来源:《央行发布 2016 年农村地区支付业务发展总体情况》,2017 年 3 月 17 日,见 http://www.gov.cn/shuju/2017-03/17/content_5178336.htm。
③ 数据来源:《2016 年云南省金融运行情况》,2017 年 2 月 17 日,见 https://www.safe.gov.cn/yunnan/2017/0217/67.html。
④ 数据来源:《内蒙古农村信用社大力发展普惠金融　做百姓自己的银行》,2015 年 8 月 10 日,见 http://www.gov.cn/xinwen/2015-08/10/content_2910514.htm。

但农村地区采用非现金方式办理日常结算业务的比率仍然较低。农村信用体系的建设还处在刚刚起步阶段,尚未形成一套行之有效的制度体系。国内大多数金融机构信贷交易都要规避风险,一般基于可变现抵押和担保。由于目前大多数农民不具备可变现抵押物进行抵押以及缺乏有效可行的担保方式,从而使得农村地区金融供给风险提高,使金融机构对农村地区的金融供给积极性不高。银行传统业务模式是通过高抵押替代高利率的贷款方式,以避免客户逆向选择。在农村地区,一般通过抵押、担保来增信。从统计看,龙头企业的新增贷款增速相较于普通农户更为快速。从各种调查看,普通农户信贷需求比较旺盛,说明普通农户信贷的供给与需求之间存在较大缺口。从金融机构的普遍反映看,控制小额信贷风险的难度较大,是影响涉农信贷业务发展的主要原因。从抵押的角度看,除了缺乏抵押物,存在的问题还包括:一是农地流转难、抵押价值低;二是动产抵押风险大,农机具的折旧速度快、流转难、缺乏抵押登记系统,多数银行缺乏活畜抵押管理经验;三是农民专业合作社等新型农业经济组织的可抵押资产少。从担保的角度看,存在的问题有:一是普通农户的信贷额度小,贷款期限短,寻找提供担保服务的担保机构较难,可提供反担保的担保物更少;二是联保小额贷款存在集体拖欠贷款、通过司法途径追偿成本高等问题;三是农村信用担保的风险补偿机制不健全,政策担保机构少,资金不足。从贷款后的管理看,存在的问题有:一是贷款用途管理难,农户改变贷款用途现象比较普遍,例如将生产性贷款用于消费,导致信贷风险增大;二是农户经济行为风险较大,除了市场风险外,一些农户同时有民间借贷行为,信用风险较大,但银行难以及时掌握;三是催收贷款难度大,农村地区信用基础薄弱,拖欠本息的情况比较突出,农村地区信贷员上门催收贷款工作量大。

三、农村融资方式趋向多元化

2016 年,农业类企业以债券形式融资的规模有所扩大,共计发行 48 只债券,其融资额达到 344.1 亿元,发行涉农资金支持证券 2 只,融资 7 亿元。截至 2016 年末,396 家涉农企业在银行间债券市场共计发行 1101 只债务融资工具,发行规模高达 10928.9 亿元,期末余额 5144.6 亿元(见表 3-10)。截至 2016 年底,涉农企业债务融资工具存量约 5200 亿元,每年可为涉农企业节约融资成本 100 多亿元。2016 年涉农企业发行债务融资工具 1697.4 亿元,继续保持稳定增长态势。①

表 3-10　截至 2016 年末涉农企业债务融资工具累计发行数及余额

发行品种	发行规模 (亿元)	发行企业数 (家)	发行只数 (只)	期末余额 (亿元)
短期融资券(CP)	3944.9	149	515	628.1
中期票据(MTN)	3214.9	94	250	2466.4
超短期融资券(SCP)	3200.2	44	189	1694.7
非公开定向债务融资工具——一年期以内(PPN—CP)	245	20	62	96
非公开定向债务融资工具——一年期以内(PPN—MTN)	287.4	27	47	259.4
中小企业集合票据(SMECN Ⅰ)	25.2	45	25	0
中小企业区域集优(SMECN Ⅱ)	11.6	17	13	0
合计	10928.9	396	1101	5144.6

数据来源:根据涉农企业在银行间债券市场发行债务融资工具相关数据整理。

　　在股票融资方面,2015 年 1 月 1 日至 2016 年 12 月 31 日期间,首次在公开市场上市发行以及交易的农业企业总共有 4 家,融资的规模达到了 16.25 亿元。同为农业类上市公司的再融资公司总共有 33 家,融资额达到了 330.38 亿元。到 2016 年末,共有 386 家涉农企业在全国股份转让系统挂牌,在 2016 年共完成 101 次股票定向发行,累计融资 3.54 亿元;完成 9 次收购,涉及金额总计 3.48 亿元;完成 1 次重大资产重组,涉及金额 3.01 亿元。截至

---

　　①　数据来源:《2018—2022 年我国农村金融行业现状分析》,2018 年 4 月 3 日,见 https://www.sohu.com/a/227150569-255580。

2016 年底,基金协会未推出项目投资余额 594 亿元。①

期货市场方面,已经有 21 个农产品期货品种公开上市,涵盖了粮、油、棉、林木、禽蛋、糖等主要大宗农产品的领域,培育和发展了 115 家"点基地",包含粮、棉、油、糖等主要品种,共覆盖 20 个农业省份。虽然目前农村的融资环境有所改善,但间接融资仍为主要融资方式,直接融资比例依旧比较小。

小　　结

本章从新型农业经营主体的金融服务供给数量、供给质量、供给环境等方面分析了新型农业经营主体的金融服务供给状况。从供给数量情况来看,农村金融体系不断完善,但服务覆盖面和渗透率有待扩大与提高;金融机构涉农贷款稳定增长,但总体供给不足。从供给质量来看,农村金融产品和服务方式创新不断提升,但仍显不足;农村金融机构可持续发展能力显著提升,但涉农贷款不良率仍较高;农业保险覆盖面稳步扩大,但针对性产品仍显不足。从供给环境来看,农村金融供给宏观政策支持环境不断完善,但力度仍需加大;农村金融生态环境有效改善,但部分问题仍然普遍存在;农村融资环境进一步改善,涉农融资趋向多元化。

---

① 数据来源:《农业银行 2016 年年度报告》,2017 年 3 月 29 日,见 http://quotes.money.163.com/f10/ggmx_601288_3159425.html。

第四章　新型农业经营主体金融服务供求不平衡及影响因素分析

2007 年全国金融工作会议提出：为了适应"三农"特点，我国要构建全新的金融体系，对中国农村金融发展的均衡性、协调性提出了更为清晰明确的标准，对金融体系的层次性、持续性、覆盖性确立了更高的要求。本章分别从总量、结构、效率三个方面，对目前我国新型农业经营主体金融供求的非均衡性进行剖析。

第一节　新型农业经营主体金融服务供求总量分析

总量非均衡问题在经济分析中必不可少，本节分析新型农业经营主体的金融供给非均衡问题，主要从金融机构存贷差额、农村金融资金外流情况、农村金融信贷配给度等几个方面展开，并对金融供求缺口进行测算，具体量化分析金融供求非均衡的程度。

一、金融机构存贷差额

农村存款主要来源于四个主体：乡镇企业、集体、个体农户以及农村信用社。由三部分组成:①乡镇企业存款。包括乡办、村办及村以下的实行独立核算、承担经济责任及纳税义务的工业企业及其他企业在银行的存款。②乡、村集体、个体农户在银行的存款。包括乡村所属非企业单位,如学校、医院、合作医疗站、托儿所、食堂等的存款。③农村信用社在银行的往来户存款,即农村信用社转存款。鉴于数据的可获取性,本书中农村存款采用金融机构人民币农业存款年底余额(下称"农业存款")和农户储蓄余额(下称"农户储蓄")进行估算,其中农业存款来源于中国经济社会发展统计数据库,统计时间为1997—2010年;农户储蓄来源于历年《中国金融年鉴》,统计时间截至2014年。2015年起,统计口径变更为"住户存款"。农村贷款数据来源于《中国金融统计年鉴》,但2009年及之前年份没有该项统计,因此本书用农业贷款和乡镇企业贷款估算。综上所述,关于金融机构存贷差额的计算时间跨度选择2003—2014年,其中2003—2009年采用农村存款和农村贷款进行比较,2007—2014年采用农户存款和农户贷款进行比较。

如表4-1所示,中国农村存款2005年为30810.37亿元,以年均19.98%的速度增长到2009年的63845.61亿元,四年间增长107.22%。同期农村贷款以年均12.07%的速度,由19432.00亿元增长到30652.00亿元,仅增长了57.74%。存贷比以年均-6.59%的速度从63.07%下降到48.01%。存贷差额以年均30.69%的速度从11378.37亿元增加到33193.61亿元。存贷差额占存款比重以年均8.93%的速度从36.93%增加到51.99%。

表4-1 2003—2014年中国金融机构农村存贷款差额变动

(单位:亿元、%)

年份	农村存款	农村贷款	农户储蓄	农户贷款	存贷比	存贷差额	存贷差额占存款比重
2005	30810.37	19432.00	—	—	63.07	11378.37	36.93
2006	36219.12	19430.00	—	—	53.65	16789.12	46.35
2007	42333.76	22542.00	—	—	53.25	19791.76	46.75

续表

年份	农村存款	农村贷款	农户储蓄	农户贷款	存贷比	存贷差额	存贷差额占存款比重
2008	51953.69	25079.00	—	—	48.27	26874.69	51.73
2009	63845.61	30652.00	—	—	48.01	33193.61	51.99
2010	—	—	59080.35	26043.20	44.08	33037.15	55.92
2011	—	—	70672.85	31023.20	43.90	39649.65	56.10
2012	—	—	54615.64	36195.00	66.27	18420.64	33.73
2013	—	—	101268.71	45047.00	44.48	56221.71	55.52
2014	—	—	116104.17	53587.00	46.15	62517.17	53.85

数据来源:根据2004—2015年《中国金融统计年鉴》有关数据计算整理。

农户储蓄由2010年的59080.35亿元增加到2014年的116104.17亿元,增长了96.52%,而农户贷款由26043.20亿元增加到53587.00亿元,增长了105.76%。除2012年外,存贷比和存贷差额占农村存款的比重基本平稳,分别保持在45%和55%左右,存贷差额从33037.15亿元增加到62517.17亿元。

二、农村资金外流情况

造成中国农村资金流向城市的原因主要有三个:国有商业银行需要将大量资金存至中国人民银行,邮政储蓄贷款规模有限,农信社支农功能弱化。本书通过计算农村信用社和农村商业银行存贷款余额,即使用"农村信用社、农村商业银行存款—农村信用社、农村商业银行贷款"的方法计算2004—2015年期间农村资金外流情况。如表4-2所示,资金流出额从11455.49亿元增加到64206.21亿元,增长了4.6倍,年均增长率21.11%,资金流出额共计322224亿元。

表 4-2　2004—2015 年中国农村资金外流情况　　（单位:亿元）

年份	存款		贷款		农村资金流出
	农村信用社	农村商业银行	农村信用社	农村商业银行	
2006	30341.00	4394.83	20682.00	2598.34	11455.49
2007	35167.00	5297.07	24122.00	3271.91	13070.16
2008	41548.86	6616.58	27452.32	4075.59	16637.53
2009	47306.73	11213.21	32156.31	6937.88	19425.75
2010	50409.95	22347.25	33972.91	13549.89	25234.40
2011	55698.92	32941.65	36715.91	21149.55	30775.11
2012	59724.84	49516.02	38370.09	32195.64	38675.13
2013	65119.50	67037.08	41167.62	43267.12	47721.84
2014	66539.53	88542.69	42480.65	57579.36	55022.21
2015	63757.18	116224.70	40461.98	75313.69	64206.21

数据来源:根据 2004—2015 年《中国金融统计年鉴》有关数据计算整理。

三、农业信贷配给度

信贷配给是指在某一固定信贷利率水平下,贷款量供不应求,银行等金融机构在主观不愿意或者客观不允许提高利率的情况下,采用非利率的方法使部分贷款者退出信贷市场,从而使贷款达到供求平衡。信贷配给度的公式为:

$$R = \frac{\beta - \alpha}{\beta} \times 100\%$$

式中 R 是信贷配给度,是信贷需求缺口与信贷需求之比;α 是某经济领域掌握的信贷资金比重,本书具体使用农业贷款比重来代表;β 代表该经济领域在国民经济中的占比,本书具体使用农业总产值占 GDP 的比重来代表。计算结果如表 4-3 所示。

表4-3　2007—2016年中国农业信贷配给度　　（单位:亿元、%）

年份	农业贷款比重 α	农业总产值	GDP	农业总产值占GDP比重 β	农业信贷配给度
2007	5.40	24658.10	270232.3	9.12	40.82
2008	4.90	28044.15	319515.5	8.78	44.17
2009	4.60	30777.50	349081.4	8.82	47.83
2010	4.50	36941.11	413030.3	8.94	49.69
2011	4.20	41988.64	489300.6	8.58	51.06
2012	4.10	46940.46	540367.4	8.69	52.80
2013	4.00	51497.37	595244.4	8.65	53.77
2014	4.00	54771.55	643974	8.51	52.97
2015	3.70	57635.80	689052.1	8.36	55.77
2016	3.40	59287.75	743585.5	7.97	57.36

数据来源:根据2008—2017年《中国金融统计年鉴》《中国农业年鉴》《中国农业统计资料》《中国统计年鉴》和《中国农村金融服务报告》有关数据计算。

　　我国新型农业经营主体发展过程中,农户进行规模经营发展的资金,自有资金占总量的60%,向亲朋好友和金融机构的借贷款分别占总量的25%和15%。在农业现代化的进程中,新型农业经营主体的资金需求呈现规模扩大化的趋势,在资金的多种来源中,信贷的主体地位逐渐凸显。但近年来农村贷款占整个贷款比例逐年下降,农村资金通过金融机构大量外流,乡镇企业和农户贷款难,加之金融机构放贷难等原因,导致贷款供给不足,农业信贷需求缺口不断扩大,农业信贷配给度逐年上涨。2007年农业信贷配给度为40.82%,2016年增长到57.36%,增长了40.41%,年均增长率达到44.67%。

四、金融供求缺口测算

本部分通过测算农村金融缺口进而评价农村金融供求的非均衡性。

1. 金融理论融量

采用农村金融的实际融量和理论融量来分别表示新型农业经营主体对于

金融服务的供给与需求,两者之间的差额即农村金融缺口则为金融服务供求偏差。金融相关率(FIR)是金融融量与经济总量的比率,即金融资产价值与经济活动总量的比值,三者之间的关系为:

$$M = K \cdot G = (K_1 + K_2 + \cdots K_n) \times G$$

其中:

M 表示金融融量,G 表示经济总量,K 表示总的金融相关率,K_1、K_2、K_n 表示不同层次的金融相关率。

按照经济发展的时间顺序,从物物交换(直接交换)到以货币作为媒介的商品交换(间接交换),金融融量与经济总量的比率从 0 到 1。同时,随着经济的发展、时代的变迁,金融媒介不再局限于货币,无论从种类上还是形态上,都发生了翻天覆地的变化,从固定的交换媒介发展到不固定的交换媒介,更多地表现为信用货币和金融资产等。但随着经济的发展,借力于金融机构,金融媒介发生乘数效应,金融相关率达到 1 以上。

表 4-4　2006—2016 年中国农村金融理论融量表　　（单位:亿元）

年份	GDP	M	K	GDP$_1$	M$_1$
2006	219438.5	345577.9	1.57	24036.4	37853.2
2007	270232.3	403442.2	1.49	28623.7	42733.6
2008	319515.5	475166.6	1.49	33699.1	50115.5
2009	349081.4	610224.5	1.75	35223.3	61573.4
2010	413030.3	725851.8	1.76	40530.0	71226.7
2011	489300.6	851590.9	1.74	47483.0	82640.6
2012	540367.4	974148.8	1.80	52368.7	94407.8
2013	595244.4	1106525.0	1.86	56973.6	105910.6
2014	643974.0	1228374.8	1.91	60165.7	114765.5
2015	689052.1	1392278.1	2.02	62911.8	127117.7
2016	744127.2	1550066.7	2.08	65975.7	137431.8

数据来源:2005—2017 年《中国统计年鉴》和 2008—2016 年《中国农村金融服务报告》。

2006—2016 年的金融相关系数如表 4-4 所示,表中 GDP 为我国国内生产总值;M 为我国的金融融量,用货币和准货币供应量表示;K 表示总的金融相关率,K = M/GDP。我国经济增长所对应的金融融量增长迅速,在此期间,以年均 2.85% 的速度递增,从 1.57 增长到 2.08,增长了 32.48%,其中 2007 年和 2008 年两个年份出现了下降。GDP$_1$ 是农林牧渔业增加值,M$_1$ 是中国农村金融理论融量,依照全国的金融融量水平计算得出。

2. 金融实际融量

农村金融理论融量的测算,是以假设我国仅存在经济实体和金融两个部门为前提的。而在实际中,除了上述两个部门外,还包括政府部门的财政支出以及国外投资。因此,客观的农村地区实际金融融量应该是将上述因素进行调整后得出的修正值。公式为:

$$M = (K_1 + K_2 + \cdots K_n) \times G - G_1 - G_2$$

其中 G$_1$ 是在农村地区的财政投入量,即国家财政农林水事务支出;G$_2$ 是在农村地区的外资投入量,即农林牧渔业实际利用外商直接投资金额。如表 4-5 所示,M$_2$ 即为修正后的中国农村金融融量的理论值。

表 4-5　2006—2016 年中国农村金融理论融量修正表　（单位:亿元）

年份	M$_1$	G$_1$	G$_2$	M$_2$
2006	37853.2	2161.4	47.79	35644.1
2007	42733.6	3404.7	70.27	39258.7
2008	50115.5	4544.0	82.72	45488.8
2009	61573.4	6720.4	97.60	54755.4
2010	71226.7	8129.6	129.43	62967.7
2011	82640.6	9937.6	129.75	72573.3
2012	94407.8	11973.9	130.18	82303.8
2013	105910.6	13349.6	111.48	92449.6
2014	114765.5	14173.8	93.51	100498.2

年份	M_1	G_1	G_2	M_2
2015	127117.7	17380.5	95.53	109641.7
2016	137431.8	18587.4	126.05	118718.4

数据来源：2005—2017年《中国统计年鉴》和2008—2016年《中国农村金融服务报告》。

3. 金融缺口测度

修正后的农村金融融量属于理论值,实际则由流通中的现金、银行部门金融量、保险部门金融量三部分构成。表4-6中金融缺口是修正后农村金融融量理论值与实际值之间的差额,农业贷款是农林牧渔业贷款余额,农业保险是财产保险公司农业保险保费,缺口差率是金融缺口额度占农村金融理论融量的比重,即农村金融供求差额占农村金融需求的比重。

表4-6　2006—2016年中国农村金融缺口测算　　（单位：亿元、%）

年份	流通现金	农业贷款	农业保险	M3	M2	金融缺口	缺口差率 %
2006	5414.5	15429.3	8.48	20852.3	35644.1	14791.7	41.50
2007	6075.0	15429.3	53.33	21557.7	39258.7	17701.0	45.09
2008	6843.8	17628.8	110.68	24583.3	45488.8	20905.5	45.96
2009	7649.4	21622.5	133.90	29405.8	54755.4	25349.5	46.30
2010	8925.6	23000.0	135.90	32061.5	62967.7	30906.1	49.08
2011	10149.7	24400.0	174.03	34723.7	72573.3	37849.6	52.15
2012	10932.0	27300.0	240.60	38472.6	82303.8	43831.2	53.26
2013	11714.9	30400.0	306.59	42421.5	92449.6	50028.1	54.11
2014	12051.9	34000.0	325.78	46377.7	100498.2	54120.5	53.85
2015	12643.3	35137.0	374.90	48155.2	109641.7	61486.5	56.08
2016	13660.8	36627.0	417.71	50705.5	118718.4	68012.9	57.29

数据来源：2005—2017年《中国统计年鉴》和2008—2016年《中国农村金融服务报告》。

从表4-6中可以看出,农村金融量与农村资金需求量成正比,但当前我国的农村金融融量的增长还不能与农村经济的发展速度相适应。如表中所示，我国农村金融缺口的时间序列呈上升趋势，资金缺口和缺口差率分别在2008年和2011年突破了20000亿元和50%。我国农村金融的缺口在不断扩大，农村与城市的金融融量水平以及经济发展水平的差距均处于不断扩大的趋势中。

第二节　新型农业经营主体金融服务供求结构分析

农村金融的结构是指农村金融的各组成部分及要素构成之间的数量比例、空间分布、相互作用等状态。结构的各要素表现是农村金融的静态表现；结构处于不断变化的过程中是其动态表现，对于农村金融综合实力提高影响较大。建立科学合理的农村金融结构是建设现代农村金融服务体系中十分重要的一环。本节从农村金融组织结构和市场结构两方面来分析供求的非均衡性。

一、组织结构分析

1. 覆盖性

近年来，随着政府投入建设力度的加大，农村金融服务体系日益完善，无论是在层次上还是覆盖面方面都有明显的发展，形成了政策性、商业性和合作性等多种金融形式功能互补、相互协作的格局。如表4-7所示，截至2016年底，全国已设立中小金融机构3783个，营业网点达83750个，从业人员达951030人，93%以上的贷款投向了农户和小微企业。村镇银行县（市）覆盖面持续提升，同时，我国持续推进偏远农村地区基础金融服务全覆盖工作，已组建的4716家村镇银行中有64.5%设在中西部地区。

表4-7 2016年农村中小金融机构从业人员、法人机构和营业网点情况

机构名称	从业人员(人)	法人机构数(个)	营业性网点(个)
农村信用社	297083	1125	28285
农村商业银行	558172	1114	49307
农村合作银行	13561	40	1381
村镇银行	81521	1443	4716
贷款公司	104	13	13
农村资金互助社	589	48	48
合计	951030	3783	83750

注:从业人员指在岗人员数;机构数指法人数,不统计非法人数。
数据来源:中国银行监督管理委员会。

金融机构积极利用移动互联网等新兴技术扩大金融服务的覆盖面和便利性。目前,我国人均持有银行账户数量、银行网点密度等基础金融服务水平已达到国际中上游水平。

2. 层次性

银行类金融机构为新型农业经营主体提供融资支持,其中政策性银行、商业性银行、合作性银行和新型农村金融机构是为新型农业经营主体融资提供支持的主体。

(1)政策性银行

1994年中国农业发展银行成立,为"三农"工作服务。2014年12月,《中国农业发展银行改革实施总体方案》经国务院批复同意,通过改革建设成为农业政策性银行,并使其具备可持续发展的能力,发挥其对于农村金融体系的主体和骨干作用。截至2016年末,在839个国家扶贫开发工作重点县和集中连片特困地区县的贷款余额高达7928.75亿元。①

---

① 数据来源:中国人民银行:《中国农村金融服务报告(2017)》,2017年8月25日。

同时,国家开发银行积极探索创新开发性金融服务"三农"的模式和方法,支持重大农业项目建设和农业对外合作,取得良好成效。截至2016年末,全行共投放农村产业融合专项建设基金33.32亿元,安排高标准农田专项建设基金10亿元,投放高标准农田专项建设基金0.86亿元;累计发放现代农业贷款2194亿元,贷款余额732亿元。[①]

（2）商业银行

为探索大型商业银行服务"三农"有效模式,中国农业银行从2008年起启动了"'三农'金融事业部"改革。截至2016年末,中国农业银行县域贷款余额约达3.18万亿元,如表4-8所示。

表4-8　2016年中国农业银行县域金融业务开展情况

	2008年	2010年	2012年	2014年	2016年
县域贷款余额（亿元）	8323	15053	20495	26516	31775
县域存款余额（亿元）	25143	36123	45525	53257	64212
营业利润（亿元）	134	339	624	774	628
县域金融业务不良贷款率（%）	5.51	2.51	1.64	1.83	3.02

数据来源:2016年《中国农村金融服务报告》。

（3）合作性银行

农村信用社、合作银行和农村商业银行是合作性银行的三种不同形式。截至2016年末,全国组建的农村信用社、农村合作银行和农村商业银行分别为1125家、40家和1114家,具体见表4-9。

---

① 数据来源:中国人民银行:《中国农村金融服务报告（2017）》,2017年8月25日。

表 4-9　2016 年合作性银行从业人员、法人机构和营业网点情况

机构类型	机构名称	机构内涵	法人机构数（个）	营业网点（个）	从业人员数（人）
合作性银行	农村信用社	为我国农村和农业经济提供金融服务的主力军，其分支机构主要分布于乡镇，为农民提供的信贷额最大	1125	28285	297083
	农村合作银行	由辖内农民、农村工商户、企业法人和其他经济组织入股组成的股份合作制社区性地方金融机构。主要任务是为农民、农业和农村经济发展提供金融服务	40	1381	13561
	农村商业银行	由辖内农民、农村工商户、企业法人和其他经济组织共同入股组成的股份制的地方性金融机构	1114	49307	558172

数据来源：2016 年《中国农村金融服务报告》。

（4）新型农村金融机构

中国银监会统计数据（见表 4-10）显示，截至 2016 年末，全国已组建的村镇银行共计 1443 家，拥有 4716 个营业网点，从业人数达 81521 人；贷款公司共计 13 家，拥有 13 个营业网点，从业人数达 104 人；农村资金互助社共计 48 家，拥有 48 个营业网点，从业人数达 589 人。三类新型农村金融机构共计 1504 家，共开设 4777 个营业网点，拉动就业人数达 82214 人。其中以村镇银行为主，法人机构数量占比达到 95.94%。

表4-10　2016年新型农村金融机构从业人员、法人机构和营业网点情况

机构类型	机构名称	机构内涵	法人机构数（个）	营业网点（个）	从业人员数（人）
新型农村金融机构	村镇银行	主要为农村地区"三农"发展提供金融服务的机构,设立必须经过中国银行业监督管理委员会批准。出资人可以为境内外金融机构、境内非金融机构企业法人、境内自然人	1443	4716	81521
	贷款公司	中国银行业监督管理委员会依据有关法律、法规批准,由境内商业银行或农村合作银行在农村地区设立的专门为县域农村地区"三农"发展提供贷款服务的银行业非存款类金融机构	13	13	104
	农村资金互助社	经银行业监督管理机构批准,由公民自愿入股组成的社区互助性银行业金融机构	48	48	589

数据来源:2016年《中国农村金融服务报告》。

3. 持续性

表4-11　2016年金融机构盈利能力　　　　　（单位:%）

机构名称	利润率	2007年	2008年	2009年	2010年	2011年	2012年	2013年	2014年	2015年	2016年
农村商业银行	资产利润率	0.70	0.79	0.80	1.01	1.20	1.25	1.26	1.38	1.11	1.01
	资本利润率	12.97	13.71	13.36	13.82	15.43	15.94	15.91	17.23	13.95	13.14
农村合作银行	资产利润率	0.84	1.03	1.05	1.19	1.30	1.34	1.32	1.15	0.96	0.63
	资本利润率	13.29	15.87	15.35	16.05	17.06	16.57	14.87	13.0	10.93	7.27

机构名称	利润率	2007年	2008年	2009年	2010年	2011年	2012年	2013年	2014年	2015年	2016年
农村信用社	资产利润率	0.45	0.42	0.41	0.36	0.74	0.82	0.85	0.95	0.80	0.69
	资本利润率	10.36	9.87	9.72	8.34	15.30	16.29	16.14	17.37	14.07	11.83

数据来源:2016年《中国农村金融服务报告》。

近年来,由于存在着实体经济受虚拟经济冲击下滑、县域经济转型升级进度缓慢、农村金融市场竞争程度加剧等多方面原因,主要涉农金融机构盈利水平有所下降(见表4-11),不良贷款略有增加(见表4-12)。

表4-12 2016年金融机构涉农不良贷款 (单位:亿元、%)

项目\机构	余额		比率	
	本期	同比增长	本期	同比增长
全部金融机构	8649	8.7	3.1	0.0
中资全国性大型银行	3043	13.9	2.9	0.3
中资中型银行	1349	34.3	2.0	0.3
中资小型银行	2095	28.3	2.6	0.1
农村商业银行	1554	30.6	2.9	0.1
农村合作银行	58	−27.1	3.3	0.7
村镇银行	93	44.9	1.7	0.3
农村信用合作社	2161	−18.4	8.0	−0.2

数据来源:2016年《中国农村金融服务报告》。

二、市场结构分析

贷款业务是农村金融供给的主要业务,为进一步说明农村金融供求非均衡性的结构特征,本部分通过分析贷款的市场结构来研究新型农业经营主体金融供求的市场结构。

1. 农村市场结构

如表 4-13 所示,以中国农业银行、邮政储蓄银行等为主的中资大型银行在农村贷款中占据了主要地位,两者在农村贷款供给总额中占到 40% 左右。由于网点机构多分布在县城区域,因此银行机构主要向县域提供贷款,农村乡镇范围占比很小。中资小型银行和中资中型银行,居于第二、三位,其中中资小型银行近几年向农村提供的贷款额增速明显,从 2012 年占农村贷款总额的 19.22% 增长到 2016 年的 31.07%,中资中型银行占比稳定在 18% 左右。中资小型银行中,农村商业银行的农村贷款发放数量从 2012 年的 13235 亿元增加到 2016 年的 46107 亿元,占比由 2012 年的 9.10% 攀升至 20.04%;而农村合作银行的农村贷款规模呈现明显下降趋势,从 2012 年的 5023 亿元减少到 2016 年的 1468 亿元,仅为贷款总额的 0.64%;村镇银行农村贷款规模近年增长较快,2012 年仅为 1602 亿元,2016 年发展到 4953 亿元,但是占比仍然较小,从 1.10% 增长到 2.15%。农村信用合作社的农村贷款发放数量自 2012 年至 2014 年呈现上升趋势,由 29063 亿元增至 32094 亿元,2016 年又回落至 24712 亿元。目前中资财产公司对农村的贷款额度很小,占比不足 0.4%。

表 4-13　2012 年、2014 年、2016 年金融机构本外币农村贷款分机构统计表

（单位:亿元、%）

机构	指标	2012 年	2014 年	2016 年
农村贷款总额	总量	145385	194383	230092
中资全国性大型银行	总量	60967	81171	88222
	占比	41.93	41.76	38.34
中资中型银行	总量	27075	34119	44881
	占比	18.62	17.55	19.51
中资小型银行	总量	27946	46379	71497
	占比	19.22	23.86	31.07

续表

机构	指标	2012 年	2014 年	2016 年
农村商业银行	总量	13235	26393	46107
	占比	9.10	13.58	20.04
农村合作银行	总量	5023	3595	1468
	占比	3.45	1.85	0.64
村镇银行	总量	1602	3553	4953
	占比	1.10	1.83	2.15
农村信用合作社	总量	29063	32094	24712
	占比	19.99	16.51	10.74
中资财产公司	总量	333	620	780
	占比	0.23	0.32	0.34

数据来源：2012 年、2014 年、2016 年《中国农村金融服务报告》。

赫芬达尔—赫希曼指数（HHI）是一种综合指数，用来测量产业集中程度和市场份额的变化，也可以测量市场中厂商规模的离散程度，其计算公式为：

$$HHI = \sum_{i=1}^{n} \left(\frac{x_i}{x}\right)^2$$

其中，$\left(\frac{x_i}{x}\right)$ 是各主体参与市场竞争时总收入或总资产在所处行业中的占比。HHI 指数与市场的集中程度和垄断程度成正比，取值范围介于 0 和 1 之间，但通常的做法是将该值放大 10000 倍，因此取值范围介于 0 和 10000 之间。由于 HHI 指数在众多指标中测度效果较好，往往被经济学界和政府管理部门用于测量产业市场集中度，比如美国司法部和日本公正交易委员会，把 HHI 指数值由小到大进行连续分组，每一组对应不同的市场类型和垄断程度，如表4-14 所示。

表 4-14　以 *HHI* 值划分的市场类型

类型	竞争型		低寡占型		高寡占型	
	竞争Ⅱ型	竞争Ⅰ型	低寡占Ⅱ型	低寡占Ⅰ型	高寡占Ⅱ型	高寡占Ⅰ型
HHI 指数	[0,500]	[500,1000]	[1000,1400]	[1400,1800]	[1800,3000]	[3000,10000]

采用上述方法,对农村金融机构农村贷款供给的市场集中度进行测算,结果如表 4-15 所示,2012—2014 年,*HHI* 指数逐年上升,对照表 4-14 的市场类型可以发现,我国农村贷款市场垄断程度比较高,2012 年属于高寡占Ⅱ型垄断市场,2014—2016 年属于高寡占Ⅰ型垄断市场,说明我国农村贷款市场集中度略有提高,市场竞争程度减弱,经营主体的多元化程度有所降低。

表 4-15　2012 年、2014 年、2016 年金融机构本外币农村贷款市场集中度

年份	2012	2014	2016
HHI 指数	2970.47	3084.85	3338.06

数据来源:根据 2012 年、2014 年、2016 年《中国农村金融服务报告》数据计算整理。

总体来看,我国农村贷款市场的供给主体较多,但是市场仍然处在高寡占垄断阶段,大型银行基本控制了县域市场,中资小型银行则基本控制了乡镇市场,农村贷款市场的两极化特征较为明显。

2. 农业市场结构

如表 4-16 所示,2012—2014 年,农村信用合作社提供的农业贷款规模不断减少,由 2012 年的 14760 亿元下降至 2014 年的 14552 亿元,最终降至 2016 年的 10920 亿元,占农业贷款的比重也不断下降,从 54.14% 降到 43.58%,再到 29.81%。以农村商业银行、农村合作银行和村镇银行为代表的中资小型银行的农业贷款逐年增加,2016 年已经达到农林牧渔业贷款总额的近 50%。其中,农村商业银行提供的农业贷款的规模增长最快,2012 年仅为 3306 亿元,2016 年已经增长到 12828 亿元,年均增长 30.2%;与此相反,农村合作银行的农业贷款规

模却呈递减趋势,从 2012 年到 2016 年,农业贷款额由 1370 亿元下降至 730 亿元;村镇银行提供的农业贷款虽然最少,但稳步增加,2012 年为 556 亿元,仅占农林牧渔业贷款总额的 2.04%,2016 年贷款额为 1724 亿元,占比 4.71%。中资全国性大型银行、中资中型银行分别提供了 16%—18% 和 6%—8% 的农业贷款。中资财产公司的农业贷款额度很小,占比 0.1% 左右。由此可见,中资小型银行在农业贷款中逐步占据优势地位,其中,农村商业银行提供的农业贷款量飞速上升,到 2016 年已经取代了农村信用合作社的主体地位。

表 4-16　2012 年、2014 年、2016 年金融机构本外币农业贷款分机构统计表

（单位:亿元、%）

机构	指标	2012 年	2014 年	2016 年
中资全国性大型银行	总量	4348	6008	6200
	占比	15.95	17.99	16.93
中资中型银行	总量	2145	2121	2190
	占比	7.87	6.35	5.98
中资小型银行	总量	5980	10682	17287
	占比	21.94	31.99	47.20
农村商业银行	总量	3306	7057	12828
	占比	12.13	21.14	35.02
农村合作银行	总量	1370	1102	730
	占比	5.03	3.30	1.99
村镇银行	总量	556	1213	1724
	占比	2.04	3.63	4.71
农村信用合作社	总量	14760	14552	10920
	占比	54.14	43.58	29.81
中资财产公司	总量	28	32	30
	占比	0.10	0.10	0.08
农林牧渔业贷款总额	总量	27261	33390	36627

数据来源:2012 年、2014 年、2016 年《中国农村金融服务报告》。

农村金融机构本外币农业贷款的市场集中度如表 4-17 所示,我国农业金融农村贷款市场垄断程度较高,属于高寡占 I 型垄断市场。2016 年我国农业贷款市场集中趋势明显增强,市场竞争和结构多元化程度亟待提高。

表 4-17　农村金融机构本外币农业贷款市场集中度

年份	2012	2014	2016
HHI 指数	3905.47	3757.74	4691.53

数据来源:根据 2012 年、2014 年、2016 年《中国农村金融服务报告》数据计算整理。

3. 农户市场结构

如表 4-18 所示,以农村商业银行、农村合作银行和村镇银行为代表的中资小型银行的农户贷款从 2012 年的 10112 亿元增长到 2016 年的 30381 亿元,从占农户贷款总额的 27.94% 增长到 42.88%。其中,农村商业银行提供的农户贷款的规模增长最快,自 2012 年至 2016 年,贷款规模由 5507 亿元增长到 23735 亿元,总计增长 18228 亿元,年均增长 44.1%;与此相反,农村合作银行的农户贷款规模却呈递减趋势,2012 年贷款额达 2930 亿元,2016 年下降到 989 亿元;村镇银行提供的农户贷款最少,但稳步增加,2012 年为 799 亿元,仅占农户贷款总额的 2.21%,2016 年贷款额为 3234 亿元,占比 4.56%。中资全国性大型银行提供的农户贷款逐年增加,2012 年贷款额仅为 7439 亿元,占比 20.55%,2016 年增长到 23979 亿元,占比 33.85%。中资中型银行提供的贷款额也有明显的增长,但是比重很小,从 1.72% 增长到 2.12%。农村信用合作社提供的农户贷款分别为 17970 亿元、19109 亿元和 14902 亿元,占农业贷款的比重分别为 49.65%、35.66% 和 21.03%,占农业总贷款的比重不断减少。中资财产公司对农户的贷款额度最小,占比不足 0.15%。由此可见,农户贷款主要由中资小型银行提供,农村商业银行取代农村信用合作社成为农户贷款的主体。

表 4-18　金融机构本外币农户贷款分机构统计表　（单位:亿元、%）

机构	指标	2012 年	2014 年	2016 年
中资全国性大型银行	总量	7439	14921	23979
	占比	20.55%	27.84%	33.85%
中资中型银行	总量	623	987	1504
	占比	1.72%	1.84%	2.12%
中资小型银行	总量	10112	18516	30381
	占比	27.94%	34.55%	42.88%
农村商业银行	总量	5507	12684	23735
	占比	15.22%	23.67%	33.50%
农村合作银行	总量	2930	2096	989
	占比	8.10%	3.91%	1.40%
村镇银行	总量	799	2125	3234
	占比	2.21%	3.97%	4.56%
农村信用合作社	总量	17970	19109	14902
	占比	49.65%	35.66%	21.03%
中资财产公司	总量	48	53	80
	占比	0.13%	0.10%	0.11%
农林牧渔业贷款总额	总量	36193	53587	70846

数据来源:2012 年、2014 年、2016 年《中国农村金融服务报告》。

农村金融机构本外币农户贷款的市场集中度如表 4-19 所示,我国农业金融农户贷款市场垄断程度较高,属于高寡占 I 型垄断市场,2016 年我国农户贷款市场集中趋势明显增强,市场竞争和结构多元化程度亟待提高。

表 4-19　2012 年、2014 年、2016 年农村金融机构本外币农户贷款市场集中度

年份	2012 年	2014 年	2016
HHI 指数	3973.11	3835.53	4576.70

数据来源:根据 2012 年、2014 年、2016 年《中国农村金融服务报告》数据计算整理。

第三节　新型农业经营主体金融
服务供求效率分析

供给严格等于需求的理想状态是理论均衡,而此种情况在现实中并非常态,更多存在的是非均衡,即供求不平衡,这时市场上的成交量遵循的原则为"短边原则":若"短边"为供给,"长边"即为需求,需求一方的经济诉求则不能得到百分之百的满足;同理,如果"短边"是需求,"长边"即为供给,供给一方的经济诉求则不能得到百分之百的满足。无论是哪种情况发生,都会影响经济运行的效率,导致经济效率低下或经济无效率。因此,本节从金融供给效率的角度评价新型农业经营主体金融供求的非均衡性问题。

一、金融供求效率的指标体系

研究农村金融供给的有效性,不能单从数量上考量,更重要的是进行效率分析。因此,本研究参照李明贤(2011)和李万超(2014)关于农村金融资源配置效率的评价指标体系,构建新型农业经营主体的金融供给效率评价指标体系。如表4-20所示,构建农村金融资源配置效率的评价指标体系包括一级指标两个,即投入和产出,下设若干二级指标,其中:

农村人均财政支农支出 = 地方财政农林水事务支出 ÷ 农村人口数

农村贷款水平 = 农村贷款金额 ÷ 农村人口数

农村银行金融机构密度 = 农村银行金融业金融机构网点数 ×

$$\frac{10000}{农村人口数}$$

农村银行业金融机构从业人员密度 = 农村银行业金融机构从业人员数 ×

$$\frac{10000}{农村人口数}$$

农村人口 GDP = (第一产业增加值 + 乡镇企业增加值) ÷ 农村人口数

城镇化率 = 城镇常住人口 ÷ 常住总人口

由于农村恩格尔系数与其他指标相比是逆向指标,即数值越大,代表居民生活水平越低,因此,为了保持所有指标在方向上具有一致性,对农村恩格尔系数进行了数据处理,用 1 减去其实际的数值,从而将其转换为正向指标。

表 4-20　中国新型农业经营主体金融供给效率评价指标体系

指标类型	指标名称	代理指标
投入指标	资金	农村人均财政支农支出(元/人)
		农村人均贷款水平(元/人)
	组织机构	农村银行金融机构密度(个/万人)
	人力资源	农村银行业金融机构从业人员密度(个/万人)
产出指标	经济发展	农村人均 GDP(元/人)
	社会发展	城镇化率(%)
	居民生活	农村居民人均纯收入(元/人)
		农村恩格尔系数

二、金融供求效率的评价模型

新型农业经营主体金融供给模型为:

$$D_i = \sum_{j=1}^{m} \delta_j D_{ij} \tag{4.1}$$

其中,D_i 表示地区 i 的农村金融资源投入情况;D_{ij} 表示第 i 个地区的第 j 种要素的投入情况;δ_j 是权重,表示第 j 种要素的投入对农村金融资源投入情况影响的重要性;m 表示投入要素的数量。

新型农业经营主体金融产出模型为:

$$O_i = \sum_{j=1}^{n} \lambda_j O_{ij} \tag{4.2}$$

式中，O_i 表示地区 i 的农村金融资源产出情况；O_{ij} 表示第 i 个地区的第 j 种产出的数值；λ_j 表示第 j 种投入指标所对应的综合产出效果影响，即为权重；n 为产出指标的总个数。

由公式 4.1 和 4.2 可计算出各地区农村金融资源投入和综合指标，公式为：

$$E_i = O_i / D_i \qquad (4.3)$$

根据 E_i 取值大小来判断各地区农村金融资源配置效率差异，E_i 越大就表示资源配置效率效果越好。

三、金融供求效率的测算

1. 数据来源

本节研究所需数据主要来源于 2005—2017 年的《中国统计年鉴》《中国金融年鉴》《中国农村统计年鉴》以及中国银行保险监督管理委员会网站公布的 2004—2016 年权威数据，以中国大陆地区 31 个省、自治区和直辖市为研究范围。计算过程中对已选定指标进行算术平均消除异常值。

2. 新型农业经营主体金融投入和产出指标权重的确定

（1）主成分的确定

表 4-21　KMO 和 Bartlett 的检验

检验结果		投入	产出
取样足够度的 Kaiser-Meyer-Olkin 度量		0.601	0.592
Bartlett 的球形度检验	近似卡方	53.566	58.737
	df	6	6
	Sig.	0.000	0.000

使用 Eviews 软件对有关数据进行检验，结果如表 4-21 所示，检验结果符

合因子分析的条件,可进行因子分析,进一步进行主成分分析。

表4-22　解释的总方差

成分	提取平方和载入					
	特征值	方差的%	累积%	特征值	方差的%	累积%
1	2.25656.408	56.408	2.357	58.925	58.925	—
2	1.076	26.893	83.301	0.990	24.743	83.668

对新型农业经营主体的金融供给投入指标进行主成分分析的结果如图4-22所示,根据初始特征值大于1,并且累积百分比达到80%—85%的原则,可知第一成分和第二成分特征值较为显著。

(2)指标的综合线性组合

表4-23　成分得分系数矩阵

指标	成分		指标	成分	
	1	2	1	1	2
农村人均财政支农支出	0.318	-0.306	农村人均GDP(元/人)	0.075	0.994
农村人均贷款水平	-0.050	0.881	城镇化率(%)	0.404	0.002
农村金融机构密度量	0.412	0.185	农村人均纯收入(元/人)	0.390	-0.123
农村金融机构从业人员密度量	0.411	0.159	农村恩格尔系数(%)	0.322	-0.085

由表4-23可以得到两个主成分中投入和产出指标的线性组合分别为:

投入:$A_1 = 0.318D_1 - 0.050D_2 + 0.412D_3 + 0.411D_4$

$A_2 = -0.306D_1 + 0.881D_2 + 0.185D_3 + 0.159D_4$

产出:$B_1 = 0.075D_1 + 0.404D_2 + 0.390D_3 + 0.322D_4$

$B_2 = 0.994D_1 + 0.002D_2 - 0.123D_3 - 0.085D_4$

根据两个主成分的贡献率可以得到综合线性组合为:

$$X = 0.09709404D_1 + 0.20859690D_2 + 0.28214746D_3 + 0.27459198D_4$$

$$Y = 0.29011310D_1 + 0.23857200D_2 + 0.19939680D_3 + 0.16872560D_4$$

（3）权重的确定

由综合线性组合模型所计算的相关系数结果，根据 $\omega_{xi} = \dfrac{|C_{xi}|}{\sum_{j=1}^{n}|C_{xj}|}$ 公式计算各投入产出指标所占的权重，其中 X_i 指标所占的比重用 ω_{xi} 表示，指标 X_i $|C_{xi}|$ 的绝对值用 $|C_{xi}|$ 表示，成分中所有指标系数绝对值的综合数值用 $\sum_{j=1}^{n}|C_{xj}|$ 表示。农村金融资源各投入产出指标的权重如表4-24所示。

表4-24　投入产出权重

投入指标	农村人均财政支农支出（D1）	农村人均贷款水平（D2）	农村银行金融机构密度（D3）	农村银行业金融机构从业人员密度（D4）
权重	0.11256883	0.24195890	0.32711597	0.31835630
产出指标	农村银行业金融机构从业人员密度（O1）	农村人均GDP（O2）	城镇化率（O3）	农村居民人均纯收入（O4）
权重	0.32349540	0.26602364	0.22234069	0.18814026

3. 新型农业经营主体金融投入产出效率的测算

根据上述三个模型的实证分析结果，可以计算得出31个省（市、区）的投入指标、产出指标和效率指标，计算结果如表4-25所示。

表4-25　中国各地区新型农业经营主体金融投入产出效率指标

地区	山东	北京	甘肃	上海	重庆	河北	广东	海南
投入指标 D	0.340	0.205	0.229	0.060	0.367	0.671	0.221	0.512
产出指标 O	1.152	0.459	0.405	0.102	0.594	1.054	0.264	0.484
效率指标 E	3.389	2.236	1.768	1.696	1.616	1.570	1.195	0.945

地区	广西	浙江	新疆	云南	天津	贵州	福建	青海
投入指标 D	0.069	0.510	1.674	0.299	0.656	0.582	0.819	0.432
产出指标 O	0.063	0.425	1.388	0.208	0.393	0.339	0.454	0.236
效率指标 E	0.920	0.834	0.829	0.697	0.598	0.583	0.554	0.546
地区	江苏	黑龙江	四川	安徽	西藏	江西	湖北	湖南
投入指标 D	0.286	1.160	1.154	1.021	0.223	1.089	0.670	0.421
产出指标 O	0.145	0.587	0.577	0.499	0.109	0.500	0.257	0.150
效率指标 E	0.508	0.506	0.500	0.488	0.487	0.459	0.384	0.357
地区	山西	辽宁	吉林	陕西	河南	宁夏	内蒙古	—
投入指标 D	0.197	0.187	0.515	1.724	0.764	1.843	0.382	—
产出指标 O	0.067	0.059	0.129	0.387	0.167	0.371	0.073	—
效率指标 E	0.342	0.315	0.251	0.224	0.218	0.202	0.192	—

四、金融供求效率的评价

（一）中国农村地区金融资源配置效率的整体水平仍有待提高。有 24 个省（市、区）的效率值不足 1，只有 7 个省（市、区）的效率值大于 1，其中只有山东和北京的效率值高于 2。

（二）分区域产出效率如表 4-26 所示，北部沿海地区的金融资源配置效率最高，平均为 1.948，其中山东达到 3.389，居全国首位；其次是东部沿海地区，其中上海为 1.696，位居全国第 4；黄河中游地区效率最低，仅为 0.244。

表 4-26　中国八大经济区域新型农业经营主体金融投入产出效率

八大经济区域	北部沿海	东部沿海	南部沿海	西南地区	大西北地区	长江中游	东北地区	黄河中游
效率值	1.948	1.013	0.898	0.863	0.766	0.422	0.357	0.244

农村金融的资源配置效率一定程度上受到了经济与金融相互适应性的影响,即农村金融供求结构的协调性。农村金融资源配置效率最高的是沿海地区,是因为经济的快速发展能够在很大程度上满足商业发展所需要的金融条件;而中部地区诸多省市区的农村金融资源配置效率还有待提高,经济发展水平尚不能满足商业银行发展的需求;西部地区的农村金融资源配置效率介于沿海和中部地区之间,国家支持力度大,农村信用社商业化改革速度慢,使得地区经济金融目前实现了较低水平相互协调。

第四节　新型农业经营主体金融服务供求不平衡影响因素

由于新型农业经营主体与生俱来具有弱质性,对金融的需求存在以下特点:一是需求规模较大,更注重生产性融资;二是需求种类多样化,覆盖面涉及各产业及各环节;三是需求时间长且较为稳定,同步于农业生产的投资和收益周期;四是需要提升金融供给的便捷性和灵活性;五是需要完善农业风险分担机制。目前,我国农村金融产品仍然相对单一,总体上仍处于传统金融供给曲线的"尾部",新型农业经营实体很难满足上述融资需求,一些问题亟待解决。

一、金融机构信贷条件苛刻

新型农业经营主体自身产业基础薄弱,对金融资源的吸纳能力有限,很大程度上容易受到资金需求量、期限、利率承受能力等方面的影响。

(一)贷款资金量

新型农业经营主体对贷款的需求增加是由于新型农民总体数量的增加和个人需求的增大。目前,银行机构针对新型农业经营实体,特别是大型的专业大户、家庭农场和专业农民合作社提供的融资服务,多数以农民家庭贷款或自雇家庭贷款的形式提供。单户最高贷款限额一般为 80 万元。

（二）贷款期限

由于农作物类型和管理方法的不同,新型农业经营主体对资金需求的特定期限也不同,总体呈现期限拉长的趋势。与传统的农户管理模式不同,新型的农业管理集约化和现代化程度更高,土地流转经营的规模更大。同时,由于农业自身存在弱质性,对天气情况和市场行情的依赖性较强,若遇到自然灾害或市场波动明显的情况,则可能在短期内出现亏损。3—5 年内可以达到农业生产的平均利润水平,农业的获利期更长。因此,新的农业经营者的资本需求倾向于中长期贷款。但对于银行业金融机构来说,中长期贷款审批手续复杂、时间长,更倾向于对新型农业经营主体发放 1 年期以内的短期贷款。

（三）贷款利率

金融机构的贷款利率较高,新型农业经营主体望尘莫及。例如从事种植业和禽畜养殖业的家庭农场年收益率为 8% 左右,对于金融机构年利率为 10% 左右的各种贷款是无力承担的。

二、新型农业经营主体金融需求多样化

随着新型农业经营主体的逐步发展,其对金融服务的需求也呈现出多样化的趋势,这与相对单一的金融供给相矛盾。

（一）农村金融供给主体较为单一

目前,管辖范围内的大型国有商业银行和中小型农村金融机构是支持新的农业经营实体的主要力量。政策性银行、股份制银行、邮政储蓄银行和城市商业银行受到分支机构或信贷管理模式的限制,它们对发展新的农业商业实体的支持相对薄弱。涉农贷款涉及多主体、多种类,从表面看覆盖范围广,但

从生产实践应用效果来看,产品设计尚存在一些问题,如产品周期与农业生产周期不匹配,即与农业资金需求在时间上不同步;产品品种与农业经营品种不匹配,针对性不强,即与农业资金需求在空间上不同步。

(二)农村金融创新不足

一方面,在农村金融市场自由竞争不完善的情况下,银行机构生存压力不足,缺乏创新动力;另一方面,从基层银行到省级银行,乃至总行的审批,国家银行的产品创新链比较长,影响了创新的效果。农村中小金融机构创新链虽然短,但创新能力不足,也难以提高金融服务效率。

(三)基层服务网点分布不均衡

在国家政策的支持和大力倡导下,新型农村金融机构数量、涉农贷款量均不断增加,机构的绩效逐年上升。但呈现金融机构数量少、地理分布不均衡现象。特别是在省域范围内,所设置的农村合作银行、农村基金互助组和贷款公司平均数量较小,其中合作银行不超过45个,农村基金互助小组不到2个,贷款公司甚至不足1个,这就意味着有的省目前尚未成立贷款公司。随着经济水平的发展和农民素质的提高,将会有越来越多的新型农业经营主体涌现出来,对金融产品和金融基层服务网点的需求日益增加,迫切要求各种服务网点在县域范围内均匀分布,增强政策了解和业务处理的便利性。

三、新型农业经营主体信贷风险较大

目前部分新型农业经营主体运营不规范,信贷风险相对较大,相应的风险分担与补偿机制及资产评估体系也不完善,导致一些银行业机构有"慎贷"心理。

(一)新型农业经营主体运营不规范

目前,新型农业经营主体多数以个体、家庭为单位从事生产经营。新型经营主体的进入门槛低,管理较为松散,有的经营主体仅办理工商登记,尚未办理税务、组织机构代码等相关手续。财务管理主要依靠家庭成员,账本多为流水账形式,银行业机构难以通过新型农业经营主体提供的财务信息准确判断其经营实力。

(二)信贷风险分担与补偿机制有待完善

农业是弱势产业,受自然因素影响大,在支持新型农业经营主体的过程中,银行需要担保、保险来分担缓释风险。因农业保险赔付率较高,一些商业性保险公司开展农业保险业务的积极性不高,"信用+保险"金融产品的创新步伐缓慢、覆盖范围狭窄。同时,由于新农业商业实体的融资担保利润率低,商业担保公司通常不愿为新农业商业实体提供信用担保。此外,针对新的农业经营实体的贷款风险补偿机制不健全、不完善,也影响了银行业机构放贷的积极性。

(三)缺乏相应的资产评估体系

农村产权价值与土质、区域气候环境、技术水平和市场需求变化等息息相关,目前县域农村地区缺乏配套的认证评估机构,难以为银行业机构提供全面、准确、专业的评估服务,可能会影响抵押物的足额变现,加之缺乏有效的产权流通市场,银行业机构往往较难顺利开展相关信贷业务。

四、新型农业经营主体缺少有效抵押物

随着经济的进步,农业发展得到了越来越多的政策倾斜和金融支持,金融对"三农"发展的支持力度日益增加,但新型农业经营主体作为贷款主体,因质押、抵押物缺少,贷款难仍然没有得到有效化解。

新型农业经营主体主要的资产是农用机具、果园、大棚、农产品、活体畜禽等生产和消费资料以及房屋和通过流转拥有经营权的土地。一方面,农用机

具、果园、大棚、农产品、活体畜禽等生产和消费资料虽然客观上存在价值，但是，单位价值低，难以保存，价值认识不充分，难以成为合格的贷款抵押品；另一方面，农房和流转土地贷款抵押还存在一些制度障碍。

因此，在信贷实践中，银行业机构往往要求新型农业经营主体或农户家庭在承担无限连带责任的基础上，共同担保或由担保公司、实体公司或具有固定收入的人提供担保，在一定程度上制约了新型农业经营主体向银行融资的积极性。

五、保险体系不完善

农业保险在农业的规模化、产业化、集约化发展的推动下快速发展，助力农业发展和脱贫攻坚，根据中国保监会公布的数据，2007 年至 2017 年期间农业保险提供的风险保障从 1720 亿元增长到 2.79 万亿元，年均增长率 32.13%，累计提供风险保障 6.35 万亿元，向 28737.14 万户次的受灾农户支付赔款 1878.49 亿元。2017 年全年，向 2.13 亿户提供 2.79 万亿元风险保护资金，同比增长 29.24%；支付赔款 334.49 亿元，增长 11.79%。贫困和受灾家庭惠及 47371400 户，增长 23.92%。虽然成效显著，我国农业保险面向新型农业经营主体的供给尚存在以下问题。

（一）保险制度不完善

农业保险受自然因素影响最大，损失率不可控，补偿标准不能完全明确或量化。保险业的发展和新型农业的壮大尚未有效匹配，没有解决农业发展的后顾之忧，影响了新农业经营者队伍的壮大。

（二）理赔程序实施复杂

随着科技的传播和教育的普及，新型农户的文化水平较传统农户有明显提高，有较强的保险意识，其他新型农业经营主体经营规模大，同时也会承担较大的生产风险,因此倾向于选择农业保险提供的风险保障。但按照保险公司现行的规定,理赔案件审核程序细化、复杂,部分案件的审核权限未下放至市级以下公司,影响了赔付效率,不能及时满足新型农业经营主体急需赔付资金进行灾后重建和恢复生产的要求。

(三)信息不对称

农户和农业保险机构之间的信息不对称:一方面,农民的农业保险意识不足,部分农民对农业保险缺乏了解,甚至对保险公司缺乏信任;另一方面,保险公司对农户的风险和信用评估难,无法掌握农户的量化信用指标。再加上农业本身弱质性的特点,农业保险承保风险较大,大多数金融机构对农业保险的投放,特别是对大规模的新型农业经营主体比较谨慎。综上所述,目前农业保险对发展新的农业商业实体的支持还远远不够。

小　　结

本章分别从总量、结构、效率三个方面对新型农业经营主体金融供求的不平衡进行分析,通过分析发现,我国新型农业经营主体金融供求发展较不平衡。

一、农村金融供求总量方面

(一)存贷差额较大且呈现上涨趋势

存贷差额变动与经济发展的水平相关,当经济发展到一定程度,财富创造能力增强,农村的财富积累快速增加,农村金融机构的存款数额同步增长。同时,资产多元化发展,贷款不再是银行业的唯一选择,非贷款资产逐年增加。

(二)农村大量资金通过金融机构流出

资金对农村经济发展至关重要,但是由于农业本身具有弱质性的特点,容易受自然环境的影响,使农业投入不足。农村经济发展水平低,投资回报率低,而资本具有逐利性,大量资本通过金融机构的作用向城市聚集,资本流到城市后不能有效转化为对农村地区投资,进而阻碍农村经济更快更好地发展。

(三)农业信贷配给度逐年上升

近年来农村贷款占整个贷款比例逐年下降,农村资金通过金融机构大量外流,乡镇企业和农户贷款难,金融机构放贷难,贷款供给不足,导致农业信贷需求缺口不断扩大,农业信贷配给度逐年上涨。

(四)农村金融供求缺口呈现扩大趋势

农村金融缺口呈扩大趋势,不仅表明我国农村和城市之间的金融融量水平差距在逐年扩大,也表明农村经济发展速度落后于城市经济的发展速度和国民经济的发展速度。

二、农村金融供求结构方面

(一)组织结构

金融机构积极利用移动互联网等新兴技术扩大金融服务的覆盖面和便利性。目前,我国人均持有银行账户数量、银行网点密度等基础金融服务水平已达到国际中上游水平。为新型农业经营主体融资提供支持的主要是银行类金融机构,其中政策性银行、商业性银行、合作性银行和新型农村金融机构是主体。

(二)市场结构

目前,我国农村、农业、农户贷款市场都属于高寡占Ⅰ型垄断市场,说明为新型农业经营主体提供贷款的农村金融机构过于集中,市场竞争程度和多元化结构不够完善。中资全国性大型银行是农村贷款的主体,基本控制了县域市场,中资小型银行则主要向乡镇市场输送贷款。农业和农户的贷款主要来源于中资小型银行,其中的农村商业银行已经取代农村信用合作社的主体地位,成为向村业、农户提供贷款的主力。

三、农村金融供求效率方面

留在农村的那部分资金尚未物尽其用,未被配置到最能发挥其功效的领域,金融供给效率低下,未能有效地促进农村的物质和人力资本积累、技术进步,以及农村经济的增长。

第五章　金融支持新型农业经营主体的典型模式及成效

新型农业经营主体的金融服务供给与需求的不平衡成为阻碍农业农村健康发展的重要因素。从金融机构与创新实践来看,中国农业发展银行、中国邮政储蓄银行、中国农业银行都积极和地方政府合作,对金融产品、金融服务因地制宜地进行创新。从金融支持新型农业经营主体的地方样本来看,基层组织在农村金融体系中发挥了重要作用,多个金融机构相互协作,在有效防范风险的前提下,最大限度地使地方农业农村金融服务需求得到满足。这三个领域的实践蕴含了宝贵的经验,对于今后我国农村金融在机构、产品、服务方面的创新有较强的借鉴意义。

第一节　银行主导金融支持新型农业经营主体的模式及成效

一、中国农业银行支持新型农业经营主体的模式及成效[①]

中国农业银行坚持服务"三农"定位,不断创新"三农"金融产品服务。积

[①]　本部分数据来源于中国农业银行网站,http://www.abchina.com/cn/。

极贯彻落实中央关于构建新型农业经营体系、培育新型职业农民的要求,重点关注家庭农场、专业大户等新型农业经营主体,通过加强产品创新意识、提升服务水平、加大贷款投放力度,取得了积极成效。自 2017 年至今,中国农业银行支持家庭农场主要指农业专业大户共计 35.88 万户,共计贷款余额达 675 亿元;涉农贷款余额达到了 3.08 万亿元,较年初增加了 3586 亿元,同比增加 1414 亿元;农业产业化中的龙头企业的贷款余额共计 1556 亿元;农业产业化龙头企业金融服务日趋完善,国家级和省级覆盖率分别达到了 83% 和 59%(见表 5-1)。具体做法如下。

一是提高金融服务覆盖率。主要采取优化提升物理网点、推进金穗惠农通工程以及建设离行式自助型银行和金融便利店等有效措施。截至 2017 年末,中国农业银行在县域地区拥有 1.27 万个网点,占全行的 54%;共建设“金穗惠农通”工程服务点 62 万个,布放电子机具 87.2 万台,行政村覆盖率达到 74.4%;设立乡镇离行式自助银行超过 1200 家,极大地提高了中国农业银行的全国金融服务覆盖率。

二是创新业务模式与服务方式。中国农业银行不仅加快了对于批发式作业、农户贷款信用、产业链金融等新兴业务模式的探索脚步,还对其服务模式进行创新性完善。中国农业银行对我国粮食种植业的支持力度尤为突出,投资于种植业的家庭农场和专业大户贷款在整个银行内部占比约为 53%,其已经支持种粮大户共计 7.8 万户,贷款余额高达 84 亿元。与此同时,中国农业银行着重关注关乎我国粮食安全的东北地区以及西北地区,对这些地区的信贷投放较为宽松。其中,农行的四家分行投资家庭农场以及专业大户的贷款余额共计 176 亿元。

三是发展互联网金融业务以及流动性金融服务。以“惠农、富农、强农”为指导原则,在推进帐篷银行、马背银行、汽车银行等新型流动金融服务创新的同时,着重提升对于专项信贷产品的创新能力和水平。我国于 2015 年,修订了以农户小额贷款为主的贷款管理制度,此次修订不仅在贷款担保方式方面作出了优化,而且还调高了针对新型农业经营主体的贷款额度,加强了对新型农业经营主体的支持力度。截至 2016 年末,农业银行在全行范围内推出了43 项"三农"特色产品,根据各地区特点,因地制宜地推出 150 项区域性"三农"特色产品。例如农行江西分行为支持当地特色农业的专业大户扩大其经营规模以及增强其竞争力,有针对性地提供了"金穗油茶贷款"专项创新产品,有助于赣南油茶产业发展。

四是有序开展农地金融业务试点。为缓解专业大户等客户抵押担保难等问题,根据中央下发的《农村土地经营权抵押贷款管理办法》,结合试点地区实际情况,创新推出系列组合担保方式,逐步扩大业务试点。截至 2017 年末,农业银行有约 150 家支行对农村土地经营权抵押贷款业务进行试点,贷款余额共计 8 亿元。

五是做好新型农业经营主体建档以及业务培训工作。中国农业银行对基层专业大户和家庭农场的基本情况进行深入了解,广泛地进行新型农业经营主体的档案建立工作,已经分级建立了约 28 万户的名单,很好地支持了客户营销工作。同时,对一批有影响力的专业大户和家庭农场组织培训,到 2017年,中国农业银行共举办了 1000 余期新型农业经营主体培训班,近 3.2 万名建档人员接受了培训。

表 5-1　中国农业银行县域金融业务开展情况

年份 项目	2008	2010	2012	2014	2016
县域贷款余额(亿元)	8323	15053	20495	26516	31775
县域存款余额(亿元)	25143	36123	45525	53257	64212
营业利润(亿元)	134	339	624	774	628
县域金融业务不良贷款率(%)	5.51	2.51	1.64	1.83	3.02
累计发放惠农卡(亿张)	—	—	1.28	1.61	1.94

数据来源:中国农业银行。

（一）中国农业银行黑龙江分行支持新型农业经营主体案例

基本模式：黑龙江省是全国的产粮大省,粮食总产量、商品粮总量、耕地面积及人均耕地面积均居全国首位。2015年,黑龙江分行在充分总结前期农户贷款业务经验的基础上,制定了《中国农业银行黑龙江省分行农户贷款转型发展与集中经营管理实施方案》,把积极推动农业贷款业务落实到专业大户、家庭农场等新型农业经营主体上来。在明确经营发展目标之后,建立黑龙江分行新型农业经营主体信息数据库,筛选建立营销目录库,确定了7万户重点储备客户,实施客户名单制管理。在金融服务上推出五大创新:一是积极推进银政合作农户贷款业务,与省财政厅合作,对与省财政厅、省供销社合作的种粮大户发放生产资料财政贴息贷款;二是创新垦区服务模式,针对垦区独特的农业生产管理模式,从贷款额度、循环方式、信用评级三个方面总结提炼之后,创新推出了农垦大户贷款产品;三是打造个性化农户贷款服务模式,结合产业链实际,在广泛调研的基础上,为客户量身打造了专属信贷产品;四是依托全省农村土地经营权改革,在12家县支行试点开展土地经营权抵押贷款业务;五是与农发行全方位合作,代理粮食收购贷款支付,成为粮食直补优先主办代理结算行(见图5-1)。

模式成效：通过施行以深化服务新型农业经营主体为目标的农户贷款业务经营转型,2015年全行农户贷款业务总体成绩良好。全行联保方式农户贷款余额达峰值364亿元,较同期下降18.82个百分点;峰值时全行专业大户(家庭农场)户数为61962户,贷款余额达686亿元,贷款余额以及专业大户数量均位居全国第1位,分别占全系统的15.85%和34.16%;全年累计发放农户贷款78.36亿元,峰值增量35.7亿元,位居全国第1位,年末增量1.49亿元;全行农户不良贷款余额较年初下降1.59个百分点。

基本经验：一是定位精准。黑龙江分行上下切实地把农户贷款业务作为全行战略业务的重要抓手,明确提出要把支持新型农业经营主体作为业务重

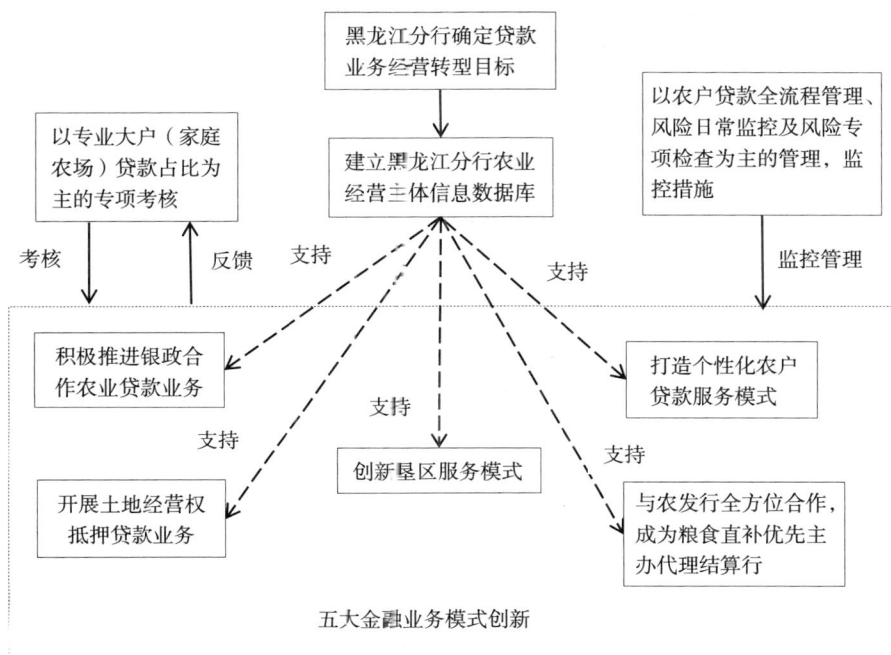

图 5-1　黑龙江分行支持新型农业经营主体具体措施

心,与农垦、森工、财政、农委、水利等涉农主管部门建立定期联络机制、产品对接机制、银政联动机制,搭建起服务现代农业的银政合作平台。二是管理精细。各级行根据区域经济发展、金融环境、同业比较优势,制定本级行农户贷款业务经营管理方案,明确总体目标、发展模式准入标准、流程职责、管理措施、监督机制、绩效激励和风控目标,并严格执行。省行进行审核,并监督落实,确保农户贷款工作科学、合理、有效。三是严控风险。组织农户贷款风险排查和农户问题贷款检查工作,细致排查,摸清底数,化解风险,为今后发展打下了坚实基础。对违规违纪行为始终保持"零容忍"态势,在不良贷款责任追究上坚持按上限处理。通过严管严控,有效遏制风险上升势头。

(二)中国农业银行安徽分行支持银保合作农户贷款案例

基本模式:安徽分行为适应农业规模化、集约化经营和现代农业发展的趋势,探索金融服务家庭农场的新模式。2014 年,通过与国元农业保险股份有限公司合作,联合开发并推广了家庭农场保证保险贷款产品。保证保险贷款业务在合作中稳步健康发展,家庭农场受益面不断扩大,有效缓解了家庭农场贷款担保难问题,同时也助推了分行农户贷款业务转型升级发展。通过银行和保险相结合,为借款人借款提供保险,降低相关风险,银保合作支持对象为省内家庭农场和农业规模经营农户;合作贷款总额度不超过 5 亿元,单户贷款最高限额为 300 万元。同时,双方还建立风险分担机制和风险叫停机制,来降低贷款风险。在合作协议签订下发后,市、县级有关银行和保险机构根据自身实际情况制定相关的贷款和保险政策,合理选择开展政策类保证保险业务或者商业类保证保险业务,并对业务操作流程中客户互荐制、联合调查制、独立审批制、信息交互制及理赔追偿制这五个关键环节进行标准化和规范化。安徽分行支持银保合作农户贷款的具体运作模式如图 5-2 所示。

模式成效:通过以银保合作整合资源保证保险贷款为目标的探索,成效显著。截至 2016 年 1 月底,已有 51 家支行与国元保险合作开办了家庭农场保证保险贷款业务,其中县域支行 48 个,覆盖率达到 66.7%;贷款累计发放 288 笔共 1.8 亿元,占该行家庭农场和专业大户贷款余额的 26.8%。18 个县的政府部门配套建立了融资风险补偿基金,规模达 7530 万元。经历了多贷款周期的检验,保证保险贷款质量良好,不良率为零。

基本经验:一是利益共联共享、风险共管共担。银行与保险公司创新银保合作,增加了各自的业务领域,又积累了优质的客户基础。双方不仅实现了利益共享,而且通过有关客户和政策信息的共享有效提高了自身的风险管控意识和管控能力。二是开展有效合作、提高工作效率、整合了外部资源。农业金融是国家重点关注和扶持的项目,银行和保险进行合作有效地整合了资源,同时获得了政策上的支持,拓宽了风险的社会分担渠道,提升了自身的业务水平,也规范了行业标准。三是信息标准化、流程规范化。银行和保险机构通过运用自身的专业知识,帮助农业金融的融资者,为其提供更加标准的服务。通

```
┌─────────────┐            ┌─────────────┐            ┌─────────────┐
│中国农业银    │  提供农户贷款│银保合作总    │  提供保证保险│国元农业保险公司│
│行安徽分行    │ ──────────→│体约定框架    │←──────────│             │
└─────────────┘            └─────────────┘            └─────────────┘
                                  │
                          合作协议签订下发
                                  ↓
┌─────────────┐            ┌─────────────┐            ┌─────────────┐
│风险分担机制  │   分摊风险  │市、县级农行和国元保│  降低风险  │风险叫停机制  │
│             │ ──────────→│险机构因地制宜地细化│←──────────│             │
└─────────────┘            │合作签约      │            └─────────────┘
                           └─────────────┘
                                  │
                                  ↓
                     ┌─────────────────────┐
                     │规范客户互荐制、联合调查制、独立│
                     │审批制、信息交互制及理赔追偿制│
                     └─────────────────────┘
                                  │
                                  ↓
                     ┌─────────────────────┐
                     │地方政府能否配套      │
                     │建立风险补偿基金      │
                     └─────────────────────┘
              能   ┌──────────────┴──────────────┐   不能
                  ↓                               ↓
         ┌─────────────────┐            ┌─────────────────┐
         │政策类保证保险业务 │            │商业类保证保险业务 │
         └─────────────────┘            └─────────────────┘
```

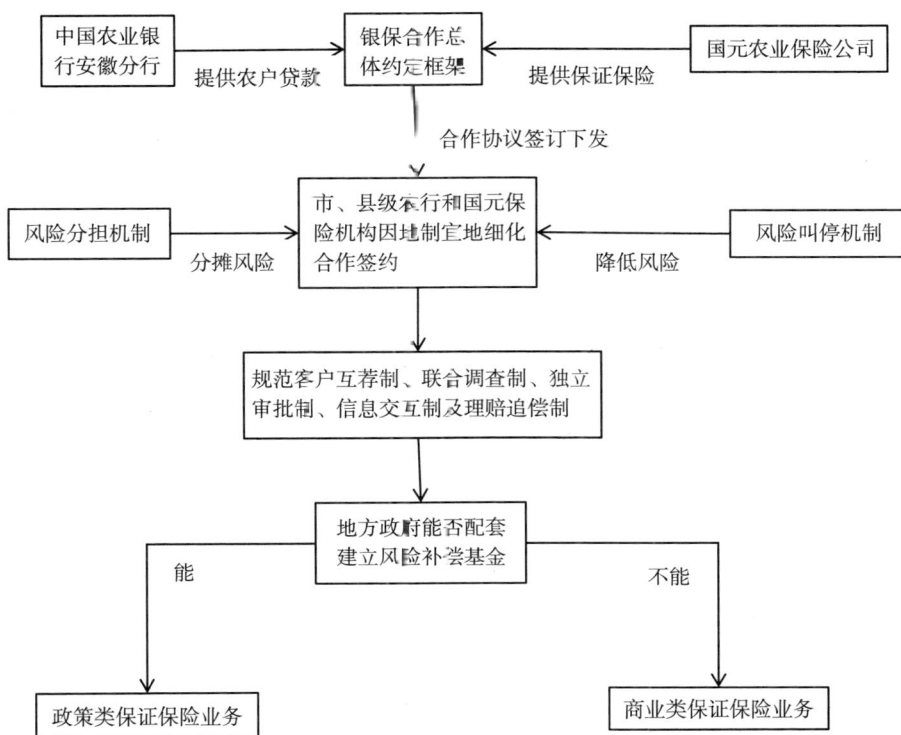

图 5-2 安徽分行支持银保合作农户贷款模式

过保险和银行相结合,有力保障了贷款的业务量和贷款的质量,规范了相关的业务流程。零售业务运作重心下移,是保证业务效率的一个关键点。为了解决重心下移后"多样化高效优选客户、多元化解决担保"两个问题,农行在建立和做大保证保险贷款业务的同时,还建立了"政银担"、政府融资风险补偿基金、安徽农业担保公司担保的多种担保平台,为家庭农场贷款提供了四种贷款套餐,有效保证了担保的质量,为挂动贷款业务的发展发挥作用。

二、中国邮政储蓄银行支持新型农业经营主体的模式及成效[①]

2016 年中央一号文件明确提出,支持中国邮政储蓄银行建立三农金融事

---

① 本部分数据来源于口国邮政储蓄银行网站,https://www.psbc.com/cn/grfw/。

业部,打造专业化为农服务体系,目的是抓住农村经济发展机遇、更好地服务农村市场、提升涉农金融服务能力。2016 年 9 月 8 日,中国邮政储蓄银行成立三农金融事业部,随后在内蒙古、吉林、安徽、河南、广东 5 家省级分行设立了三农金融事业部。2017 年中央一号文件再次督促中国邮政储蓄银行完善三农金融事业部运作机制,加大支持三农金融服务力度。目前,中国邮政储蓄银行的三农金融事业部正在稳步推进运作机制改革工作,截至 2017 年 9 月末,涉农贷款余额超过 1 万亿元,占各项贷款比重超过 30%。中国邮政储蓄银行支持新型农业经营主体的具体措施与成效如下。

一是完善县域地区的金融服务网络。到 2017 年,中国邮政储蓄网点数量约为 4 万个,其中 70%以上的网点广泛分布在县级及县级以下区域。除此之外,通过 15 万个邮政银行卡助农取款点及 10 多万台自助终端设备来覆盖中国(港澳台除外)高达 99%的县域农村地区,服务客户人数达 5.39 亿人,在我国普惠金融工作中发挥中流砥柱的作用。

二是提升县域农村地区支付结算等基础业务服务质量。依托其独有的资源优势,客户覆盖城乡各个地区,通过增强自身的存款能力和资金实力,维护金融市场的稳定。截至 2017 年末,中国邮政储蓄银行存款总额 8.06 万亿元,较上市时增长近 20%,存款总额在总负债中占比为 94%,个人存款在存款总额中占比超过 85%,核心负债优势进一步夯实。

三是推进电子银行助农服务创新。将金融科技作为自己发展的重要战略之一,中国邮政储蓄银行积极推动金融平台的网络建设,积极打造智慧邮储银行,同时不断推进产品升级换代,促进电子银行服务创新。截至 2017 年末,中国邮政储蓄银行电子银行客户数量突破 2.34 亿户、手机银行突破 1.75 亿户、电子银行交易替代率达 86.97%,电子银行交易金额 14.12 万亿元,同比增长 35.38%。

四是通过与政府有关部门、协会、农业产业化龙头企业、涉农担保公司、保险公司等机构平台合作,构建"银政、银协、银企、银担、银保"五大平台,探索

"风险共担、利益共享"的支农新模式和新机制。而且采用农业龙头企业为新型农业经营主体担保的形式,同时引入"公司+新型农业经营主体"的贷款模式,增强风险抵御能力;积极尝试增加抵质押物的范围,除普通抵质押物外新增土地承包经营权、大型农机具、大额农业订单和涉农直补资金等。

(一)中国邮政储蓄银行山东分行"龙头企业+"信贷服务新模式

基本模式:2016年9月,山东分行以供应链金融为基础,针对农业龙头企业特点,创新推出"龙头企业+"信贷服务新模式,为农户以及家庭农场等提供贷款支持的基础是核心企业所提供的产业链上下游的养殖户、种植户、加工户、运输户以及销售户的交易数据。同时,由于山东农业龙头企业具有数量多、产业链长等特点,针对各类龙头企业的供应链所独有的特色,山东分行分别设计了7种不同的信贷服务模板。紧密围绕核心龙头企业,通过产业链立体获取各类信息,将单个企业不可控风险转变为供应链企业整体的可控风险。在提升供应链整体运转效率和可操作性的同时,有助于解决供应链客户贷款难、担保难、效率低和利率高等问题(见图5-3)。

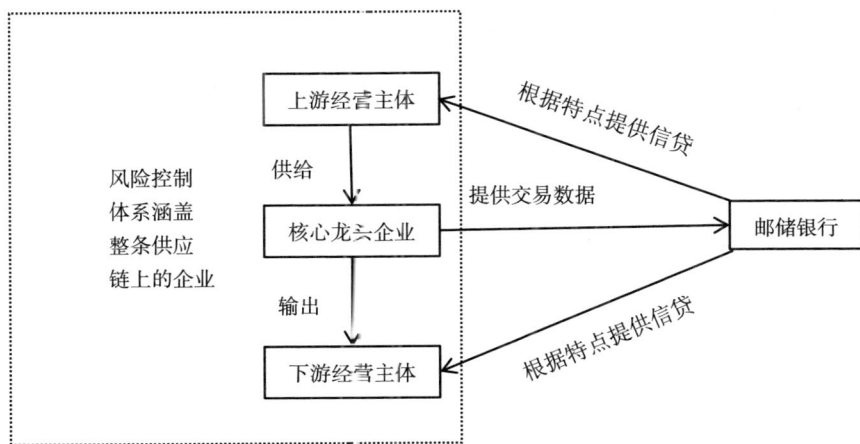

图5-3　山东分行"龙头企业+"信贷服务新模式

模式成效：自 2016 年以来，山东分行积极支持省内的农业产业化龙头企业，为助力农村经济发展、提高农产品竞争力，总共实地考察走访 76 家国家级农业龙头企业，其中和 19 家龙头企业成功建立长期业务往来，实际授信 5 家，授信金额高达 38.4 亿元。在 2016 年末，一共开发了 179 个"龙头企业+"的项目，其中实际贷款投放 114 个，累计向供应链个人客户投放 1790 笔贷款，金额高达 2.99 亿元。

模式经验：供应链金融是贸易融资发展的新阶段，以其低风险、高效率、高综合贡献度，以及其服务中小企业、服务实体经济的天然属性，获得了各家商业银行的高度重视，与中国邮政储蓄银行的"服务三农，服务中小企业"的市场定位高度契合。供应链金融作为一个开放的概念，内涵愈加丰富，创新愈加频繁，符合供应链金融设计理念、操作模式的业务不断纳入其中，为推动银行业务的创新发展提供了广阔的空间。中国邮政储蓄银行秉持普惠金融的理念，依托邮政集团网络平台独特优势，在不断夯实产品和服务的基础上，开辟出一条符合自身特点的供应链金融差异化道路。在实践中已经初步建立起一套以客户为中心，在发展中不断进行改革和创新的机制。首先，着力于从单一向批量的转变。根据客户的需求实现从"点对点"到"以点带面"的转变，即通过核心向其上下游批量延伸。其次，高度关注从信用风险向操作风险位移后的控制。初步培养了一批能根据客户需求规划设计创新流程的团队，通过对操作风险的管理设计规避和转移信用风险，如应收类业务中的贸易背景调查、核心企业对信息的确认、回款的监控等环节，如存货类业务贷前的核库，贷后巡库、盯市、差价补偿等环节。最后，不断改善提升业务的流程效率。实现了部分业务从申请、审核到放款的全流程线上化，较传统流程更为简短、更为高效，减少了人为操作失误。同时，扩展性更强，可与核心企业、物流监管、电商平台进行互联互通。

三、中国农业发展银行支持新型农业经营主体的模式及成效①

中国农业发展银行继续秉承"两轮驱动"业务的发展战略,不仅强化政策性职能的定位,而且还不断加大政策性支持农业的力度。截至 2016 年末,各项贷款余额达 3 万亿元,政策性贷款占九成以上。2017 年全年发放农业农村基础设施贷款 8590.5 亿元,截至 2017 年末,全行基础设施贷款余额达 21592 亿元。

农发行致力于提供农业开发和农村基础设施建设金融服务,作为市场第三大发债主体在发行债券支持"三农"领域取得了显著的效果。通过发行具有政策导向的农发债筹集资金投资农业农村建设以实现社会资金向农村农业回流。据统计,截至 2018 年 4 月,农发行发行了千余期期限在 20 年及以下的政策性金融债券,累计发债突破 7.4 万亿元,存量债券余额超过 4 万亿元。农发债作为农发行支持农村农业发展的重要方式,引导社会资金参与农业农村建设,拓宽了"三农"领域的资金来源,保证了农业农村资金的有效供给,加速了城乡一体化的发展进程。

(一)中国农业发展银行沛县支行土地经营权抵押贷款案例

基本模式:江苏省沛县自 2014 年起,开始启动农村土地经营权抵押贷款试点工作。2015 年 12 月,成为全国农村承包土地经营权抵押贷款试点县。同时为贯彻落实国家"两权"改革决策部署,确保试点工作的健康有序推进,县财政专门出资 2000 万元设立了风险补偿基金,目前已逐步形成"政府+银行+公司"的"沛县模式"。

2015 年 7 月,沛县政府出资 2 亿元成立沛县汉润农村土地流转经营有限公司。通过此公司同农发行沛县支行合作。开发出基于农地经营权抵押的

---

①　本部分数据来源于中国农业发展银行网站,http://www.adbc.com.cn/。

"润农金"融资产品,其运作方式为农发行下发贷款到农土公司,农土公司再将贷款分发到需要贷款的个体。当农地经营权抵押贷款出现违约风险时,先由风险补偿基金代还银行的损失,再由农土公司负责对土地的经营权进行拍卖,实现再次转让。若未能如期拍出,则继续交由农村产权综合交易中心拍卖,拍卖期间,农土公司对所持农地实行自营。该产品设计了闭环式风险控制方式来解决土地经营权抵押贷款业务中的风险处置难题,形成了"政府+银行+公司"的沛县特色市场化模式(见图5-4)。

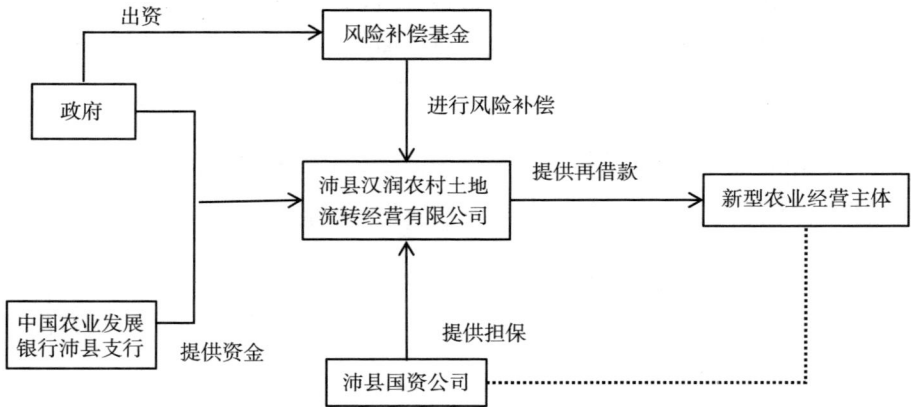

图5-4 沛县模式图

模式成效:至2017年9月末,三期"润农金"产品已累计发放517笔、2.1亿元,近2万农民直接受益。目前,贷款余额146笔、6000万元,其中最大金额200万元,最小金额10万元。农发行江苏省分行已在宿迁、淮安、苏州等地试点该模式,累计发放贷款3.2亿元。

模式经验:沛县农发行支持新型农业经营主体的成功经验主要有两点:一是专注于农村承包土地经营权抵押贷款的模式创新,由土地流转经营公司对所辖范围内的新型农业经营主体进行风险评估,随后金融机构以统贷统还的模式向土地流转经营公司集中发放贷款,坚持服务"三农"宗旨,按照"管理、融资、经营、服务"模式向新型经营主体融资。这一创新模式有机结合了农发行的资金优势与地方党政管理优势，较好解决了家庭农场"融资难、融资贵"问题，极大释放农村生产力，推进高效农业、规模农业的快速发展。二是与县政府财政专门出资的风险补偿基金结合，在农村土地经营权抵押贷款出现风险时，由风险补偿基金负责代偿金融机构相应损失。因此，极大地降低了金融机构对于新型农业经营主体贷款风险的度量，不仅可以降低金融机构的贷款利率，而且也可以增强新型经营主体的还款信心与能力，形成一个良性循环。

（二）中国农业发展银行定西产业扶贫贷款案例

基本模式：中国农业发展银行甘肃省分行根据当地情况创新了"定西模式"工业扶贫贷款，充分发挥了地方政府和农发行在政策上的优势，在支持农业方面发挥了重要作用。首先，在选择项目时，建立完善的项目选择机制。候选项目先由各个乡镇推荐，然后由县直属职能部门审核批准，并且上报到项目库中，最后由政府推荐切实可行的项目给农发行。农发行和担保公司协商选择贷款对象。通过有关审查后，给予其相关的政策优惠。其次，在实际操作中，建立协调机制。在协调扶贫贷款工作中，地方政府负责领导建立工业扶贫贷款风险补偿基金。中国农业发展银行按照风险补偿基金的放大倍数提供贷款，合作社按一定比例支付风险保证金，担保公司在规定的限额内为单笔贷款提供担保。保险公司为合作社办理保险，多方履行职责，共同提供扶贫贷款服务。同时，在风险防控方面，完善的风险补偿机制可以使风险补偿基金对无法按期偿还的贷款进行补偿，及时的风险"保险丝"机制可以使农发行的监控系统监控特殊贷款或不良贷款。当达到上限或风险补偿基金未能按时偿还时，开户银行将暂停贷款业务，在风险得到有效控制后，便可以恢复业务处理和随后的贷款发放。

模式成效：2018 年 5 月 11 日，中国农业发展银行甘肃省分行渭源县试点成功投放首批 2 笔产业扶贫贷款，共计 600 万元。"定西模式"的成功打破了

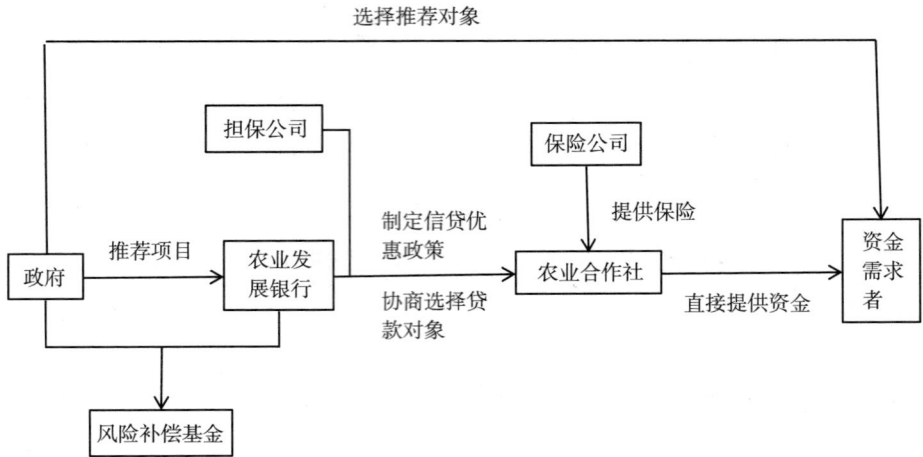

图 5-5 定西农发行产业扶贫贷款

对政府购买服务的信贷模式传统。同时,这种模式也有助于解决精准扶贫的"最后一公里"问题。

模式经验:"定西模式"的经验主要有两点:第一,充分借鉴"吕梁模式",在此基础上进行升级发展,吸收吕梁模式中风险补偿基金的设立、运营的亮点,并创新性地整合合作社、担保公司、保险公司资源,共同对产业扶贫提供金融支持,有效突破县域特色产业发展缺乏资金、个体农户抵押担保困难、银行信贷风险难以把控等风险。第二,通过乡镇的基层推荐、县级行政机构的审核、农发行及担保公司的筛选,确保政策性的信贷资金能够定向投放至贫困农户,从而促使县域特色产业、贫困农户增收脱贫与农业政策性金融服务紧密地结合起来,实现快速发展,在具体的操作风险防控上,各个机构各司其职,有效保障了农发行资金的使用效率,从而助力打赢脱贫攻坚战和实现乡村振兴。

第二节　地方政府主导金融支持新型农业经营主体的模式及成效

一、基于金融产品创新的模式及成效

新型农业经营主体在融资过程中最主要的困难是贷款难、利率高,供需对接不顺畅。究其根本是新型农业经营主体,特别是家庭农场、专业大户等缺乏担保,缺乏抵押物,缺乏可变现的产权交易市场。因此本节选取"两权"抵押贷款、土地流转贷款相关实践案例,探索解决新型农业经营主体抵押物缺失的问题;选取农业保险实践案例,探索解决经营主体缺乏有效担保的问题;选取小额贷款实践案例,探索丰富经营主体融资渠道,引导更多社会资金支持新型农业经营主体发展。

(一)黑龙江方正县"两权"抵押贷款探索

基本模式:2015年国务院出台文件,在国家层面启动"两权"贷款试点工作,鼓励发展农村承包土地的经营权和农民住房财产权抵押贷款业务。在众多试点中,方正县取得了突出的成效,被全国人大确定为"两权"抵押贷款试点县,形成了"农户+产权交易+信贷"的融资模式、"一站式"服务的贷款模式。方正县依托农村土地和房地产权利确认登记认证平台上的农村产权交易中心,将农村土地和房屋产权信息以及融资信息整合到平台系统中,其中包括确认、抵押、登记、评估、担保和流转业务,实现信息的实时共享和匹配。方正县的第一步是确认农村土地承包经营权和土地使用权。权利一旦确定,将在此基础上加快农村产权信息交换平台的建设,并引入"无缝衔接"的"三个中心":资产评估服务中心负责对农村产权单位或个人的资产价值进行评估,并出具资产评估报告,以满足金融机构对贷款的需求。抵押担保服务中心主要使用担保公司将有价值的农村财产作为法律抵押品,以防止金融风险。收储拍卖服务中心负责拍卖抵押品。当无法收回贷款时,可通过该平台将抵押品进行成本摸底、评估测算、收购、挂牌(见图5-6)。

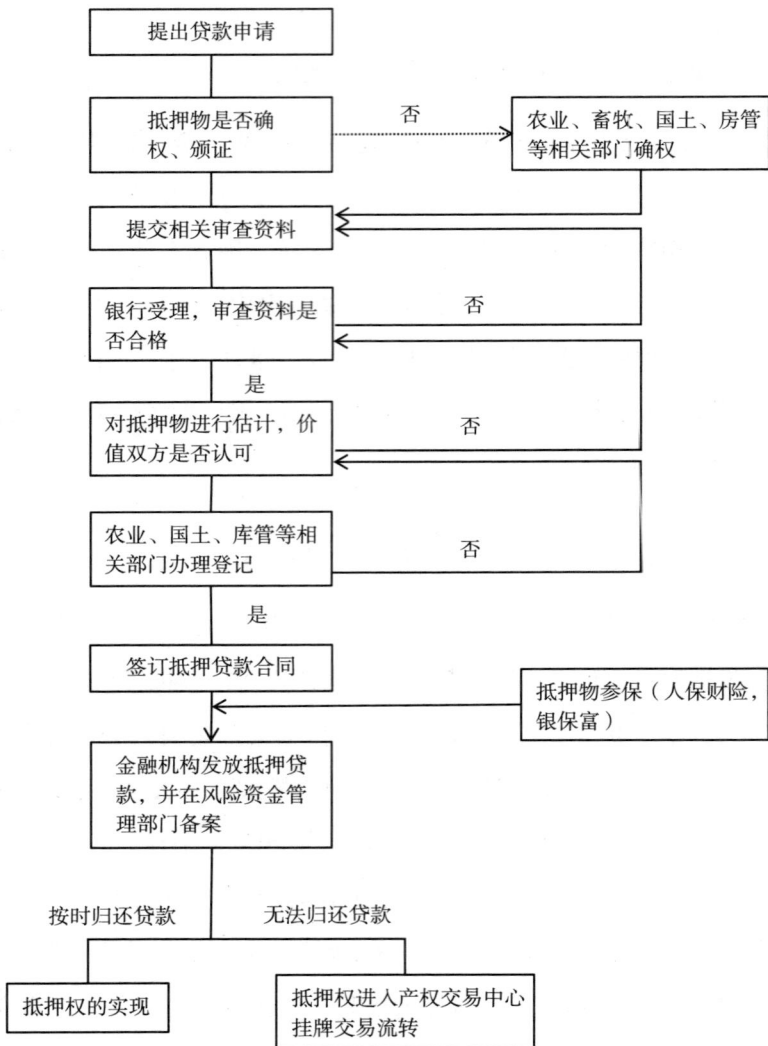

图 5-6 "两权"抵押贷款基本流程图

模式成效:自方正县实施该模式以来,突破联保、互保等贷款5万元的额度限制,单户农民最大贷款额度可达 400 万元。"两权"抵押贷款利率平均下降 1.2 个百分点。通过一站式服务,农户持两证可随时随贷,随贷随还,贷款期限延长至 3 年,办理时间缩短 50%,最快 1 天办结。2016 年 5 月初,方正县金融机构涉农贷款余额达到 23.56 亿元,占全部贷款的 75.12%,围绕"一主四辅"产业已投入政策资金 1600 万元,成功惠及 5000 户农民。[1] 截至 2017 年 11 月末,方正县农村承包的土地经营权抵押贷款累计发放 3 亿元,农民住房抵押贷款累计发放 261 万元。已有 8 家抵押担保公司、7 家资产评估公司和 4 家收储拍卖公司进驻方正县产权交易中心。[2]

基本经验:方正县的"两权"抵押贷款的最大创新点在于构建了农村产权交易中心平台。在这个平台上,既有政府部门来执行农村承包土地经营权、宅基地使用权和农民住房所有权确权登记颁证,又有多家担保公司、评估公司、拍卖公司来保证农民资产的可量化评估性和抵押物的处置性,以及多家金融机构推出针对家庭农场、种粮大户、土地复垦等多种需求的特色信贷产品,多个企业部门紧紧地联合在一起为推进"两权"抵押贷款服务,使农民成为真正的知情者、参与者、受益者。

(二)山西省支持土地流转的信贷创新

基本模式:山西省主要以土地流转收益保证贷款、收入保证贷款、土地质押保证贷款三类信贷创新来支持农业经济发展。一是土地流转收益保证贷款。银行接受经农经中心推荐或直接申请的土地流入户作为服务客户,在农经中心和银行分别核实情况后,符合条件的,农经中心为客户办理他项权证,客户从银行取得土地流转收益保证贷款。二是土地流转收入保证贷款。针对

---

① 张士英、朱伟华:《黑龙江省方正县:盘活农村"沉睡"的土地资产》,《光明日报》2016 年 6 月 22 日。

② 刘鹏翔、肖九思、李播:《"两权"抵押贷款盘活"沉睡"资源》,《黑龙江日报》2018 年 1 月 8 日。

流转中流出户的生产性需求,土地流出后,该农户从事了其他经济活动,因周转资金不足提出贷款申请。农村商业银行与农户、土地流入方签订三方协议,发放土地流转收入保证贷款,由土地流入方和农户共同承诺,贷款出现风险后,将土地流转收入作为还款保证。三是土地质押保证贷款。该贷款的服务人群由有资金需求但不参与土地流转的农民组成。这些客户可以向银行申请具有土地承包经营权证为还款保证的贷款。经银行和农经中心核实后,符合条件的客户可以获得由农经中心管理的其他权证和银行贷款。不符合条件的客户可以通过与银行签署协议,从银行获得土地质押保证贷款。

模式成效:据对潞城市调查结果显示,截至 2015 年 5 月末,全市共发放土地流转收益保证贷款金额 4357 万元,涉及流转土地 2492.73 亩。潞城农村商业银行已发放土地流转收入保证贷款 31 笔,金额 98.41 万元。潞城市共发放土地质押保证贷款 47 笔,金额 185.49 万元,在一定程度上满足了那些没有参与到流转过程中的农户需求。

基本经验:山西省的信贷创新弥补了与土地流转相关的信贷产品针对性不强的不足,为各大银行在支农信贷模式的创新上提供了思路。针对不同的参与土地流转的多方设计了个性化的信贷产品,还款保证各有不同,无论从事何种与土地流转相关的活动都能得到资金支持,满足了现实的信贷需求。

乡村土地运营权抵押贷款形式属于贷款行业的创新延伸,不只有效保证了乡村范围运营主体的资金需求,并且在很大程度上促进了乡村土地运营权的合理流转,还完成了政、银、企、乡村范围运营业主等多方共赢的目的。

(三)金寨"菜单式"农村保险创新

基本模式:2014 年,全国第一个农村保险改革创新试点县安徽金寨县开始开展农村保险"菜单式"服务。2016 年,金寨县制定了《金寨县农村保险"菜单式"服务试点实施方案》,开始扩大尝试范围。金寨"菜单式"保险服务范围广,可以兼顾规模和特色。在规模上,对于风险较大的小规模生产经营活动,保险公司会加大对其配套保险产品的开发,同时通过政策引导鼓励农户扩大生产规模;在地方特色上,"茶叶保险+信贷"、育肥猪保单质押贷款、林权质押贷款、家庭农场小额贷款保证保险等为当地特色农产品所专门设计的保险品种,进一步拓展保险服务"三农"的功能作用(见图5-7)。

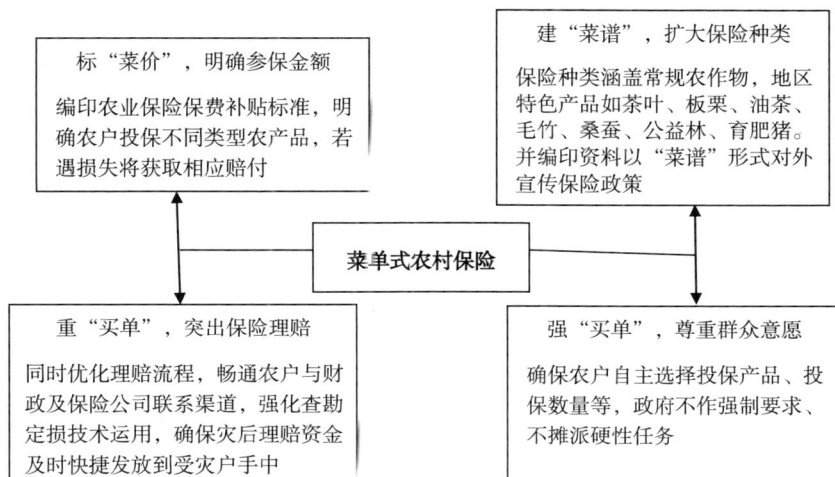

图5-7　金寨"菜单式"农村保险服务

模式成效:安徽保监局数据显示,截至 2017 年 9 月末,农业保险为 1.81 亿户次农户提供风险保障金额 1.61 万亿元,同比增长 13.45%;支付赔款 170.65 亿元,增长 26.18%;2016 年和 2017 年,金寨县茶叶承保面积分别为 52892.71 亩和 26129.9 亩,共计约 822 万元保额,共理赔金额约 130 万元。①金寨县将黑毛猪价格指数保险纳入保险菜单后,由于其价格托底的优势,产生了较好的示范效应。

基本经验:金寨"菜单式"农险服务的创新点在于以下两点:第一,坚持需求导向,推动农村保险由供给导向转化为需求导向,由"要我保"向"我要保"转化,目前已完成"菜单式"保险服务试点框架设计。第二,秉持服务"三农"

---

① 李致鸿:《保险产业精准扶贫金寨手记》,《21 世纪经济报道》2017 年 11 月 17 日。

的原则理念。印发"菜单式"保险服务手册,通过"农户保险需求问卷"分类采集农户保险需求,保险种类齐全。其中手册收录了 28 个主要农险产品,涵盖多个关键要素如保险责任、保费,及业务流程如供、销的介绍。

(四)海南农村信用社小额贷款模式

基本模式:海南省吸收孟加拉国格莱珉小额信贷模式的特点,结合海南的现实情况,总结出一套农村金融支持新型农业发展的模式,称之为"一小通"小额信贷模式,其核心可以归纳为"九专"模式、"五交"机制。总体而言,该模式有一定的实践基础,在执行过程中,制度的规定非常精细。在每个小额信贷管理处安排小额信贷技术员 2—3 名,贷款培训期限不少于 2 天等。"九专"模式主要在具体金融机构的设置及金融产品和服务的供给方面作出了规定,从成立专设机构、组建专业团队、创建专门文化等多个角度努力,提升农村金融的服务质量。"五交"机制从金融业务的权责配比方面加以规范,包括把贷款"审批权"交给农民、把贷款利率"定价权"交给农民、把工资"发放权"交给信贷员、把贷款风险"防控权"交给信贷员、把贷款"管理权"交给电脑这五方面,改革传统的农村金融运行模式,将更多的自主权交到农民手中。

模式成效:"一小通"小额信贷产品被授予"服务小企业及三农十佳特优金融产品奖""最佳农户金融产品创新奖","一小通"小额贷款管控系统获得央行科技发展二等奖。截至 2017 年 6 月末,"一小通"小额信贷累计发放农民小额贷款达 139.33 亿元,受惠农户达 21.7 万户。[①] 同时,该模式经验已经推广至全国的其他小额贷款公司、村镇银行。

基本经验:海南"一小通"小额信贷在借鉴外国经验的基础上进行了本地化改造,其创新性主要在于贷款发放的标准、贷款的补贴的方式、信贷技术员的管理三个方面。贷款发放的标准上,联保小组成员的担保解决了农户贷款

---

① 中国农业部:《金融支农创新十大模式》,《农民日报》2017 年 11 月 2 日。

无担保的难题,通过对农户的培训,深化了农户对贷款使用、回收过程的认识,提高了贷款的使用效率。在贷款补贴的方式上,信用社和政府合作,开发了一系列本地化农村信贷产品,采用诚信奖励金的方式,降低农户信贷利率,既激发了农户还贷的积极性、保障了信用社的基本收益,又达到了使农户获得收益的目的。在信贷技术员的管理上,招聘农学相关专业大学生组成专业化的小额信贷技术员队伍,深入农户进行调研。与基层地方政府共同培训高素质的信贷员,不仅为全省农村信用合作社体系建立后备队伍,而且向基层地方政府派遣熟悉农村工作的高素质金融人才。实行"鱼咬尾"监督制度。小额信贷技术员对其他信贷员进行单向监督,参与交易对手的信贷决策,并提高了审批效率。

二、基于农业产业链金融创新的模式及成效

农业产业链是指农产品从生产到消费过程中产生的一系列价值运动和环节,包括农业生产资料的购买、农业生产过程以及农产品的收购、储运、加工、销售等。随着国家"互联网+"战略的提出,特别是以物联网、计算机和移动通信技术为代表的新兴互联网技术在农业中的广泛应用,原本广泛使用的手工粗放式生产和线下销售模式,向着智能生产和小规模在线销售转型,科技、信息和网络的转型正在融入农业的生产、供应和销售中,从而导致农业产业链的全面升级。同样,新技术的创新使用、信息传输和收集的新方法、分析和判断的方法以及使用"互联网+"来开发产业链的在线金融服务,通过有效减少金融服务成本改善金融服务。减少与农业相关融资信息的不对称性和交易成本已成为"三农"金融服务中的新兴热点。

(一)福建宁德"三位一体"产业金融创新

基本模式:宁德银行业金融机构、龙头企业等主体密切配合,立足县域农业产业资源优势,以金融扶贫为契机,创建金融扶贫开发示范基地,带动贫困

农村地区经营发展。金融机构成立调研小组,对基层农村的人文、民风、村情村貌进行考察,与基层行政组织——村委会沟通,了解各经济主体人口、经营能力、资金需求。同时,对该地区的贷款回收情况、支持后的创收情况等进行梳理,针对当地产业的情况,设计方案进行金融产品的设计,选调驻村客户经理加强对接,对农业经营主体的资金需求和使用状况及农户的授信状况进行跟踪,实时更新。通过加大对新型农业经营主体和园区的信贷支持,建立"新型农业经营主体(企业)+园区(基地)+农户"的"三位一体"的产业带动发展的方式。

模式成效:据对福建宁德的调查结果显示,2014 年,1310 家新型农业经营主体累计收到全市银行业金融机构发放的贷款 65.10 亿元,14 个农业产业园区授信总额达到 1.25 亿元,食用菌、茶叶、高山蔬菜、水果、太子参、海带、紫菜、海参等"一县一品"特色农业产业发展的资金需求基本得到满足。其中霞浦县银行业金融机构累计向 387 家新型农业经营主体发放贷款 7.75 亿元,向 5 个"公司+基地+农户"产业精准扶贫园区授信 6000 万元,扶持当地农民从事海带、紫菜等特色海产养殖业发展。福鼎县银行业金融机构累计向 500 家新型农业经营主体发放贷款 14.76 亿元,扶持赤溪村、柏洋村等的白茶、水产养殖、乡村旅游特色产业发展。

基本经验:福建宁德以龙头企业为带动整个区域发展的引擎,配以特色化的信贷产品,让新型农业经营主体结合当地园区地域优势发展适合的产业。福建宁德"新型农业经营主体(企业)+园区(基地)+农户"的金融创新模式的精华是农村金融不仅仅是向农户"输血",更重要的是发挥"造血"功能,在提供金融服务的同时,探求适合当地特色农业经济发展的模式,增加农户的收入。信贷服务的提供与当地农作物的产业特色紧密联系在一起,将个别农户零散的需求通过地区性的调研考核在园区范围内加以整合,总结成具有共性、普遍适用的农户金融需求,帮助农户产业化经营,形成当地的特色产业,助力打赢脱贫攻坚战。

（二）新希望农业产业链金融创新

基本模式：2015年3月，互联网金融平台"希望金融"成立，农牧供应链上、中、下游资金渠道通过互联网得以优化、串联，借款人主要是新希望产业链下游用户，基于先实业后融资的原则，给投资人真实可靠的借款标的，与联动优势合作进行资金托管，保障投资者的资金安全，引入了惠普农牧担保，提供了风险保障机制。具体内容是希望金融从平台上发布经过希望金融筛选过的养殖户借款信息，投资者投入资金后，把钱打入饲料厂账户，养殖户本身并不会拿到钱，保证了专款专用、不被挪用。当养殖户完成养殖周期，把成长合格的小动物们卖给肉食厂时，肉食厂优先把借款和本金返还。这样一个借款周期就结束了，由于苗价、饲料的价格和收购价都是由公司确定的，因此绝对保证了养殖户可以获得丰厚的利润，也保证了投资者的回报和资金安全（见图5-8）。

模式成效：2018年1月11日，希望金融累计成交额突破70亿元，资金全部服务于"三农"实体经济，希望金融已经在山东、河南、安徽、河北、山西等多个省布局60余家分公司及业务中心，服务当地县域及乡镇，单笔贷款在5万元左右，已成功助力数万户农民家庭脱贫致富。[1]

基本经验：新希望农业供应链金融一方面通过希望金融平台为养殖户融资，缓解养殖户在养殖过程中大额的饲料及养殖场建设资金投入不足的情况；另一方面，养殖户在这个平台借钱换来的是在新希望购置饲料，新希望保证了养殖户购买的种苗、饲料符合质量要求，同时养殖户的顾客依旧是新希望，保证了闭环操作和食品安全，农业供应链金融的流程保证了养殖户、新希望企业两者的合作供应，是互联网、农业、金融的完美结合。

---

[1]　《播下乡村振兴新希望，希望金融交易突破70亿》，《希望金融》2018年11月11日。

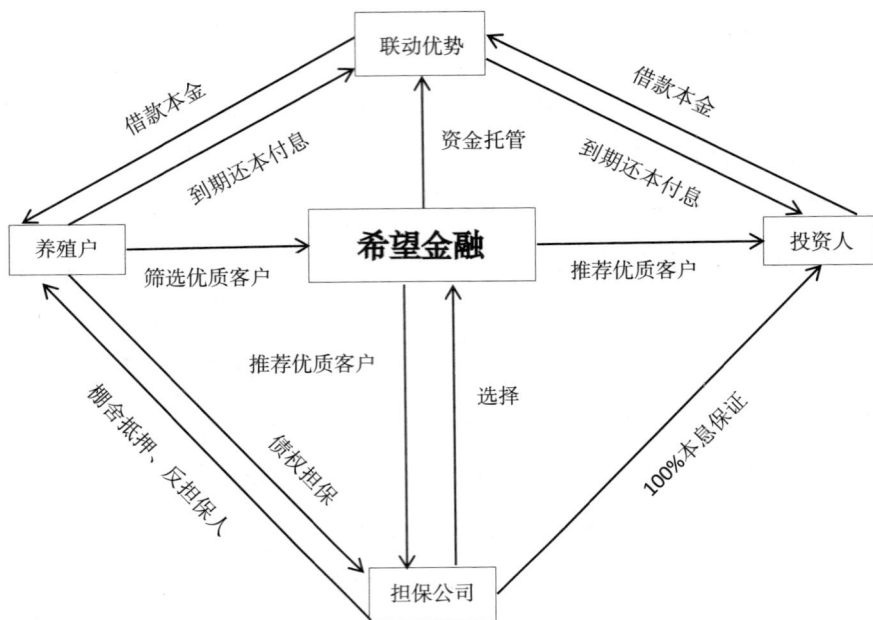

图 5-8　希望金融惠农贷模式

三、基于互联网金融创新的模式及成效

当前,我国"三农"发展的难题依然突出,包括农产品价格波幅大,影响物价稳定;现有金融手段难以解决新型农业经营主体融资难问题;农业处于产业链低端,农民增收困难。农产品消费信托模式,利用互联网技术优势及金融机构的推荐,消除了农户与客户之间的信息不对称及不信任,有效减少了农户盲目生产,增加了金融机构对农户的授信,有助于保障农产品安全、增加农民收入和促进我国农业现代化。本节选取互联网金融中最普遍的 P2P、众筹两种形式的实践案例,探索破解新型农业经营主体发展瓶颈问题。

(一)农发贷 P2P 模式

基本模式:农发贷作为国内首个创新的农业互联网金融平台在 2015 年 3

月上线,发展到今天已经成为国为农业供应链金融服务的领先者。它定位于垂直细分领域的 P2P 模式,针对种植业创新性地介入"农资消费、农产品销售"产业流程,与国内许多行业的优秀厂商、经销商合作,农发贷客户以农场主、大种植户为主,借助互联网,从金融角度切入供应链,靠农资产品的供应链整合突破了传统 P2P 公司中介的盈利来源,同时在全国范围内收集他们对农资产品采购订单,创造供应链价值。在理财端,平台可以有效筛选非常优质的借款客户,对风险把控非常严谨。依托农资生产厂商和经销商系统,结合诺普信在农业领域积累的销售体系和信用数据,筛选有还款能力、诚信的农户资金需求者,对需求者进行调查后,将他们的资金需求信息发布到平台上,投资者了解相关情况后,自主选择项目以 P2P 形式进行投资,获得收益。因此,在产业端,农发贷给种植户提供贷款,让他们有资金从合作的农资经销商购买农资,给农资经销商发放贷款,帮助其做大做强(见图5-9)。

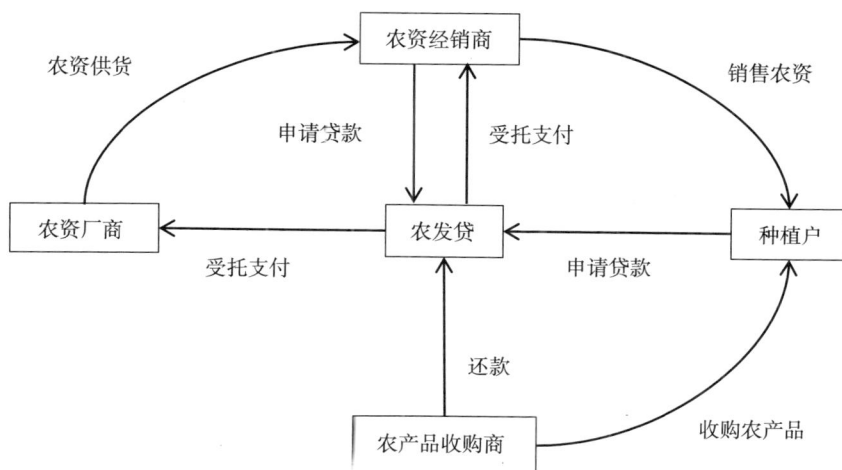

图5-9　农发贷产业端商业模式

模式成效:农发贷已经与农药龙头企业诺普信、中化、金正大、史丹利等国内 100 余家知名农资企业达成合作,在全国 27 个省和自治区,已累计为 10000 家农户、3000 多家经销商,提供超过 70 亿元的金融服务。农发贷项目已覆盖全国 20 个省、50 个市县、100 万亩耕地面积,覆盖了全国主要农作物产区。①

基本经验:农发贷的创新点在于以农资需求为切入点,强化 P2P 平台的产业端经营,依托农资厂商销售体系和信用数据,打通了从上游农资供应商、中游种植户到下游收购商各个环节,整合了整个产业链,链接社会资本与农业生产,解决了"融资难、融资贵"等难题,实现了生产商、加盟商、农户的投资收益共赢。

(二)农业众筹模式

基本模式:新型农业经营主体通过互联网平台和社会性网络服务平台,以合资资助或预购的形式,向公众募集融资资金的模式。目前主要以产品众筹为主,农业众筹流程如下:第一步,筹资人在互联网平台和社会性网络服务平台公布已授权项目、公司基本信息;第二步,社会公众自主选择感兴趣的项目,对其进行资金投资;第三步,互联网平台或社会性网络服务平台将资金划转到农场;第四步,在此过程中,农场拿到投资者投入的资金进行生产经营。第五步,未来项目成功,筹资者以约定的方式还本付息(见图 5-10)。

模式成效:据众筹家发布的《中国众筹行业报告—2015(上)》显示,与绿色农产品、绿色农场及生态农业相关的众筹项目受到较多关注,其众筹成功率高达 93%。农业众筹的纪录从 1097 万元的募集金额到网易味央众筹款 1919万元再到袁米众筹认筹突破 2000 万元,农业众筹的融资额度越来越大,融资的速度及规模纪录一步步被打破,众筹已经成为助力新型农业经营主体发展不可忽视的力量。

基本经验:在众筹平台发布融资信息,其实质是以互联网金融创新开辟网络直接融资的新路径,让以往由于缺乏担保难以贷款的农民们一下子解决了全产业链、全产品链的资金问题。对一般消费者而言,就是一场在互联网平台

---

① 《农资百佳出炉 农发贷创新金融助推农资转型》,中国农资网,2017 年 11 月 16 日。

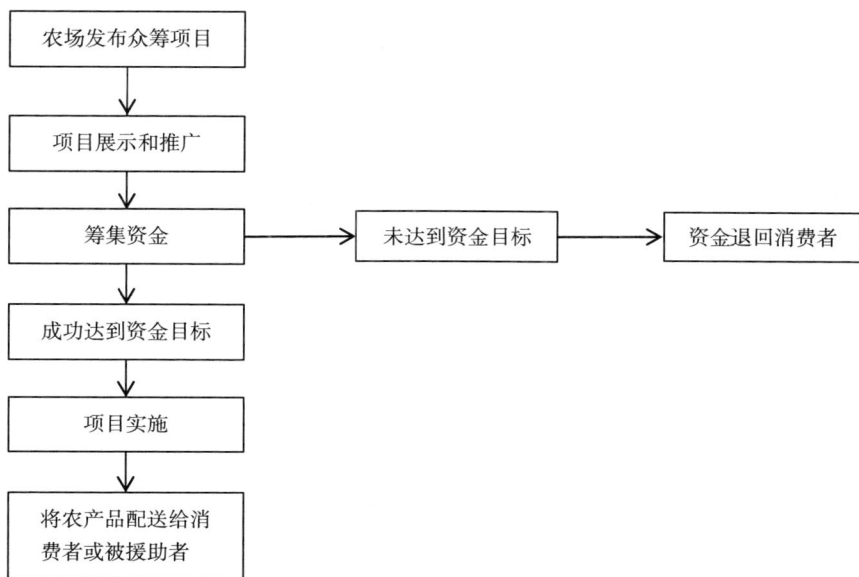

图 5-10　农业众筹操作流程

的农产品预售与团购,获得新鲜健康的农产品。新型农业经营主体在进行融资解决资金问题、扩大生产的同时,无形地推广了农业产品,形成了品牌效应。

四、基于信用互助的模式及成效

探索农民信用互助业务有利于提高农村金融供给和服务网点覆盖率,解决竞争不充分的问题,一方面能更好地加强农村金融服务水平,另一方面也能与现有农村金融机构形成互补,通过建立多层次的融资体制,满足新型农业经营主体多层次融资需求。

（一）山东省的农民专业合作社信用互助探索

基本模式:山东省在 2014 年末被确定为唯一允许开展新型农村合作金融改革试点的省份,农民专业合作社信用互助业务试点于 2015 年正式启动。农民专业合作社在依法取得信用互助业务试点资格后,搭建内部社员之间的专门为合作社的生产流通服务的互助信用合作平台。农民专业合作社的原则是社员制、封闭制、民主管理,不以盈利为目的吸储放贷,不向社员支付固定回报,严格遵循合作社规则进行盈余分配,从而能最大限度地减少风险外溢,有效满足农民资金需求。在日常经营管理中,对参与信用互助业务的农民专业合作社社员资格进行严格审查,对社员的入社年限、出资额度、经营地域、资本规模都设定限制。此外,还要求加入互助组的农民专业合作社选择一家银行业机构作为唯一合作托管银行为互助业务试点提供开立账户、存放资金、支付结算等服务,在地方金融监管部门的监督下,为社员提供业务指导、风险预警、财务辅导等服务(见图5-11)。

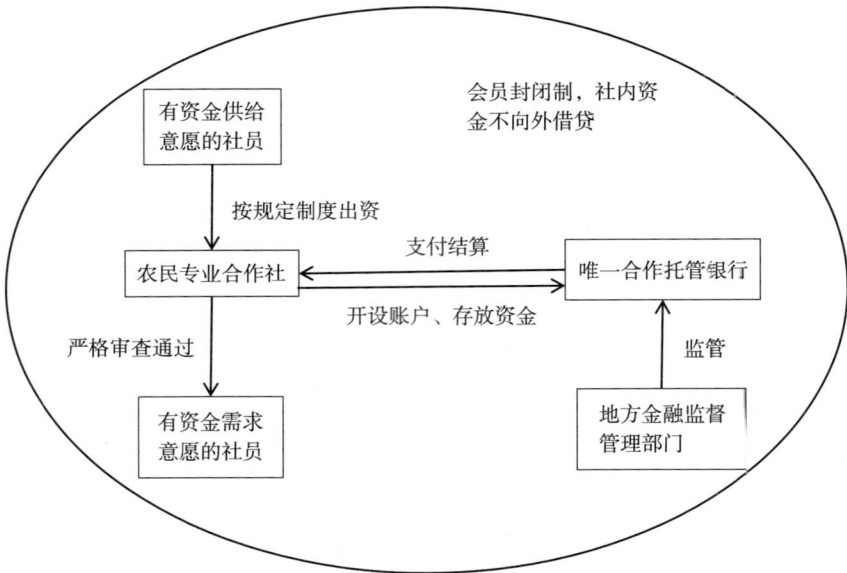

图5-11 农民专业合作社信用互助业务示意图

模式成效:截至2015年末,已发生业务的44家农民专业合作社,累计发生互助业务556笔,互助金额1748.4万元。平均每笔金额为3.14万元,有两家试点合作社互助金额累计超过200万元,5家试点合作社互助金额累计超过100万元,满足了"小额、分散"的资金需求。同时,资金成本显著降低。已开展信用互助业务的 44 家合作社中,有 33 家试点合作社互助资金使用率低于 10%,占 75%,其中费率最低的仅为 5%。①

基本经验:山东省的农民专业合作社信用互助业务主要由各个参与互助组的成员自发开展,主要资金来源是入社成员缴存的资金。第一,风险由信用互助组承担,在法律上,政府及合作社不需承担风险。风险的范围在互助成员之间,控制了风险的外溢作用。第二,在成员有限的互助社中,社员账户的可查阅性使得农民专业合作社互助信用的建立更加公正、合理,每个成员都有自己的授信额度,在资金的申请效率上更快捷,能够有效地满足新型农业经营主体"小额、分散"的资金需求,可以短期"救急"和"就难",降低资金成本。

(二)安徽太湖银燕农村资金互助社案例分析

基本模式:作为安徽省内唯一一家具有金融牌照的农村资金互助社,太湖银燕农村资金互助社(以下简称银燕互助社)于 2010 年 9 月 28 日正式挂牌。银燕互助社内生于农村经济社会发展的需求,始终保持合作金融性质,坚持服务乡村定位,坚持发放信用贷款,保持了良好的可持续性发展态势,较好地满足了乡村资金需求。银燕互助社由农民共同入股发起,采用民主管理原则,通过迅速的贷前审核之后,经自身信誉或同乡亲属作担保,由互助社发放信用贷款,模式简单而高效。银燕互助社这种"内生型"信用互助组织,在对借款人的还款能力甄别上具有显著的信息优势,贷前审核、贷后监督管理等费用几乎为零,并且由于其本身结构小巧、经营灵活,所以放款速度极快,信贷种类灵活。

模式成效:据对安徽太湖调查结果显示,截至 2016 年 9 月末,银燕互助社惠及全体社员,累计发放贷款 6914.97 万元,帮助超过 150 名重病患者及受灾社员,同时帮助 300 名学生入学、1010 人脱贫脱困、1200 人步入小康以及超过

---

① 王新蕾:《山东农村合作金融试点初见成效　政策扶持助力增信、增值》,《大众日报》2016 年 1 月 28 日。

1000人过上富裕生活。截至2015年11月,存款余额169861万元,贷款余额1089.33万元,贷存比64.13%,月末流动性比例1093.64%,不良贷款率1.25%;资产总额1909.76万元,所有者权益202.33万元,资本充足率25.26%,核心资本充足率18.57%;拨备覆盖率642.01%,拨贷比8.24%,存贷款规模持续快速增加,在资产质量明显好转的同时,盈利能力也稳步提升,显示银燕资金互助社呈现出良好的可持续性。

基本经验:一是这种农民资金互助组织应该持续给予扶持。其本质上可以通过内源性融资缓解成员面临的资金短缺矛盾,适应欠发达地区农村以小规模生产为主体、外源性融资难的农村经济形态,能够实现生产力和生产要素的有效结合,改善农民和小微企业的融资困境,显著促进当地经济社会发展,而且能最大限度地使金融服务环节的利润留在农村,留给农民。二是要建立标准化的进出机制。在运作中,资金互助社不仅面临单一农户的风险,而且还面临农业的系统性风险。由于管理不善,它们很可能会被市场淘汰,并影响乡村的发展。因此,应该明确市场准入条件,例如资本数额和经营规模,强调更严格的要求,制定明确且可实行的操作流程,以降低风险;同时明确退出市场的边界,并明确退出机制的运行程序。在日常监管中,要严格控制单户贷款的最高限额和低于限额的服务,并采取严格的监管措施,充分发挥其作用。三是要加强培训和宣传。培养互助员工的合作精神,有利于互助社会的健康和可持续发展。因此,应在保证政策和资金的框架内,加强互助员工的合作教育和职业培训。四是资金互助社应尽快纳入存款保险制度。资金互助社是小型存款性金融机构。没有存款保险制度,吸收存款的能力处于竞争劣势。因此,为了有效保护存款人的利益,提高资金互助社在公众中的形象和信誉,建议将其纳入存款保险制度,从而有助于扩大资金互助社的发展空间。同时,建立存款保险制度也为资金互助社的退出提供了保证,并减少了金融机构退出市场可能造成的社会冲击。

(三)麻溪铺镇产业信用协会案例

基本模式:麻溪铺镇产业信用协会于 2014 年 11 月成立,是在麻溪铺镇政府的引导下,由产业大户发起设立,农民专业合作社、产业大户、农户自愿参加的社会团体法人。协会建立了互助担保基金,通过资金互助联保的形式协助成员获得银行贷款。该协会作为非营利性社会组织,其目的是充分发挥政府引导、协会担保、银行信贷的优势,搭建银行和农村经济实体之间融资对接的平台。致力于构建政府引导建立互助担保基金、信用协会提供贷款联保、银行放心发放贷款的格局,确保银行贷款不但能放得出、收得回,还要用得好、用到实处,切实解决产业发展资金缺乏的问题,实现政府、协会、银行、专业合作社等各方互利互惠、合作共赢。

麻溪铺镇产业信用协会采用会员制,以互助担保基金方式开展会员贷款的互助联保。互助担保基金由政府引导,会员自愿缴纳互助担保基金,两者共同出资设立,目前互助担保基金规模为 40 万元,其中会员出资 20 万元,县财政注资 20 万元。农村产业信用协会在沅陵县农村商业银行开设专用账户,保管互助担保基金,实行封闭运行、动态管理,仅用于为会员贷款提供担保,在所担保的贷款尚未清偿之前不得解散或用于其他支出。协会以互助担保基金进行贷款互助联保,沅陵县农村商业银行根据会员的信用评定结果来确定会员的互助担保贷款授信额度。沅陵县农村商业银行还要根据信用协会的信用评定结果来确定互助担保的放大倍数,信用评级为 AAA、AA、A、B。对前三个评级的担保放大倍数为 10 倍、8 倍、6 倍,对 B 级的会员和信用协会停止发放贷款。此外,贷款评议委员会负责审议会员的贷款申请,麻溪铺镇产业信用协会则负责监管会员贷款申请评议情况及贷后清收(见图 5-12)。

模式成效:沅陵县产业信用协会发展势头良好,截至 2016 年,已在 6 个乡镇建立,运行模式与麻溪铺镇基本一致,累计拥有会员 350 余名,信用保证金 240 万元(含县财政风险金 120 万元),获银行授信额度 1680 万元。目前,很

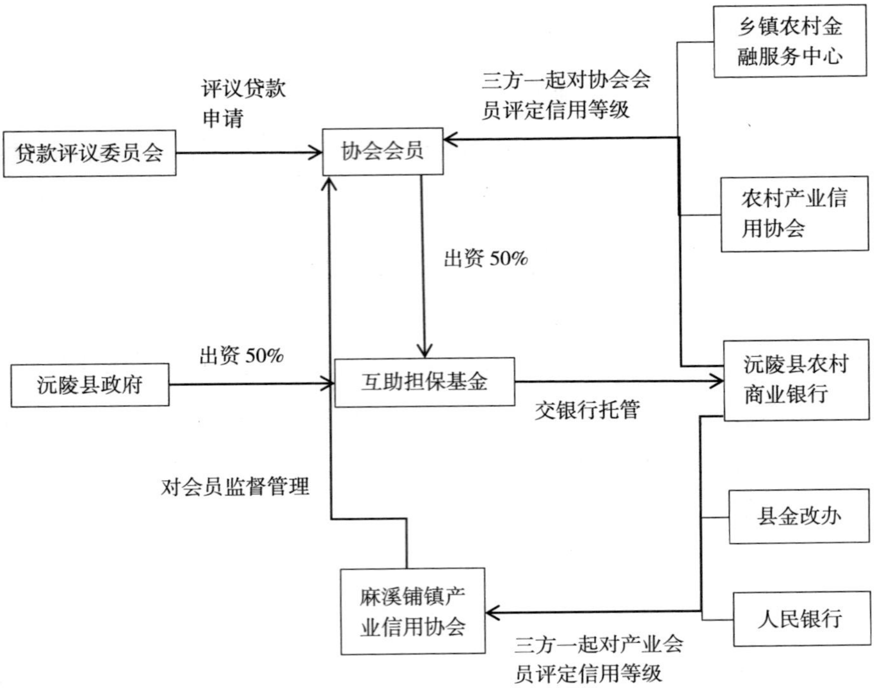

图 5-12　麻溪铺产业信用协会互助联保模式

多种养大户、专业合作社、农业企业等纷纷提出入会意向。同时,农村商业银行也表示非常支持这种模式,希望进一步加强合作,根据协会基金规模,可扩大信贷范围和授信额度,并降低贷款利率和延长贷款期限。产业信用协会作为中间桥梁,实现了农户和银行之间的双赢,发展前景良好。①

基本经验:一是强化联保互助。充分发挥互助担保基金作用,取消会员之间的担保和贷款会员对互助担保基金的反担保,降低担保对会员贷款的制约。明确只有所有会员偿还贷款后,会员才可退出协会,以充分体现联保互助。二是健全风险分摊机制。加快发展保险,要求会员对自己的产业和贷款本息债

①　《湖南沅陵:产业信用协会为何受农民欢迎》,2016 年 5 月 23 日,见 http://www.moa.gov.cn/ztzl/bxwhdy/gongzdt/201605/t20160523_5146945.html。

务进行保险,阻断相关风险传播。有条件的地方政府可对会员购买上述保险进行适当补助。同时县级政府可建立贷款风险补偿基金,帮助化解贷款风险。三是发挥协会的乡村建设和精准扶贫作用。将会员和协会的信用等级评定与其参与乡村建设和精准扶贫的效果挂钩,作为信用等级评定的重要依据,建立正向激励机制,对参与乡村建设和精准扶贫取得良好效果的会员和协会提高信用等级评定结果,以使其获得较大的贷款额度和利率优惠。四是按照产业建立农村产业信用协会。农村产业信用协会是多个产业的联合,一旦某个产业大户的贷款出现不良,需要以其资产在协会内部转让帮助化解其贷款债务,就会遇到产业差异大、难处置的问题,而且会员之间产业差异大,无法进行技术交流,相互之间信息不对称程度高,不利于相互监督评议。如果一个产业建立一个农村产业信用协会,就可有效解决上述问题。而且也利于同一产业的会员进行交流沟通,提高生产技能等,更好地促进产业发展。同时,也有利于会员之间相互评议、监督,发挥会员的风险管理职能。五是明确协会收益和财产处理。明确协会互助担保基金的存款利息收益作为协会独立财产,互助担保基金本金归缴纳者所有。明确退出协会时,互助担保基金本金归还缴纳者,存款收益等捐赠功能接近的社会公益机构。

五、基于金融扶贫的模式及成效

近年来,在推动农业产业精准扶贫业务模式的过程中,发现存在四个方面的问题:一是贫困农民思想观念相对陈旧,对新事物、新思想的接受力较差;二是缺乏产业发展资金支持,即使有意愿脱贫,但没有资金支持农业产业的发展;三是贫困人口普遍受教育程度较低,缺乏产业发展相关技术;四是产品销售遭遇困境,最终产品难以变现,导致常常增产却难增收。实践证明,通过培育新型农业经营主体带动产业精准扶贫,是解决上述问题的一种很好的发展模式。

基本模式:广西田东县农村金融改革瞄准农村金融缺服务、缺资本、缺信用、缺支持"四缺"难题,有针对性地解决农村金融需求和供给之间的结构性障碍,打造出金融服务"三农"高效发展的田东模式,成为全国首个"信用县"、首个基础金融服务覆盖全部村屯的县和首个实现转账支付电话"村村通"的县,并获批成为"全国农村信用体系建设示范区""国家农村改革试验区""国家现代农业示范区"。田东县多项主要经济、金融指标(或增幅)均排在广西省前列。2015 年 11 月,习近平总书记在中央扶贫开发工作会议上,充分肯定了田东金融扶贫工作取得的成效,指出广西田东县通过建设机构、信用、支付、保险、担保村级服务组织等六大金融服务体系,有效缓解了贫困户资金缺、贷款难问题,农户贷款覆盖率达到 90%。田东模式可以总结为"6543 模式"即六大体系、五大机制、四个创新和三个强化(见图 5-13)。

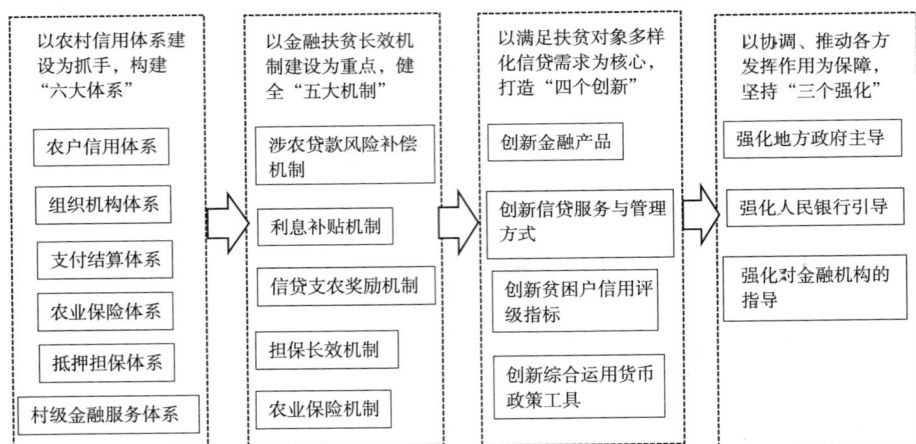

图 5-13　田东县"6543 模式"

规模成效:农村金融服务基础设施不断完善。田东县金融机构种类齐全,截至 2015 年末,全县拥有银行金融机构 9 家,类银行金融机构 18 家,银行网点 48 个,覆盖 10 个乡镇和部分村屯;网上银行、手机银行等电子支付渠道行政村 100% 全覆盖,成为全国首个实现转账支付电话"村村通"的县,共建设助农服务点 207 个,其中具有全支付功能的惠农支付点 165 个、叠加人民银行其他业务功能和金融附加服务的金融综合服务站 5 个。金融服务水平不断提高。截至 2015 年末,田东县共有 23 种农村金融产品创新,贷款余额达 11.95 亿元,产品数量和种类居百色第一。在全部 167 个行政村(含街道、社区)建立"三农金融服务室",累计通过"三农金融服务室"发放贷款 25 亿元。田东县的社会信用环境、金融生态环境持续改善。农户贷款不良率从 2.36% 下降至 0.88%。金融机构资产质量得到有效提升,金融生态发展向好。金融机构通过农户信用信息系统对农户授信总额达 49.53 亿元,单个农户授信最高达 10 万元。截至 2015 年末,全县累计向 5.9 万农户发放无抵押担保的小额信用贷款超 22 亿元。农户贷款覆盖率、贷款满足率分别由改革前的 26%、35% 提升到目前的 90%、92.8%,农民人均纯收入从 2008 年起年均增幅 15.1%。金融扶贫的动力明显增强。助农融资担保公司累计融资担保突破 1.42 亿元,农村经营主体缺乏抵押担保问题得到有效解决。农业保险覆盖面不断扩大,开办政策性农业险种已达 13 个,2009 年以来,累计为农业提供 90.02 亿元风险保障,累计赔款 3599.03 万元。风险补偿机制累计偿付金融机构坏账 219.8 万元。①

模式经验:一是始终坚持市场化和可持续性。田东县农村金融改革的根本方向是促进建立农村金融与农村经济的共生机制,增强农村金融市场的内生发展能力。在农村金融综合改革的整个过程中,遵循农村金融客观发展的规律,始终坚持市场化和可持续发展的原则,积极寻找消除制约农村金融市场发展的制度性问题的途径。推动农村金融与农村经济共生发展。通过便利市场准入、管理服务等,逐步打破农村金融市场的垄断模式,激发农村金融市场发展的活力,同时建立以金融为主导的农村金融市场机制,促进农业金融机构改善其在农村地区服务经济的能力和水平。二是坚持政府金融监管机构和商业金融机构的协调运作。在金融改革过程中,田东县始终坚持多利益相关方

---

① 数据来源:田东县人民政府网,http://www.gxtd.gov.cn/。

协调,促进农村金融综合改革,建立健全了组织领导机制,以及政府、企业、银行的沟通、协调与合作机制。在协调运行中,以政府和金融监管机构为主要推动者、以商业金融机构(如商业银行、保险公司等)为主体的农村金融改革试点模式逐步形成,有效地刺激了农村金融的发展。建立农民资金互助社等新型农村金融机构,有效拓宽和改善了为"三农"服务的农业金融机构的领域和水平,广泛整合和优化了区域金融资源。三是始终坚持财政援助农业资金用于发展现代农村金融市场。受信贷环境差、金融基础设施建设延迟等因素的影响,农村金融资源的运行成本较高,收益率普遍低于城市金融资源。在这种情况下,农村金融资源经常继续流向城市,导致对农村金融发展缺乏有效的支持。因此,在这次金融改革中,田东县一直坚持使用财政援助资金来吸引社会资本流入,以应对这种阻碍农村金融发展的难题,并发挥其在建立信贷和支付系统中的作用,有效地解决了农村金融市场服务体系中公共物品缺失的问题,促进了农村金融市场"洼地"效应的形成,促进了农村经济中金融资源的良性循环。

小　　结

本章分析了金融支农的典型模式及成效,主要从银行业金融机构(中国农业银行、中国邮政储蓄银行、中国农业发展银行等)以及从金融产品创新、产业金融模式创新、互联网金融创新、信用互助模式创新、精准扶贫等地方实践模式分析金融支持新型农业经营主体的典型模式及成效。

第六章 新型农业经营主体金融 服务政策支持体系构建

农业现代化是乡村振兴的重要目标,而新型农业经营主体则是实现农业现代化的主要载体,也是实施乡村振兴战略的重要力量。2017年中央一号文件提出:"深入推进现代青年农场三、林场主培养计划和新型农业经营主体带头人轮训计划,探索培育农业职业经理人,培养适应现代农业发展需要的新农民。""支持金融机构开展适合新型农业经营主体的订单融资和应收账款融资业务。""持续推进农业保险扩面、增品、提标,开发满足新型农业经营主体需求的保险产品,采取以奖代补方式支持地方开展特色农产品保险。"党的十九大报告提出:"实施乡村振兴战略","培养造就一支懂农业、爱农村、爱农民的'三农'工作队伍"。2018年中央一号文件就实施乡村振兴战略提出了具体意见,就新型农业经营主体提出:"注重发挥新型农业经营主体带动作用,打造区域公用品牌,开展农超对接、农社对接,帮助小农户对接市场。"《乡村振兴战略规划(2018—2022)》提出:"壮大新型农业经营主体","加快建立新型经营主体支持政策体系和信用评价体系,落实财政、税收、土地、信贷、保险等支持政策,扩大新型经营主体承担涉农项目规模"。这为农业产业发展指明了方向,为培育壮大新型农业经营主体提供了重要支撑。

培育壮大新型农业经营主体,是推进现代农业发展的核心和基础。前面章节分析了新型农业经营主体金融服务供求现状、金融服务供求结构与影响因素,并总结了金融支农的典型模式及成效。然而,金融服务新型农业经营主体的发展,除了要提升金融服务需求、创新金融服务供给外,还需要政府的大力支持,需要政府制定和完善新的金融服务相关政策,这样才能从根本上保证金融服务新型农业经营主体的健康发展和可持续发展。

第一节　新型农业经营主体金融服务政策支持体系构建

一、金融服务新型农业经营主体的顶层设计

根据制度变迁理论,制度变迁主要有"自上而下"的强制性变迁和"自下而上"的诱致性变迁两种模式,中央提出的"顶层设计"符合强制性变迁模式,"摸着石头过河"契合诱致性变迁模式。新型农业经营主体主要包括专业大户、家庭农场、农民专业合作社、农业产业化龙头企业等。由于其各自不同的特征,家庭农场将是未来中国农业发展的基本主体,专业大户将成为现代农业发展的重要力量,农民专业合作社联系农户和市场,龙头企业在农产品加工、流通、带动农户方面成为主体,最终形成的现代农业经营体系将以农户家庭经营为基础、合作与联合为纽带、社会化服务为支撑。目前,新型农业经营主体处于发展的初期阶段,管理不规范,抗风险能力较弱,难以符合金融机构的贷款条件,从而降低了其获得贷款的可能性。针对新型农业经营主体发展中金融服务存在的问题,相关部门及一些地方政府均出台了支持政策,但这些政策相对比较分散,缺乏整体性和协同性,没有形成金融服务新型农业经营主体的政策合力,还需要从国家层面对其进行顶层设计,并加大政策引导力度,坚持顶层设计和基层自主创新相结合,兼顾金融服务新型农业经营主体的系统性和差异性,在国家统筹推进金融服务创新的同时,兼顾各地的差异性,鼓励各

地结合本地特点创新金融服务,提高金融服务新型农业经营主体的综合能力。

二、引导金融资源向新型农业经营主体倾斜

由于金融机构的经营以盈利为目标,其倾向于投资发展前景好、盈利比较高、安全性比较高的对象,而新型农业经营主体以农业生产、农产品加工为主,农业又是弱质产业,受自然条件、市场变化等因素的影响比较大,相对风险比较高,这些都与金融机构经营目标相违背,导致金融资源偏离了新型农业经营主体。并且金融资源在农村地区的分布也不均衡。在经济基础比较好的地区,金融机构提供的服务相对比较全面,而在经济基础比较薄弱的地区,金融机构大多只提供最基本的金融服务,这些地区的新型农业经营主体较难获得符合自己需求的金融服务。因此,需要采取有效措施引导金融资源流向新型农业经营主体。

针对金融机构不愿为新型农业经营主体提供服务,政府可采取有效措施引导金融机构为新型农业经营主体提供服务。一是政府加大政策支持力度,提高金融机构支持积极性。对金融机构为新型农业经营主体提供服务的,给予税收优惠;对支持新型农业经营主体做得好的金融机构进行奖励,根据其提供产品的不同给予不同比例的贴息;还可以设立新型农业经营主体信贷风险补偿基金,专门用于弥补支持新型农业经营主体的信贷资金损失。二是引导金融机构结合新型农业经营主体的需求,合理确定贷款额度、期限,有针对性地开发金融产品。可以综合考虑新型农业经营主体的经营规模、发展前景、盈利状况、需求情况等多方面因素,合理确定贷款额度,结合农业生产周期灵活确定贷款期限。在开发适合的金融产品方面,可以根据新型农业经营主体的农产品收购加工、农业科技运用、基础设施建设等各个方面的多样化需求设计相应的金融产品。如针对新型农业经营主体的土地流转和粮食收购的临时需求设计大额信用贷款;针对家庭农场、农民专业合作社等新型农业经营主体缺少抵押担保的状况,创新抵押担保方式,扩大有效抵押物范围,稳步推进农村

承包土地经营权和农民住房财产权抵押贷款试点,支持龙头企业为其带动的农户、家庭农场等提供贷款担保,将厂房、生产大棚、大型农机具等作为抵押物贷款,用生产订单、农业保单等进行融资等;大力发展农业价值链融资,由农业核心企业带动上下游农户发展等。对于做到以上某一方面或某几方面的金融机构,政府可以出台相应的奖励办法,设立单项贡献奖,给予一定的奖励,也可以对相应贷款利息免征相应税收,以此来引导金融机构更好地、更有针对性地支持新型农业经营主体。

针对金融资源地区分布不均衡问题,国家可以规定农村地区的金融机构必须拿出一定比例的资金用于支农,并且充分发挥财政资金的引导、撬动作用,通过风险补偿、税收优惠等政策鼓励金融机构到金融服务薄弱的地区设立网点,延伸服务半径,也可以鼓励这些地区设立小型金融机构,对设立的小型金融机构给予财政贴息、税收减免等优惠政策。

三、拓宽新型农业经营主体融资渠道

扶持发展新型农村金融机构。探索建立投资多元化、主体多样化的村镇银行发展格局,适度放宽村镇银行的准入条件,明确相关管理细则,改变目前必须由银行业金融机构作为主发起人的做法,探索境内外各类出资者共同发起组建村镇银行;加大对农村资金互助社的支持力度,在其成立初期,实行税收优惠,如免征企业所得税、利息税、城建税等相关税收,对经营业绩良好、支农作用突出的农村资金互助社给予直接奖金奖励;建立向农村资金互助社批发资金的长效机制,由大中型金融机构向农村资金互助社批发资金,实现大中型金融机构和农村资金互助社的双赢。

规范小额贷款公司发展。一是加快立法工作。全国层面没有专门的法律法规对小额贷款公司进行规范,只有 2008 年 5 月 4 日中国人民银行及银监会共同发布的《关于小额贷款公司试点的指导意见》作为指导性文件指导小额贷款公司的发展。而地方政府方面,2016 年 7 月 1 日,我国首部涉及地方金融监管的省级地方法规《山东省地方金融条例》正式施行,效力要高于政府规章;2017年12月,河北省《地方金融监督管理条例》正式出台,明确河北省内从事地方金融服务以及监督管理等活动适用该条例,但大部分省份还没有地方金融条例。因此,建议推动全国层面的小额贷款公司相关立法工作,各地加快制定地方金融条例,完善小额贷款公司的市场准入和退出机制、监督检查制度、内部风险控制制度、定期信息公开制度等法律法规,为规范小额贷款公司的发展提供法律保障和监管依据。二是加大政策支持力度。如,允许小额贷款公司在政策规定额度内,参照银行业金融机构的拨备计提标准和规则税前计提拨备;对于规范发展、表现优秀、在支持新型农业经营主体方面贡献比较突出的小额贷款公司给予一定金额的奖励;鼓励各县财政出资设立贷款风险补偿基金,对小额贷款公司发放的针对新型农业经营主体的贷款出现损失并经确认后,给予一定补偿。三是为小额贷款公司可持续发展创造良好的外部环境。如,推动小额贷款公司加入人行征信系统,小额贷款公司办理不动产或动产登记时享有与传统金融机构的同等待遇,建立专门审理小额贷款公司案件的业务庭等。

鼓励新型农业经营主体通过多层次资本市场融资,可以从政策、人才、上市培育等多角度入手。一是制定拟上市企业的鼓励政策,对成功上市企业及拟上市但尚未成功的企业以不同方式给予支持。对于成功上市的企业,可以给予一次性的资金奖励,对拟上市的企业,在改制、创业板转主板等各个阶段给予补贴,降低其上市成本。二是加强新型农业经营主体特别是农业企业干部的培训。政府部门可以联合高校为农业企业的干部定期举办金融培训班,为其讲授资本市场的基本知识、运作流程及相关金融知识,同时可以联系上市服务机构提供股改、备案注册等业务咨询,让他们更加了解资本市场,提高金融素质。三是建立上市企业后备库,对有上市意愿、业绩良好的农业企业进行培育,就企业如何规范改制、上市申报文件如何制作等进行辅导。四是更好发挥农村产权交易中心的作用。此外,鼓励新型农业经营主体尤其是农业企业通过发行企业债、公司债和中小企业私募债、中小企业集合票据、短期融资券、中期票据等形式募集资金。

发展农村期货市场。一是深入农村和基层农业企业当中去,加大宣传和推介力度。二是结合期货市场上市品种,引导农产品种植、加工方向。由于期货市场的价格比现货市场价格更有预见性和权威性,可以反映未来农产品的价格信息,从而新型农业经营主体可以根据期货市场价格调整种植结构,降低市场风险。三是在做精做细现有农产品期货品种基础上,完善农产品期货新品种上市机制,加快新品种上市进程,为新型农业经营主体参与期货交易创造便利条件。

以财政资金引导更多社会资金支持新型农业经营主体发展,如对于企业的农业综合开发、技术改造等进行财政贴息。财政贴息采取直接方式贴息,即由银行按政策直接向企业、合作组织等发放贷款,按规定收取利息,财政将贴息资金直接拨付到他们的账户。新型农业经营主体在通过发行企业债券、中小企业集合债、公司债券、中期票据、私募债、短期融资券等方式进行直接融资时,可以优先申请财政专项奖励资金。创新财政投资补助资金使用方式,把财政投资补助资金变成产业引导投资的股权基金,即作为母基金,吸引社会资本并引进私募基金管理方式,放大财政资金的杠杆作用,同时有助于财政资金的高效使用和保值增值,有助于资源的优化配置。

四、建立新型农业经营主体信贷风险分散机制

(一)构建政策性、合作性等多种形式的农业信贷担保体系

由于我国幅员辽阔,各地的区域经济条件、市场发育情况、新型农业经营主体发展情况等各不相同,因此,各地应该结合本地实际情况,因时因地制宜,构建政策性、合作性等不同形式的农业信贷担保体系,其中政策性农业信贷担保体系是主要组成部分。它包含三个层面:国家、省级及市县级。国家农业信

贷担保联盟有限责任公司作为全国层面的政策性担保机构,实行政策性主导、专业化管理、市场化运作,为各省农业信贷担保公司提供再担保服务。国家农业担保机构还将承担落实国家农业支持政策、制定公司再担保业务标准、研究开发农业信贷担保产品和服务、与银行等金融机构开展总对总的战略合作等职责。省级农业信贷担保机构起着承上启下的作用,为市县担保机构提供业务指导、政策支持等服务,通过农业信贷担保平台撬动金融社会资金服务"三农",积极支持新型农业经营主体培育和壮大,解决种养大户、农民专业合作社、家庭农场等新型农业经营主体贷款没有有效抵押物的问题。并且,省级农业信贷担保公司要逐步向各市、县进行分支结构的延伸,逐步向市、县担保机构让权,一定担保份额内的,可以由其直接审批。

农村合作性担保机构在政府的指导下按照"自愿平等、利益共享、风险共担"的原则组建,其成员一般是辖区内的农户或者中小企业,他们均在自愿的前提下参与合作性担保机构的组建。合作担保机构的资金主要来源于成员的入股资金,以自我补偿为主,政府可以给予适当支持但是不能干预其正常运营。

不论构建哪种形式的农业信贷担保体系都需要:一是建立担保与反担保机制,实现责权利统一。目前农村开展的"两权"抵押贷款,由于金融机构处置抵押物障碍较多,开展得并不顺利。如以"两权"做有政府背景的农业信贷担保机构反担保品,开展起来就会更加顺畅。二是加强信贷担保机构风险管理,调整贷款利率和担保费率在贷款总费率中的比率。以不增加新型农业经营主体的总负担(利率+费率)为前提,降低贷款利率(可在资金成本之上加成),增加担保费率(或对担保机构进行费率贴补),扩大担保机构的收益,对冲担保机构风险。三是健全农业信贷担保公司人员选拔和培训机制。做好省、市、县农业信贷担保机构人员选拔配置和业务培训。县级农业信贷担保机构业务人员新毕业大学生较多,这部分人员从业经验少,风险识别和风险定价能力需要有一个历练和提升的过程,应该对其做好培养和培训工作。同时,应该从金融机构选拔一批人品好、业务素质高的人员充实到农业信贷担保机构中来。

（二）完善农业保险风险再分担机制

保险政策是基于市场导向的政策支持体系，运用市场机制推进生产要素向新型农业经营主体配置。要应用新理念、新思维、新技术，探索新产品、新途径、新模式，最大程度提升保险政策的引导作用。更要以满足新型农业经营主体多元化需求为目标，加大新产品研发力度，开发保险政策基础功能和增值功能，构建多层次保险体系，并不断完善农业保险风险再分担机制。一是构建政策性保险、商业性保险、互助合作保险等共存的多层次保险体系。通过税收减免、财政补贴等形式吸引商业性保险公司开展农业保险业务，扩大农业保险的覆盖面，帮助新型农业经营主体抵御农业自然灾害，在商业性保险不愿涉及的领域，引入政策性保险。稳步开展农民互助合作保险试点，鼓励有条件的地方积极探索符合实际的互助合作保险模式，满足新型农业经营主体多样化风险管理需求。二是建立农业保险的风险再分担机制。探索建立政府支持的农业巨灾风险补偿基金，开展农业巨灾保险试点，健全完善相关权益机制；组建全国范围的农业再保险公司，在原保险公司遭受巨大灾害时从再保险公司获得赔偿，为农业保险提供持续稳定的再保险保障。

第二节　提升新型农业经营主体金融服务有效需求政策支持体系构建

一、加大对新型农业经营主体的财税政策支持力度

建立新型农业经营主体发展专项资金，支持新型农业经营主体扩大生产规模、进行技术升级改造等；涉农资金新增部分尽量向新型农业经营主体倾

斜;优先为新型农业经营主体提供担保,对获得全国驰名商标、省著名商标等荣誉的新型农业经营主体给予一次性物质奖励;对新型农业经营主体给予一定的税收优惠,如对新型农业经营主体从事农、林、牧、渔项目符合条件的,所得税免征或减征企业所得税,按国家政策规定免征蔬菜、肉蛋等鲜活农产品流通环节增值税等。总之,通过财政贴息、减免税收、奖励、补助等多种方式支持新型农业经营主体的发展。

二、项目选择上向新型农业经营主体倾斜

选择农田水利设施、农业综合开发等涉农项目的承担主体时,优先考虑新型农业经营主体,逐步扩大其承担规模。各类支农项目在选择扶持主体时,同样优先考虑新型农业经营主体。政府出台专门的管理办法,鼓励新型农业经营主体参与项目,对项目建设的全流程作出规定,明确鼓励措施、负责部门、相关权利与义务等,如项目的建设管理严格实行招投标制、工程监理制、合同管理制、安全生产责任制等制度,项目实施的主管部门要切实加强项目建设的监督、指导与验收等,以提高新型农业经营主体参与项目的积极性。

三、规范新型农业经营主体经营管理支持政策

虽然国家对新型农业经营主体的支持力度不断加大,但新型农业经营主体总体发展水平不高,处于发展的初期阶段,抗风险能力较弱,在内部管理等方面也存在很多问题:专业大户、家庭农场等多是家庭式管理,从管理到生产主要是一家一户来进行,没有专职的管理人员,多数没有健全的内控制度和财务管理制度,发展还处于起步阶段;农民专业合作社多数成员比较少,规模小而且散,没有规范的运行机制、内控制度,甚至还有空壳社、冒牌社,并且多数没有合理的现金流,经营、财务信息不透明,很难符合金融机构的贷款标准。甚至农业产业化龙头企业,内部管理制度、财务制度等也多数不够完善,而且经营状况不稳定,在一定程度上降低了获得金融服务的可能性。因此,需要对

新型农业经营主体进行规范管理：一是引导新型农业经营主体加强内部规范管理。引导其建立完善的经营管理制度、财务制度等，建立合理、科学的利益分配制度，加强日常管理，使新型农业经营主体走上规范化发展道路。二是培育新型农业经营主体的风险意识。新型农业经营主体发展过程中面临着市场风险、自然灾害等各种风险，需要提升经营管理能力，增强风险意识。政府要加强对新型农业经营主体的风险意识教育，既要客观告知其在发展过程中面临的各种风险，使其不盲目地在自己能力范围之外扩大再生产，又要不肆意将风险扩大化，以免新型农业经营主体在风险面前止步不前，进而影响农业现代化发展。新型农业经营主体也要不断加强风险知识的学习，提高认识风险、抵御风险的能力。

四、新型农业经营主体培养和人才引进支持政策

从优化资源配置与金融可持续两个角度来讲，农业信贷支持对象应是经营理念先进、管理较科学、财务较规范、有一定经营规模的新型农业经营主体。新型农业经营主体与普通农户相比，规模更大、效益更好，更适合也更应该得到银行信贷支持。新型农业经营主体作为金融重点支持对象可降低银行信贷风险，也可减轻担保机构负担。

培育新型职业农民是全面建成小康社会的重大举措，是加快农业现代化建设的战略任务，是解决"谁来种地"问题的根本途径，因此，需要不断加大新型职业农民的培育力度。新型职业农民的培育要坚持"政府主导、市场机制、立足产业、精准培育"的原则，制定扶持政策，加大经费投入，发挥市场在资源配置中的决定性作用，把服务现代农业产业发展作为出发点和落脚点，科学遴选培育对象，进行专业化、针对性教育培训，建设一支适应农业现代化建设需求的有文化、懂技术、善经营、会管理的新型职业农民队伍。在新型职业农民的培育过程中，要充分调动涉农院校、农业科研院所、农技推广机构等部门的培训资源，坚持理论与实践相结合，既系统讲授农业生产、农业经营管理等相

关知识,又组织实训学习、参观考察、生产实践等,有条件的地区还可以组织新型职业农民跨区域和国际交流。同时,在培训过程中注意线上与线下紧密结合,充分利用现代信息手段为农民提供在线教育培训和跟踪指导,以达到更好的培训效果。

此外,还可以通过引进职业经理人提高新型农业经营主体的经营管理水平,鼓励大中专毕业生及科技人员等创办领办新型农业经营主体,鼓励科研人员以知识产权入股、参与分红等形式到新型农业经营主体任职等多种方式壮大新型农业经营主体队伍。

第三节　新型农业经营主体金融服务配套政策支持体系构建

一、土地"三权分置"配套政策构建

（一）加强新型农业经营主体用地保障

不断健全土地管理制度,完善农村新增用地保障机制,盘活农村存量建设用地,激活农村土地资产,在此基础上用地政策向新型农业经营主体倾斜。在用地方面,调整优化用地布局,对新型农业经营主体用地优先安排,并对符合规定的用地减免相关税费;对新型农业经营主体的生产设施用地,如果符合国家规定,在不改变土地用途的前提下,可以按照农用地管理,不再办理相关手续;为了发展新产业的需要,新型农业经营主体可以依法依规盘活现有农村集体建设用地。

（二）推进农村承包土地"三权分置"改革

实行"三权分置",在保护农户承包权益的基础上,赋予新型农业经营主体更多的土地经营权,为新型农业经营主体融资提供支持。然而,农村承包土

地"三权分置"还面临一些难点,如存在立法短板、缺乏政策协调、配套机制不健全等,需要深入推进农村承包土地"三权分置"改革,为新型农业经营主体获得更多权益奠定基础。

第一,完善农村土地相关法律法规。一是适时修改《土地管理法》等农村土地相关法律法规,从法律上明确界定所有权、承包权和经营权之间的权利关系,明确界定所有权、承包权、经营权的权利边界,促进形成兼顾效率和公平的三权相互衔接、大体均衡、同等保护的农村土地基本权利法律制度。二是研究制定专门的《土地经营权法》,对土地经营权进行定性,对"三权分置"下土地经营权流转涉及的流转对象、流转期限、流转形式、流转登记、价值评估、抵押与处置、土地经营权的监管和管理等事项从法律角度来保障和规范。

第二,建立部门之间的政策协调机制。农村承包土地的"三权分置"改革涉及农业主管部门、国土资源部门、财政部门、金融部门等多个部门,各部门在职责范围内负责"三权分置"改革的相关内容,如农业行政主管部门主要负责抓好"三权分置"制度设计,做好土地承包经营权确权登记颁证等工作,国土资源部门主要负责土地用途管制、违法违规改变土地用途的查处等工作,财政部门主要负责相关财政扶持政策的制定落实,金融部门负责土地经营权抵押、融资等相关办法的制定落实等,这些部门之间往往缺乏沟通,对相互工作不太了解,难以形成工作合力。因此,需要在明确相关部门责任、形成工作合力的基础上,建立部门之间的工作协调机制。可以建立"三权分置"工作领导小组,由当地主管领导任组长,农业部门、国土资源部门、财政部门、金融部门等相关部门主管领导为组员,办公室设在农业部门,负责领导小组的日常工作及相关部门之间的日常联系。领导小组定期召开会议,对工作中涉及的问题、需要其他部门配合的问题等进行沟通,在此基础上推进本部门工作。

第三,促进农村土地有序流转。土地问题是新型农业经营主体面临的首要问题,因此需要创新方式,加快土地流转,推进土地集约化、规模化经营。要建立健全土地流转制度,建立统一的土地流转平台,让农民可以放心地流转土地;要创新利益联结机制,稳定农户和新型农业经营主体之间的利益联结关系;建立土地经营权价值评估体系,结合土地面积、土地用途、流转年限等对土地进行专业评估;发展土地流转中介服务组织,建立土地承包纠纷仲裁机构,促进土地有序健康流转。

(三)构建宅基地使用权抵押制度

"三权分置"后,农村宅基地"三权分置"不动产权登记证由资格权人证、使用权人证、所有权人证组成,权属清晰,"三权分置"一目了然,宅基地使用权可以通过租赁等方式进行流转,盘活了宅基地资本。宅基地使用权进行抵押时,也可以将使用权人证作为有效抵押物提供给银行。

然而,目前我国关于宅基地使用权的法律法规还不完善,散见于《土地管理法》《物权法》等法律法规中,有些已经不适应经济发展需要,因此需要对宅基地使用权相关法律法规修改完善,为宅基地使用权制度的建立奠定法律基础。建议在充分调研基础上,梳理实践中出现的问题,制定专门的、切实可行的《农村宅基地使用权法》,明确规定宅基地使用权的归属、权利内容、退出机制、法律责任等,全方位规定宅基地使用权制度。同时,在试点基础上,逐步修改禁止宅基地使用权抵押的条文,将允许宅基地使用权抵押上升为法律。

建立宅基地使用权抵押制度,还需解决宅基地使用权抵押变现难的问题。在宅基地使用权抵押制度中,抵押的实现价值更受抵押权人的重视,只有抵押权及时、充分变现,抵押权人的债权才能得以清偿。宅基地使用权抵押的关键在于解决变现难的问题,这可以从以下几方面入手:一是扩大受让人的范围。在现行的法律制度下,宅基地使用权的主体限定在本集体经济组织内部,因此一般各地对受让人都限定了范围,一般是在集体经济内部,而内部成员可以按照"一户一宅"政策无偿使用一户,这样内部需求就会变小,因此建议扩大受让人范围,集体经济外部人员也可以使用宅基地,有效扩大对宅基地使用权的需求。但是,城市居民只可以使用宅基地,而不能到农村购买宅基地建别墅、私人会馆等。二是建立宅基地使用权有偿、有期限使用制度。非集体经济人员使用宅基地时,应缴纳一定的使用费,并规定使用年限。

二、应用新技术完善农村金融基础设施建设

(一)应用区块链技术建立健全农村信用体系

完善的农村信用体系能够促进农村金融业高效运转,改善农村金融环境。由于部分农村电子化程度不高,农户文化素质偏低,农村信用体系建设借助线上大数据信息搜集评定较难,主要靠挨家挨户走访的"土法子"一点点征集起来。目前,农村信用体系建设分为两个步骤:首先,通过农村基层党组织和基层金融机构双基联动的方式搜集农户的家庭资产负债等信息,并由基层党组织对收集的信息进行核验,以最大限度地保证信息的完整性和准确性;其次,信息采集工作结束并经过多轮核验后,在综合考虑农户的家庭基本情况、个人品行等多种因素基础上,由村干部、村民代表和基层金融机构代表对农户信用情况打分并公示,最终确定农户的信用等级,作为银行授信的依据。但是,目前大部分省市农村信用体系的建设还处在初级阶段,而且存在数据维度单一、覆盖面较小、信息不完整、更新速度慢等问题,而区块链技术的总账方案可以将分散在各行业各部门的信用资源进行整合,建立更加完善的农村信用体系。

区块链具有去中介化、稳定性、强安全性、交易的公开透明和不可篡改性等特点,其本质就是一种解决信任问题、降低信息和监督成本、实现信息安全交流的技术方案。以区块链为基础构建农村信用体系,一是可以提高信息采集的效率,拓宽采集渠道。由于区块链上没有中心节点,可以自动记录海量数据,这样每个人都可以参与信息的记录,拓宽了农村信用信息采集的维度,而且由于不用再一家一户走访采集,降低了信息采集的难度和成本,提高了信息采集的效率。二是可以增强信息的可靠性与安全性。传统的一家一户采集信息很可能被人为篡改或者信息泄露,或者在录入过程中产生错误,使得信息可

靠性降低,除此之外,如何对采集的信息进行隐私保护也是较受关注的问题。区块链技术的应用采用了大量的密码学算法,被记录的信息会被永久储存,并且可以追溯历史数据明细,在技术层面上能够遏制数据造假,并且确保数据不被篡改或者泄露,在此基础上实现信息的共享共通。

区块链技术以互联网、计算机技术为基础,然而部分农村地区互联网尚未普及,并且由于区块链技术是比较新的技术,还缺乏监督,因此,把区块链技术应用于农村信用体系建设,一是要制定相关的法规及监督措施。政府部门出台相关法规,对区块链技术的安全性、区块链数据库中的信息作出规范,并对区块链技术的应用过程等进行监督。二是组织专业的区块链技术研发团队。由于区块链技术目前还处于新兴的初级阶段,在农村信用体系建设方面还未落到实处。为了加速区块链技术在农村信用体系建设中的应用,应该组建专业的技术团队,跟踪区块链技术的最新动态,学习国内外区块链技术的先进经验,对区块链进行技术创新,不断提升技术的安全性与成熟度。三是加大数字金融在农村的普及力度,对农户进行信用体系建设教育。信用体系建设及后期的更新工作都需要互联网和计算机技术,因此要加大数字金融在农村普及的力度,政府可以在政策上给予一定的倾斜。同时,要加强对农户的信用体系建设教育,使其了解信用体系建设的重要性,认真、准确填写信息,并且掌握计算机技术,实现信息的线上采集。

(二)应用云计算技术完善农村支付体系

近年来,农村支付体系已经明显改善,服务水平也得到了有效提升,然而目前的农村支付体系与实际服务需求相比,还存在一定的差距。农村支付服务基础设施建设落后,大多农村金融网点未接入现代化支付系统,ATM 机、POS 机等布设较少,农村非现金支付工具结算单一,难以提供方便快捷的服务;部分助农服务网点运营成本高,安防措施较差,没有监控等设备,且由于代理人员不是银行的工作人员,金融知识及风险意识不够,存在安全隐患;传统支付工具仍占主导地位,现金结算方式仍占较大比重,非现金结算方式主要以支票、汇兑为主,银行卡的使用也仅限于简单的存取款业务。因此,完善农村支付体系、畅通支付结算渠道就显得尤为重要,而云计算技术应用于农村支付体系可以提高支付的安全性,改善农村支付环境。

云计算是基于互联网相关服务的增加、使用和交付模式,是分布式计算、并行计算、网格计算等传统计算机技术和网络技术发展融合的产物,按照部署方式,云可以分为公共云、私有云和混合云。云计算具有超大规模,数据的存储、信息系统的运行都在云平台的不同服务器上,提供了安全的数据存储方式,支持用户在任意位置、使用各种终端获取应用服务,人们需要的一切甚至包括超级计算这样的任务只需要一台笔记本或者一个手机就可以通过网络服务来实现。

基于云计算技术的农村支付体系,系统计算能力、网络资源和存储资源等可以动态调配和扩展,可以按需快速部署服务,在支付量突发式增长时,能迅速扩张服务能力,以动态支持海量支付交易和相关服务需求的增加,并且运行机制和数据备份机制的安全性都有了较高提升。然而,基于云计算的农村支付体系建设还需要做好以下工作:一是出台相应的法律法规。建议国家出台相关法律法规支持基于云计算的农村支付体系建设,从法律层面对农村支付体系建设涉及的内容进行规定。相关管理部门尽快出台包括银行卡、互联网支付及其他新型支付工具在内的多层次有差别的管理模式,从制度层面理清农村支付体系内各部门的权利和责任。二是加快推进农村地区支付服务基础设施建设。建立政府、人民银行、各金融机构等多部门共同参与的长效工作机制,政府注入专项建设资金加快推进农村地区支付服务基础设施建设,逐步扩展和延伸支付清算网络在农村地区的辐射范围,同时考虑各地实际情况,引导金融机构重点加强农村地区支付基础设施建设,发展用于农村地区的支付工具体系。三是借助"互联网+",推进新型农村支付体系工具的应用和普及,针对不同客户,量身打造个性化宣传方案。如通过召开推介会等方式向农业企

业推广新型支付工具,通过发放宣传材料、入户推荐等方式向专业大户推
广等。

(三)应用大数据技术建设农村金融信息服务平台

农村金融电子化程度较低,金融机构较少,新型农业经营主体很难及时获
得金融机构的存贷款、理财等金融服务信息,金融服务的供求信息不对称,迫
切需要拓展新型农业经营主体获得金融服务信息的途径。浙江温州、山东寿
光、江苏扬州等地建设了针对农村的金融信息服务平台,为农户提供国家涉及
"三农"的政策法规、金融机构最新的金融服务信息和金融产品、融资培育、热
点问题解答等多维度的信息和资料,充分体现了资讯发布、产品推介等方面的
功能,取得了较好的服务效果。但是,农村金融信息服务平台在建设中还存在
信息不完整、数据更新慢、缺少专人维护、信息量偏少、信息陈旧等问题,在为
新型农业经营主体提供帮助方面难以做到及时有效。

而新型农业经营主体的相关信息以数据孤岛的状态分布在不同部门,即
使同一机构的不同分支机构之间也存在数据隔离现象,各种数据无法被关联
在一起,并且由于各部门的数据监测体系不同,数据指标和调查样本不一,影
响了数据的公信力,金融机构也难以求得比较全面的各类主体数据,面对巨大
的金融需求却找不准服务对象。因此,亟须建立新型农业经营主体大数据系
统,将分布在各部门的数据汇总、加工,并实现数据的开放共享。

以大数据为基础建立的农村金融信息服务平台结合了金融知识和大数据
技术,信息来源广泛,数据更新快,并且对相关数据进行深加工处理,为供求各
方提供更及时、全面的服务。主要包括三大板块:一是新型农业经营主体板
块。记录新型农业经营主体的基本信息、种养品种、经营规模等情况,还要记
录主体的投入产出等生产经营情况,订单、库存、结算等明细交易记录,银行贷
款、担保、抵押等情况以及财务状况等,并把分布在涉农、法院、税务、工商等部
门的新型农业经营主体信息汇总接入该系统。二是政策及信息服务板块。为

农户提供国家涉及"三农"的政策法规、农业科技、原材料采购、农产品市场行情、产品需求等农业信息,并对热点问题进行解答,充分体现了资讯发布、产品推介等方面的功能。三是金融板块。包括国家的农业信贷政策、面向农业的信贷产品发布、贷款利率、市场供需行情、运输行情、农产品期货、相关企业股价、理财产品等金融服务信息。这就需要该平台满足以下需求:一是能够及时处理来自银行、原材料销售企业、农产品市场统计分析机构等相关部门的种类繁多的各种信息,并将其加工成新型农业经营主体比较青睐的、可读性较强的信息,并且能够满足巨大的同时在线访问需求;二是能够应对随时的信息变化,及时淘汰失效信息,可以根据访问量和所存储信息量的变化,调整自身资源负载的能力。

以大数据为基础的农村金融信息服务平台的建立涉及部门众多,各部门之间存在着信息壁垒,因此要建设农村信息服务平台,需要从顶层设计,在国家层面制定各部门数据管理和共享的范围边界,推动各部门相关数据信息共享。同时建议各省市由省市级主管经济和信息化的领导牵头,组建农村金融信息服务平台建设项目组,组长负责平台建设的全面工作,并召集金融机构的业务骨干、政府部门相关部门专家、信息咨询专家、大数据技术骨干等各方面精英共同完成系统建设工作。系统的构建还可引入第三方提供商,由其提供数据整理、操作人员培训等服务,并提供长期的系统维护。此外,成立专门的管理部门,负责系统的维护、系统的更新、平台数据的备份与恢复、最新服务的挖掘与引进、与服务提供商的联系沟通等工作。

小　　结

新型农业经营主体是当前实现农村农户经营制度基本稳定和农业适度规模经营有效结合的重要载体,在现代农业发展中发挥着越来越重要的作用。要抓住乡村振兴的契机,对土地规模流转加以引导、规范和鼓励,引导城市资金注入农村和农业,培育新型农业经营主体,形成城市资金下乡、战略投资者引入农村、城乡协同发展的良好局面。新引入的战略投资者和农村新型农业经营主体,将形成集聚效应、示范效应和带动效应,改变广大农村以农户为经营主体的局面,这必将对农村经济发展、金融环境改善带来巨大好处。农业现代化目标的实现、新型农业经营主体的培育都离不开金融的支持,需要不断完善新型农业经营主体金融服务体系、构建完备的金融服务新型农业经营主体政策支持体系,以适应新型农业经营主体发展的需要。

第七章　新型农业经营主体金融服务有效需求提升路径

提高新型农业经营主体的金融需求是各类金融机构增加金融供给和开展后续业务的前提,是协调金融供求偏差问题的重要方面,是创新新型农业经营主体金融服务路径的基础。与传统农户相比,新型农业经营主体在服务期限、服务类型、需求金额等方面有新的特点。本章基于新型农业经营主体的发展现状及融资问题,从需求的角度提出如何协调其金融供求。

首先,从整体的角度出发提出新型农业经营主体金融需求的一般提升路径:通过完善内部治理结构、健全财务制度加强自身建设;通过建立产业联合体等手段增强新型农业经营主体经营实力,提高其使用金融服务的能力;通过完善政策和机制等优化农村金融环境,营造良好金融生态;通过创新培训内容和培训模式等加强金融、管理等相关培训,增强金融意识。

其次,根据每类新型农业经营主体自身及其金融需求特点,提出具体的金融需求提升路径。专业大户可以通过引进技术提高生产经营效率、扩展贷款抵押物——开展活体兽禽抵押等方式,提高对金融服务的需求。家庭农场可以通过优化组织形式、提高人员素质、利用保险形式稳定收益等方式提高对金融服务的需求。农民专业合作社可以通过完善内部管理制度、加强信用体系建设、强化内部资金互助和增强外部融资能力等方式提高对金融服务的需求。

农业产业化龙头企业可以通过完善品牌战略内涵发展、规范企业治理、按上市条件改制等方式，提高对金融服务的需求。

第一节　提升新型农业经营主体金融服务有效需求的一般路径

有效需求是指消费者在一定时期内在各种可能的价格水平下愿意而且能够购买的某种商品的数量。根据定义，有效需求必须具备两个基本条件：第一是需要，指人的主观愿望，即他"想要"；第二是必须具有相应的货币支付能力，即他不仅"想要"而且还得"买得起"。对于新型农业经营主体金融服务的有效需求，也主要包括两个方面：一是新型农业经营主体的贷款意愿；二是新型农业经营主体的还款付息能力和意愿。

因此，提升新型农业经营主体的金融需求，一是通过完善内部管理制度和财务制度、提高自身的经营水平和盈利水平、建立产业联合体等方式，做大做强新型农业经营主体，促使其有能力购买和使用金融服务，从而提升金融服务有效需求。二是通过优化金融环境增强金融意识等手段，提高新型农业经营主体对金融服务的认识和使用意愿，从而提升金融服务有效需求。其一般路径如图7-1所示。

一、根据不同特点因地制宜增强经营实力

（一）优化自身发展路径，实现高质量发展

新型农业经营主体依托农业产业的集聚发展，必然会促进农业专业化分工、规模化生产。但是在土地依法流转的基础上，不同类型的新型农业经营主体并不是规模的盲目扩大，而是高质量的做强发展。经营规模扩大在一定程度上带来规模效益，但也可能导致土地过度集中，不利于兼顾效率与公平，因

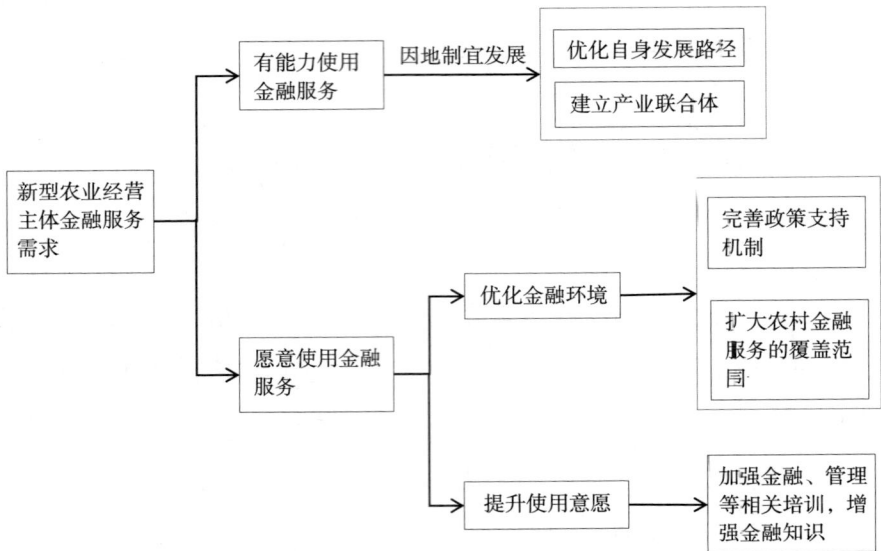

图 7-1　提升新型农业经营主体金融需求的一般路径图

此国家相关文件多次强调"多形式提高发展质量"。

　　不同类型的新型农业经营主体发展路径不同,通过自身发展提高对金融服务的需求的方法也不同。总体来看,对于专业大户,由于从事某种单一的农产品的风险较高,规模相对较大,因此需要根据市场的需求调整生产结构,引进专业技术提高农产品的生产效率,稳步扩大生产规模,并带动周边散户的生产(见图 7-2)。

　　对于家庭农场,主要以家庭成员为生产主体,具有法人性质但是内部管理结构较为混乱,因此需要明确组织形式、规范财务制度和内部管理制度,提升标准化和专业化水平,并引进专业技术提高农作物和农产品的产量和质量。

　　对于农民专业合作社,由于是农民自愿组织起来的联合经营体,因此要加强内部管理和监督机制,在切实维护好成员的利益、调动成员的积极性的基础上,充分发挥合作组织在规模、专业化、连接市场等方面的优势,稳步扩大农民专业合作社的生产效率和收益。

对于农业龙头企业,要建立现代企业制度,规范企业治理结构,打造优势品牌,实施内涵发展战略,从而发展组织化和专业化程度较高的大型农业龙头企业。

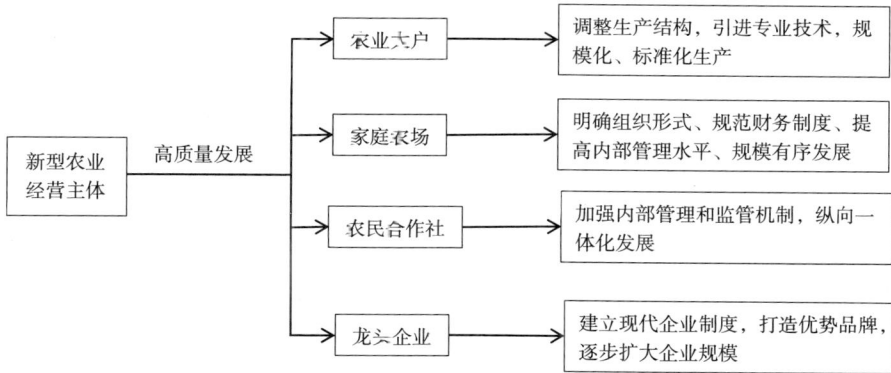

图7-2　各类新型农业经营主体高质量发展的一般路径图

(二)增强纵向联系,建立产业联合体

随着新型农业经营主体规模的扩大和生产经营方式的创新,各类新型农业经营主体之间出现了业务的交叉,产生了新的发展模式,比较典型的如"家庭农场+农民专业合作社+龙头企业"模式。该模式把龙头企业的市场优势及农民专业合作社的组织优势有效结合起来,兼顾家庭农场及龙头企业双方的利益,深化市场的专业化分工和提升市场生产效率。

在具体操作中,有生产关联的家庭农场、农民专业合作社和龙头企业组成现代农业产业联合体。家庭农场负责进行农业的种植生产,农民专业合作社负责生产成本的控制、种植养殖技术应用、农产品销售,通过整合资源带动农业的规模化生产。而龙头企业负责制定整体生产规划、生产流程和产品标准等,向家庭农场提供种苗等农业生产资料,最后以约定价格回收农产品。通过这种模式,培育了现代农业的市场主体,从而对提高家庭农场、农民专业合作社、龙头企业三方的金融需求都有积极的意义。其具体操作模式见图7-3。

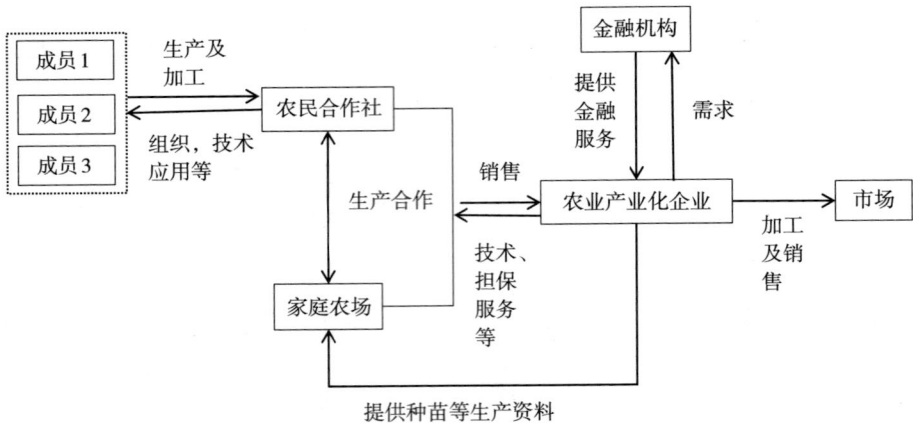

图7-3 "家庭农场+农民专业合作社+龙头企业"模式图

在各地的实践中,还存在"龙头企业+专业合作社""专业合作社+家庭农场""行业协会+家庭农场"等模式,其核心都在于将单个、分散的新型农村经营主体联合起来,建立"生产—销售—深加工—再销售"的产业链条,提高农产品的附加值,促进生产规模的扩大,提高抵御市场风险的能力。通过这种模式,一方面新型农业经营主体的生产规模扩大了,风险也得到了一定的控制,随之资金需求以及其他金融需求也不断提升;另一方面如何提升金融需求也得到了较好的解决,通过生产合作建立稳定的产业链条,在申请贷款、融资担保、汇兑等业务时更加符合金融机构的要求。

此外,由于农民专业合作社、家庭农场等新型农业经营主体的实力较弱,可以成立新型农业经营主体协会或者联盟,由地方政府作为发起人,有实力的龙头企业作为带头人,吸纳专业大户、家庭农场等入会,建立一个资源共享、风险共担、经验传授、互帮互助的机制。协会组织要立足龙头辐射带动优势,为其他农民专业合作社或家庭农场提供融资、采购、生产、管理等全方位服务,并对金融需求加以引导,帮助新型农业经营主体形成健康、合理的金融需求,充分利用金融市场的融资、风险分担等作用,不断增强新型农业经营主体的竞争实力。

（三）加快培养新型职业农民，提升新型农业经营主体整体素质

培养一批"有文化、懂技术、会经营、善管理"且懂金融、用金融的高素质新型职业农民，是提升新型农业经营主体金融需求的内生动力，也是建立新型农业生产经营体系的战略选择。当前大部分新型农业经营主体的生产者和管理者都是从传统农户转变过来的，文化素质普遍较低，对金融知识的了解较少，使得尽管新型农业经营主体的规模有了一定的扩大，但是文化程度和技术水平较低，通过金融机构和资本市场服务自身发展的意识还较弱，极大地限制了新型农业经营主体的发展及其对金融服务的需求。

首先，扩大群体来源，有针对性地培养职业农民。传统农民是新型职业农民最主要的来源，但是文化程度较低，可以通过各种类型的职业教育和各类培训项目，提高其从业技能和职业素养，适应现代农业发展要求。鼓励返乡农民工和农村初高中毕业生从事现代化农业生产。鼓励职业农民采用先进技术和理念，提高整体职业农民的素质。

其次，加大农村地区的教育投入，加强金融知识的宣传。职业农民的培养离不开农村地区整体素质的提高，离不开农村地区文化氛围的改善。在充分发挥政府政策支持和财政资金的作用下，引导社会资本、金融资本进入农村地区，大力发展职业教育，通过各种类型的培训、讲座等活动提高农村地区农民对专业技术、金融知识的了解程度。在当前互联网普及和互联网金融发展的背景下，通过网络加强金融知识的宣传，提高宣传的广度和效度。

二、优化农村金融环境，营造良好金融氛围

（一）完善政策支持机制，提升政策的针对性和有效性

政策支持对于提升新型农业经营主体的金融需求具有全局的指导意义。为了加快培育和发展新型农业经营主体，自 2004 年以来的中央一号文件已经

从金融机构设置、金融机构来源、担保体系建设、农村金融发展方向和完善金融环境等方面出台一系列鼓励新型农业经营主体发展的政策(见表7-1)。

表7-1 国家一号文件出台的关于新型农业经营主体金融需求的政策

2004 年	提出加快建立政策性农业保险制度、设立农业担保机构、开展联保贷款等
2005 年	明确金融机构在县及县以下机构、网点新增存款用于支持当地农业和农村经济发展、培养竞争性的农村金融市场
2006 年	鼓励在县域内设立多种所有制的社区金融机构、引导农户发展资金互助组织、规范民间借贷等
2007 年	加大支农资金整合,建立支农资金间的沟通机制,完善投入管理办法;支农资金重点用于重点地区和重点项目,提高资金投资的效益
2008 年	通过批发或转贷等方式,解决部分农村信用社及新型农村金融机构资金来源不足的问题;推进农村担保方式创新,扩大有效抵押品范围
2009 年	积极扩大农村消费信贷市场;依法开展权属清晰、风险可控的大型农用生产设备、林权、四荒地使用权等抵押贷款和应收账款、仓单、可转让股权、专利权、商标专用权等权利质押贷款
2010 年	落实和完善涉农贷款税收优惠、定向费用补贴、增量奖励等政策
2011 年	加强对水利建设的金融支持
2012 年	大力推进农村信用体系建设,完善农户信用评价机制;完善涉农贷款税收激励政策,健全金融机构县域金融服务考核评价办法
2013 年	改善农村支付服务条件、畅通支付结算渠道、支持符合条件的农业产业化龙头企业和各类农业相关企业通过多层次资本市场筹集发展资金
2014 年	扩大农村金融基础设施建设,支持符合条件的农业企业在主板、创业板上市发行
2015 年	提出加快农业融资性担保机构、农业保险公司的发展,提高村镇银行在农村的覆盖面。积极探索新型农村合作金融发展的有效途径,稳妥开展农民专业合作社内部资金互助试点,落实地方政府监管责任
2016 年	加快构建多层次、广覆盖、可持续的农村金融服务体系,发展农村普惠金融,降低融资成本,全面激活农村金融服务链条
2017 年	发展新型农村合作金融组织,坚持"社员制、封闭性"原则,不对外吸储放贷,推动社区性农村资金互助组织发展

从表7-1可以看出,政府已经为农村金融发展和提升新型农业经营主体需求建立了比较完善的政策体系。然而现有政策支持多是方向指导,需要进一步明确政策支持机制,才能够提高政策的针对性和有效性。为此,可以从以

下两个方面完善政策支持机制。

一是完善信贷风险补偿机制,降低金融机构信贷风险。现有的新型农业经营主体存在一定的高风险,银行体系出于规避自身风险考虑,放贷意愿不足。一方面,通过政策贴息和再贷款优惠等政策,完善银行信贷的风险补偿,提供金融服务的可得性;另一方面,建立健全政策性担保机构和科学的风险分担机制,降低商业银行等信贷主体承担的风险。

二是建立金融服务信息统计,完善政策效果的反馈机制。由相关职能部门建立新型农业经营主体的金融服务数据库,按户、按金融机构做好家庭农场等新型农业经营主体金融服务的季度统计报告,动态跟踪辖区内新型农业经营主体金融服务工作进展情况。根据统计数据,定期检验政策落实效果,汇总实施过程中产生的问题,不断完善政策内容,形成良性闭环反馈机制。

(二)扩大农村金融服务的覆盖范围

新型农业经营主体及其他农户对金融需求较低的原因之一在于农村金融基础设施的覆盖率不高,可接触到的金融服务较少。因此通过扩大金融基础设施在农村的覆盖率,提高新型农业经营主体对金融设施的了解水平和使用频率,让其切实感受到金融服务带来的好处,提高对金融服务的需求。

首先,鼓励各类金融机构在农村地区设立网点或者办公场所和乡村代办点。农村地区的金融机构偏少、金融服务能力偏弱是金融有效需求低的重要原因。因此,需要增设 POS 机和其他人工智能设备,增强网点的服务覆盖面和辐射能力,便利新型农业经营主体咨询并使用专业的金融服务。由于金融机构在农村地区设立网点的成本较高、收益较低,政府部门可以采取财税补贴政策,积极引导金融机构走进农村,再通过再贷款、再贴现、差别存款准备金管理等方式对金融机构的业务开展进行重点支持。

其次,积极推广手机银行、网上银行、移动 POS 机等新型支付业务。在农村地区全方位多角度使用新型支付业务为新型农业经营主体提供安全、便捷的支付结算服务。新型支付业务可以通过简化流程、刷卡优惠、提高服务水平等措施，引导农村居民更多地使用非现金方式办理日常结算业务，降低现金使用成本和假币风险，并借此开展支付结算、汇兑、理财等其他衍生金融业务。

三、加强金融、管理等相关培训，增强金融意识

新型农业经营主体大部分从农业生产中演变而来，因此其金融、管理等方面知识和经验比较欠缺，金融意识不强。比如，当前专业大户主要是传统的农民，文化素质普遍较低，对金融的了解程度更低，经常出现误收假币、大量现金藏于家中、生产链条极易中断等情况，极大地限制了对金融服务的需求。因此，提高新型农业经营主体金融服务的有效需求，需要加强金融理论、金融产品、金融政策、管理理念等方面的培训。为了提高新型农业经营主体的金融意识，可以通过以下方式加强金融、管理等相关培训，增强金融意识。

首先，邀请高校和金融机构的专家和高管进行针对性培训。政府牵头联合高校和金融机构开展各种形式的培训。通过金融专题讲座、实地走访宣传、各类培训班、一对一帮扶行动等形式对新型农业经营主体进行专业化的金融指导。农村地区对于商业银行的信赖度非常高，因此可以利用银行的权威性和专业性，组织相关银行工作人员对重点区域重点新型农业经营主体开展"一对一"的金融教育活动，尤其是对最新金融政策、银行存贷款业务及其他金融服务等进行重点介绍。在当前互联网普及和互联网金融发展的背景下，建立金融信息网络平台及金融知识普及微信公众号等，定期发布金融知识，提高金融宣传的覆盖范围和时效性。

其次，创新新型农业经营主体的培训模式。基于新型农业经营主体从业人员实践操作能力强的特点，培训活动可以通过"理论教学+观摩交流+实践操作"模式，即根据各地特色、优势农业产业，组织各地农民之间以及农民与专家之间的交流学习，把课堂学习开设在田间和农场，让农民进行实践操作，及时与专家交流经验。通过土地、设施、人员等优惠政策吸引农业大学或研究

机构到该地区设立研究基地或者培训基地,带动周边新型农业经营主体掌握金融、管理等重要知识,增强金融意识。

第二节　专业大户的金融服务需求提升路径

尽管专业大户的生产规模有了一定程度的扩大,但是其本质上仍然是以单个家庭为单位的生产主体,生产的单一性和规模的有限性使得专业大户对金融的服务需求较为单一,主要是闲散资金的存款需求和生产过程中资金短缺产生的贷款需求,且单一农产品生产的季节性使得专业大户的资金需求也具有明显的季节性、短期性、零散性等特点。此外,由于专业农户的贷款抵押物较少,对金融知识的了解较少,因此其从正规途径获得贷款较为困难,非正规借贷的占比较大。针对专业大户的金融需求特点,主要从以下几个方面提升需求(见图7-4)。

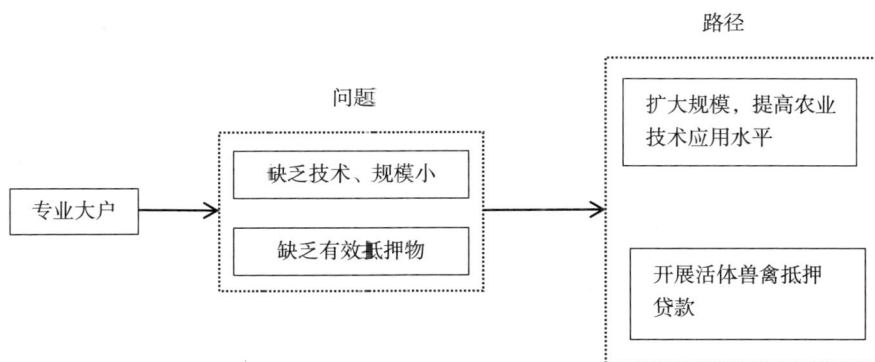

图7-4　专业大户的金融需求提升路径

一、扩大专业大户经营规模,提高农业技术应用水平

适度扩大规模,提升金融有效需求。由于农业收益较低、农民工大量进城等因素,部分土地流转到经营较好的农户手中,逐渐形成专业大户。然而,受

限于原先的家庭联产承包责任制,流转的数量和流转时间都有限,影响专业大户种养殖规模的扩大。因此,2017年国家明确提出"坚持依法自愿有偿原则,引导农村土地承包经营权有序流转,鼓励和支持承包土地向专业大户、家庭农场、农民专业合作社流转,发展多种形式的适度规模经营"。在土地产权改革推进下,农村土地经营权流转速度加快,也使得专业大户的生产规模不断扩大。专业大户自身规模扩大可以改变当前资金需求的零散性特点,并通过多样化的经营方式减少季节性因素的影响,进而提高对金融服务的需求。

应用高新技术提升生产经营的效益,提升专业大户融资能力。利用高新技术发展壮大是专业大户提升融资需求的基础。在实践中,有的专业大户因缺乏新型农机具导致生产效益低下,有的专业大户因缺乏相关的技术导致农作物抵抗自然灾害的能力较低而造成较大的损失。因此,一方面,政府加大育种等农业技术研发投入和增加对新型农机具价格补贴,引导本地的专业大户种养殖新品种和使用新型农机具,提高自身竞争力和生产经营的效益;另一方面,专业大户主动学习掌握最新的农业技术,提高自我发展的内生动力。

二、拓展贷款抵押物——开展活体兽禽抵押贷款

由于缺乏有效抵押物等问题,专业大户的金融有效需求常常难以被正规金融机构满足。所以为了有效提升金融需求,需要拓展贷款抵押物。

除受到法律限制的集体所有土地、宅基地使用权外,专业养殖大户最直接的资产是其饲养的兽禽。活体兽禽抵押不仅充分利用专业大户现有资产,而且能够较好地满足其融资需求。在活体兽禽抵押贷款中,首先,需要专业养殖大户以拥有的猪、牛等活体兽禽作为抵押物向银行机构申请贷款,并需要出具地方畜牧部门或第三机构出具的兽禽健康评估报告。其次,银行开展贷前调查和信用等级评估,并由畜牧部门进行价值评估。再次,在办理完贷前审查和价值评估后,由银行与借款人签订抵押贷款合同,同时办理抵押登记手续。最

后,银行确定贷款额度、利率和发放贷款。

由于活体兽禽抵押贷款存在抵押物风险高、活体兽禽数量有限、缺乏有效担保等问题,仅仅在部分地区进行积极尝试。为了解决上述活体兽禽抵押问题,需要降低抵押物风险、提高抵押物规模。首先,健全动物疫情保险险种,降低抵押物贬值风险。完善动物重大疫病的保险品种,提高活禽抵押物价值,增加专业养殖大户的金融有效需求。其次,建立全程可监控的监督体系。活体兽禽抵押的一大挑战是抵押物能够活动,大大增加了抵押损失的风险,为此需要建立全程可监控和核查的监督体系。一是可以对兽禽的饲养过程进行视频监督,并设置异常报警功能;二是对所有饲养的兽禽安装定位系统,防止丢失和被盗等造成的损失。兽禽监督体系的建立可以有效提高抵押的价值,从而能够提升专业大户的金融服务有效需求。

第三节　家庭农场的金融服务需求提升路径

我国家庭农场处于起步发展时期,大部分是在过去"一家一户"的基础上发展起来的,专业化和规模化发展的趋势十分明显。家庭农场是以家庭成员为主要劳动力,从事农业规模化、集约化、商品化生产经营并以农业为主要收入来源的新型农业经营主体(张帅梁,2015)。根据中国经济趋势研究院发布的《新型农业经营主体发展指数调查(五期)报告》,2016年我国家庭农场的销售净利率加权平均值为53%,资产报酬率加权平均值为27%,均为四类新型农业经营主体中最高。盈利水平较高的原因在于家庭农场模式能够最大化发挥家庭经营优势,内部管理较为严格。伴随着规模经营和盈利能力的提高,家庭农场产生了较多的金融需求。针对家庭农场的金融需求特点,主要从以下几个方面提升需求(见图7-5)。

问题 路径

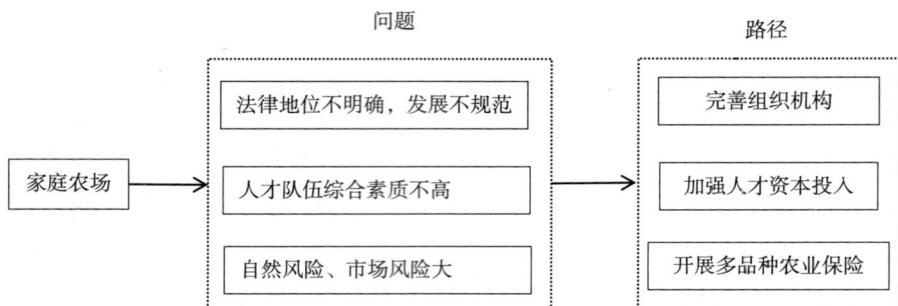

图7-5　家庭农场的金融需求提升路径

一、完善家庭农场组织结构，打造现代农业

当前我国对于家庭农场的法律地位尚不明确，各地在认定家庭农场时标准不一，存在较多的偏差。家庭农场的组织形式也存在很大差异，主要有个体工商户、个人独资企业、合伙制企业和有限责任公司。不同的组织形式将对家庭农场未来发展和获得金融服务产生重要影响，也将影响现代农业的发展。

对于个体工商户而言，因为具有门槛低、登记简单和税收优惠等优点，现在家庭农场采用这种形式相对较多。但是个体工商户不具有法人地位和承担无限连带责任，这将难以满足家庭农场专业化和规模化的要求，所以并不是一种理想形式。

对于个人独资企业而言，虽然采用现代化的经营管理模式，但是存在个体工商户类似的缺点，既不利于家庭农场的专业化与规模化的发展方向，也不能够有效提高家庭农场融资能力。

对于合伙制企业而言，该组织形式能够很好地结合"人和"和"资合"的特点，把家庭成员与外部资本有机结合起来。但是合伙制家庭农场不具备法人实体，这样就抑制其金融有效需求，不能够很好地提高家庭农场的金融有效需求。

对于有限责任公司而言，具有独立法人资格，出资人承担有限责任，注册门槛低、经营管理更加规范，所以这种组织形式的家庭农场更有利于其未来的规模化和专业化发展，有利于发展现代农业。公司制的家庭农场产权清晰、管理规范，所以能够有效提升其金融有效需求。

总之，通过优化家庭农场的组织形式，建立起适应现代农业要求的家庭农场经营模式，可以提高家庭农场经营能力，从而打造现代农业。

二、加强人力资本投入，提高人才队伍素质

人才队伍综合素质的提高在三产和金融需求中都起着非常重要的作用。当前家庭农场基本是从种田大户过渡而来，仍采用原有的普通农户的发展模式，这样将难以适应未来家庭农场专业化和规模化的要求，因此培养一批既懂专业知识又懂金融知识的家庭农场人才队伍至关重要。

首先，提高家庭农场主及管理人员的综合素质。一方面，引导和鼓励家庭农场主自主学习经营管理和金融知识；另一方面，通过各种类型的培训班和在职教育不断提高自身文化素质。为此，一是政府可以设立专项教育基金，对满足一定条件的家庭农场主提供一定的补贴和奖励，支持其提高自身综合素质；二是制定切实可行的家庭农场主评价标准和实施办法，对优秀的家庭农场主在资金、税收、生产等各方面给予支持，引导和扶持家庭农场主快速成长。

其次，提高家庭农场成员的技术和专业化水平。积极与农业科研机构交流合作，提升家庭农场成员的专业化技术。同时，建立农业技术推广服务团队。由农技推广团队深入基层，对家庭农场进行现场示范和技术指导，提高家庭农场成员的专业水平。

最后，注重现代农业后备人才培养。家庭农场的发展不是一朝一夕的事情，而是一个长期的过程。所以应当培养大量高素质人才加入家庭农场建设中。应由专门的职业院校通过"定点招生、定向培养、协议就业"等方式，培养家庭农场成员和有意愿建设农村的人员，从而提高家庭农场后备人才的专业化水平。

总之，通过加强人力资本投入，提高人才队伍整体素质，才能够改善管理能力和提高技术水平，从而提高家庭农场的持续经营能力和提升其金融服务有效需求。

三、开展多品种农业保险，形成家庭农场稳定收益

由于农业经营的特殊性，家庭农场生产规模的扩大也意味着面临更大的自然风险和市场风险，因此家庭农场的健康发展离不开农业保险。在国家顶层设计、财政补贴以及监管的共同推动下，我国农业保险发展迅速，但是仍存在农业保险较单一、保障水平不高等问题，使得家庭农场收益有较大的波动性。所以应该健全和完善农业保险体系，形成家庭农场的稳定收益。

首先，发挥政策性保险和商业性保险各自优势，建立多层次农业保险体系。一是继续加大对农业保险的政策支持力度，健全政策性农业保险制度、建立政策性农业保险机构、设立政策性农业保险风险补偿基金，发挥政策性保险"保费低、保大险"的优势。二是鼓励商业性保险公司充分发挥其专业性优势，根据家庭农场及其他新型农业经营主体的经营特点开发有针对性的农业保险产品。推动"保险+期货""农业保险+互联网""农业保险+险资直投"等创新模式的应用，全面拓展农业保险功能，将农业保险和农业产业更加深入地融合发展。

其次，充分发挥保险保障作用，提高家庭农场农业保险的赔付水平。一方面，设计不同保障水平的保险产品，实行差异化的补偿标准，让家庭农场根据自身风险特点选择相应的保险产品，并逐步由保成本向保收益转变。另一方面，形成合理的保费投入机制。一是加大政策资金的投入力度，降低家庭农场保费支出；二是对于一定规模的家庭农场强制性购买农业保险，提高整体保费收入，发挥保险分散风险功能，形成可持续的农业保险发展模式。

总之，通过建立多层次的保险体系和提高保险保障水平，可以降低家庭农场面临的风险并获得稳定的收益。家庭农场能够产生稳定的现金流，从而能

够满足金融机构信贷要求,进而有助于提升其金融服务的有效需求。

第四节　农民专业合作社的金融服务需求提升路径

农民专业合作社作为新型农业经营主体,已成为推动农业产业化发展极为重要的农村合作经济组织。农民专业合作社通过农户之间的自愿入股,广泛吸收社员,具有规模更大、专业化水平更高、分工明确、生产效率高等特点。这些特点使得资金的主要用途较多,如固定资产投资、生产性日常流动资金、社员培养投资、信贷资金扶持、经营规模扩张等。当前农民专业合作社的资金来源以内部筹措资金为主,社员入社缴纳的股金与会费是主要来源,但是合作社依靠募集的股金远远不能满足实际资金需求。针对农民专业合作社金融需求特点,主要从以下几个方面提升(见图7-6)。

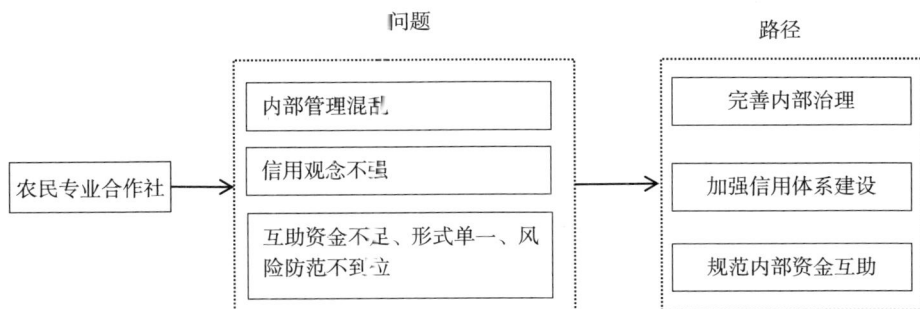

图7-6　农民专业合作社的金融需求提升路径

一、完善农民专业合作社内部治理,提高持续发展能力

农民专业合作社应按照"农民为主,民主管理"与"民有、民管、民受益"的原则,建设成为服务农户、带动农业发展的重要组织形式。虽然农民专业合作社的规模和数量增长迅速,但是也出现"大户吃小户""精英俘获"等造成普通

农户和社员边缘化和利益受损(仝志辉、温铁军,2009;梁剑峰、李静,2015)。所以必须完善内部治理,坚持"民有、民管、民受益"的原则,保障普通社员的权益,这样才能提高农民专业合作社的持续发展能力。

一是完善农民专业合作社的法人治理。设立社员代表大会,完善理事会和监事会制度,有效发挥所有权、经营权和监督权相互制衡的作用。避免社员大会虚置、理事会结构不合理、监事会不健全等问题造成的合作社内部权责利不清、内部治理混乱。进一步明确社员大会的权力边界,强制设立监事会,增加普通社员在理事会和监事会中的比重,充分发挥合作组织的优势。

二是建立科学合理的利益分配机制。普通社员应该能够分享组织红利和经营收益,这样才能保证农民专业社的生命力和吸引力,才能满足合作为民的本质要求。首先,明确和规范合作社的产权归属,对合作社的普通社员、领创者和其他经济组织的产权进行清晰界定,明确归属,避免共有资产的流失。其次,建立健全社员股金制度。把入股作为成员入社的基本条件,科学设置股金结构,对股金最高额进行限制,以防少数人利用资本的力量控制合作社的经营活动。再次,建立稳定的盈余分配制度。明确合作社盈余按照交易量返还为主与按股分红为辅的制度,合理确定二者比例。同时,给予管理经营者一定的剩余索取权,鼓励提高经营水平。

三是建立健全外部监督机制。首先,政府成立专门的合作社监督机构,负责检查内部治理制度、财务管理制度、审计制度、信用分类监管制度、信息披露制度的建立和执行情况。其次,依托行业协会对农民专业合作社定期出具评价报告。最后,建立社员联合聘请外部审计机构进行审计监督的制度。

二、加强农民专业合作社信用体系建设,降低融资成本

农民专业合作社信用体系建设是农村信用体系建设的重要内容,也是农民专业合作社健康发展的重要条件。当前我国很多地区陆续开展了农民专业合作社信用评价工作,但是很多农民专业合作社对信用的作用认识不足,加之

信用社成员流动频繁,使得信用信息采集较难。另外,农民专业合作社尚未纳入人民银行征信系统,商业银行出于盈利考虑也不会主动搜集农民专业合作社的信用信息。因此,迫切需要加强农民专业合作社的信用体系建设。

一是建立征信机构和征集信用信息。建立由地方政府农业部门牵头,协调金融、财政、工商、税务、司法等相关部门参与的征信机构。征信机构负责开发系统、建立数据库,并负责信息的征集、运营和维护。

二是开展信用体系评价。首先,确定农民专业合作信用评价主体内容。农民专业合作社信用评价主要包括经营能力、产业基础、服务能力、品牌价值、管理者素质、信用记录六个方面。其次,选择指标科学度量,形成评价体系。对上述六个方面的具体指标可以根据各地各行特点进行调整,科学选取具体度量指标,构成整个指标体系。最后,选择科学方法进行评价。采用定量与定性相结合的方法,对各指标赋予权重,然后根据综合评价结果,把信用等级分为 AAA(优秀)、AA(良好)、A(较好)、BBB(一般)、BB(较差)和 B(差)6 个等级。

三是加强农民专业合作社信用评级应用。将农民专业合作社的信用评价结果作为其信贷融资的重要参考依据,也作为担保形式为社员提供担保融资。对于信用等级高的农民专业合作社享受简化贷款手续、优惠贷款利率等服务。

三、规范农民专业合作社内部资金互助,扩大资金来源

开展资金互助是发展农村合作金融、提高社员金融需求的有效途径。2017 年中央一号文件明确指出,发展新型农村合作金融组织坚持"社员制、封闭性"原则,不对外吸储放贷,推动社区性农村资金互助组织发展。当前有些农民专业合作社已经开展了内部资金互助活动,将一部分专业合作社成员的资金以入股的方式集中起来,实行内部成员贷款互助,以合作资本缓解成员资金紧张的问题,极大地促进了农民专业合作社的健康发展。但是,仍然存在互助资金不足、互助形式单一、风险防范不到位等问题。为了解决上述问题,可以从以下几个方面入手。

一是增加农民专业合作社资金规模。一方面,增强互助资金规模,增强其自身资金供给。建立社员缴纳股金与能够贷款数量联动机制,每个成员能够获得贷款金额与其缴纳股金成正比,从而壮大互助资金规模。科学设置互助资金形式,对不同社员、不同期限、不同规模的资金需求,设置不同的贷款利率,提高互助资金经营效率和增加互助资金规模。另一方面,借助外部资金,增加资金来源。以合作社组织形式,向金融机构信贷融资,实现社员资金需求与金融机构资金供给的有效对接。

二是丰富农民专业合作社内部资金互助形式。由于农民专业合作社自身股金规模相对有限,难以满足社员的资金需求,需要通过多种形式的资金互助,才能满足社员的金融有效需求和扩大金融有效需求。第一,使用合作社内部的股金给有需求的社员进行信贷融资,满足金融需求。第二,使用合作社的股金为社员提供担保,撬动正规金融机构资金,从而满足社员的金融需求。第三,根据社员资金需求,由专业合作社向银行等金融机构申请贷款,然后把资金再贷给有资金需求的社员。

三是增强农民专业合作社内部资金互助的风险防范。第一,建立信用保障机制。通过资金需求者信用评级、严格项目审批和贷后管理、社员联保、社员产品收入担保等形式,降低资金互助的风险。第二,完善信息披露制度。定期对互助资金的去向、项目进展状况和资金使用者状况等信息进行内部披露,强化内部监督,降低资金互助的风险。第三,建立互助资金的银行托管制度。由专门银行作为资金托管方,及时掌握资金使用情况,降低资金使用过程中的风险。

第五节 农业产业化龙头企业的
金融服务需求提升路径

与其他类型的新型农业经营主体相比,农业产业化龙头企业的规模较大、内部治理结构较为完善,在申请商业性贷款时较为方便。但是从现实情况来看,由于农业先天的弱质性、高风险性,加之生产周期较长,商业性金融机构在对其发放贷款时仍非常审慎,不能满足龙头企业的资金需求,一些中小型的农业龙头企业更难筹措资金。农业产业化龙头企业的融资意识不足、小农意识和家族垄断意识的存在,导致向企业员工发行内部股票、债券等融资方式较少采用,外部融资渠道也较为单一,主要是传统的商业银行和农村信用社贷款。针对农业产业化龙头企业的金融需求特点,主要从以下几个方面提升需求(见图7-7)。

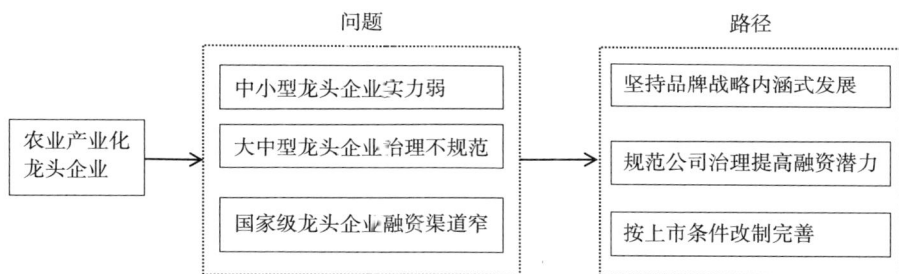

图7-7 农业产业化龙头企业的金融需求提升路径

一、中小型龙头企业坚持品牌战略内涵式发展

农业产业化龙头企业自身的发展状况,是决定能否获得金融服务和获得多少金融服务的根本因素。我国现有的农业龙头企业中,实力较弱的中小企业居多,而且大多以自然资源和廉价劳动力为发展的主要推动力。品牌是识别产品质量的重要标识,是增加产品价值的重要途径。所以中小型龙头企业需转变发展方式,由依靠自然资源向品牌战略的内涵式发展转变,从而提高资源利用效率和企业的经营效益,提升自身整体实力。

一是充分发挥科技创新作用,提升产品的品牌价值。中小型龙头企业要在发挥劳动密集型产业基础上,注重引进、消化和吸收国内外先进技术;积极采用新技术降低资源消耗和提高生产效率。加强与高校、科研院所合作,对生产经营中的关键技术问题开展联合攻关,开发新产品,提升品牌的市场价值。

二是实施标准化管理,注重内涵式发展。建立自己标准化的种养殖基地,生产有机农产品和原生态的兽禽产品,提升产品质量和安全标准。加强各个环节质量控制,建立产品质量认证制度,提高产品品牌的公信力。建立产品的唯一标识码,建立产品整个流通过程的大数据,准确记录产品"从田头到餐桌"的每一个环节。

二、大中型龙头企业规范企业治理、提高融资潜力

对于已经发展成熟的中型和大型农业产业化龙头企业,要优化产权结构,推进集团化、股份化和公司制改革,完善公司法人治理结构,实现投资主体多元化,发展混合所有制经济。

一是优化农业产业化龙头企业的股权结构,积极引导战略投资者、民间资本、非国有机构投资者等资金投入农业产业化龙头企业,增强竞争意识,培养多种持股形式的主体。

二是增强董事会和监事会的功能和作用。针对目前我国农业企业董事会和监事会规模偏小、独立性差的问题,要增强农业产业化龙头企业董事会的功能,如公司董事长和总经理分设、增加独立董事的比例,强化监事会的独立性和专业性,提高农业龙头企业的管理水平。

三是吸引优秀管理人才和专业人才。要改革人事、分配制度,用优厚的条件吸引优秀企业家和优秀人才加入龙头企业,培养种植业、养殖业、园艺业、农机化、农产品加工等专业领军人物,形成管理、技术、营销等各类具有开拓创新能力的人才群体。

三、国家级龙头企业参照上市条件改制完善

由于龙头企业具有一定规模、盈利能力较强等特征,虽然能够在传统信贷市场获得融资服务,但是能够达到上市股权融资的尚为少数。因此,国家级龙

头企业需要从下面几个方面进行股份制改造,从而具备上市融资的条件。

第一,股权关系清晰。国家级龙头企业上市的一个前提条件就是进行股份制改造。只有企业的资产归属明确,股权关系清晰,才能满足公开发行的基本条件。

第二,主营业务突出,盈利能力强。国家级龙头企业应该明确主营业务,突出农产品特色,避免过度的多元和无明确主营业务。同时,国家级龙头企业的产品能够满足市场需求,持续盈利能力强。

第三,企业的治理结构完善,运行规范。龙头企业应该建立起股东大会、董事会、监事会和管理层组成的治理结构,明确"三会一层"的具体运行机制,建立起公司治理结构完善和运行规范的企业。

第四,建立健全财务会计制度。建立健全科学的财务会计制度,一方面可以提高企业的经营能力,另一方面可以提高信息披露质量和获得投资者认可,从而有利于上市融资。

第五,建立健全股权激励制度。股权激励是企业为了激励和留住核心关键人才的一种中长期激励制度。良好的股权激励制度,一方面,可以有效激励员工努力工作和增强归属感,持续提升企业业绩;另一方面,通过设计股权的特定功能(虚拟股票等),有助于企业创始人管理和控制企业。

小　　结

提升新型农业经营主体的金融需求,既需要提高其购买和使用金融服务的能力,也需要提高其对金融服务的需求。基于此,本章首先提出了新型农业经营主体金融服务需求的一般提升路径,然后根据每类新型农业经营主体的金融服务需求特点和发展现状提出了具体的提升路径。从宏观和微观两个方面对新型农业经营主体金融服务有效需求提升路径进行了较为详细的分析,为新型农业经营主体金融服务与创新奠定了基础。

　　针对新型农业经营主体的不同资金需求特点,制定各自具体发展路径。关于专业大户金融有效需求提升路径,通过扩大生产规模和提升农业技术的应用水平,提升自身金融需求能力;拓展贷款抵押物——完善活体兽禽抵押贷款,提升其金融有效需求。关于家庭农场金融需求有效提升路径,通过优化组织形式打造现代家庭农场,加强人力资本投入,提高人才队伍综合素质,开展多品种农业保险形成稳定收益等,提升金融有效需求。关于农民专业合作社金融需求有效提升路径,通过完善内部治理提高持续发展能力,加强信用体系建设降低融资成本和规范内部资金互助扩大资金来源等,来提升金融有效需求。关于农业产业化龙头企业金融需求有效提升路径,通过坚持品牌战略内涵式发展、规范企业治理和按上市条件改制等,提升不同类型龙头企业的金融有效需求。

第八章　新型农业经营主体金融服务供给创新路径

新型农业经营主体的金融有效需求是融资活动的前提,而金融供给意愿和金融供给数量是融资活动的关键。从前面章节分析结果来看,新型农业经营主体金融供给问题主要在于政策不完善、机构不健全和产品单一等原因造成的风险收益不匹配。为此,本章从土地"三权分置"下经营权抵押服务创新、政策性担保机构服务创新和金融衍生产品创新三个方面论述创新路径。

第一节　基于土地"三权分置"的金融服务创新

习近平总书记说,当初搞家庭联产承包制,把土地所有权和承包经营权分开,这是我国农村改革的重大创新;现在把农民土地承包经营权分为承包权和经营权,实现承包权和经营权分置并行,这是又一次重大创新。农地的所有权、承包权和经营权"三权分置"将提高土地资源的配置效率,盘活农村最重要的土地资源,为新型农业经营主体发展和金融服务创新奠定坚实基础。专业大户、家庭农场、专业合作社和农业龙头企业等新型农业经营主体可以获得农地的经营权,有利于开展规模化和机械化种养殖;同时,也可以以其拥有的经营权抵押融资,大大拓宽融资渠道并且缓解融资不足等问题。

一、"三权分置"对新型农业经营主体金融需求影响

"三权分置"改革是我国一次重大土地制度变革,必将有效激活土地资源和促进各生产要素向农村地区聚集,加速实现农业现代化。新型农业经营主体是农业现代化、乡村振兴战略的主力军和生力军,而受限于家庭联产承包责任制下农业生产的特点,现有金融供给难以满足其金融需求。在"三权分置"改革后,新型农业经营主体拥有的土地经营权将为其融资活动提供重要保障。

(一)土地"三权分置"对农村市场主体影响

在家庭联产承包责任制下,农村土地的所有权归村集体,而承包经营权归农户。在这种制度下,土地的流转大多局限于村集体内部成员之间,而且农民一旦把土地流转出去将成为无地保障的农民,这样农民权益无法得到保护且会产生较大社会隐患和不稳定因素。所以土地流转的速度和规模都受到一定影响,成为制约农业现代化目标实现的重要障碍。

农村土地的"三权分置"改革,可以很好地保护农业现代化建设各参与主体的利益。新型农业经营主体在获得土地经营权后,可以通过流转和抵押等方式,降低生产经营风险和资金投入压力。在"三权分置"改革下,专业大户、家庭农场、专业合作社和农业龙头企业所拥有的权属如下表8-1所示。虽然不同的新型农业经营主体所拥有的权属不同,但是均拥有经营权。通过经营权的流转和抵押,新型农业经营主体将提高资产流动性、降低生产经营风险和增加有效抵押物。

表 8-1　各类新型农业经营主体的三权权属

新型农业经营主体类型	农地所有权	农地承包权	农地经营权
专业大户	无	部分拥有	拥有
家庭农场	无	部分拥有	拥有
专业合作社	无	无	拥有
农业龙头企业	无	无	拥有

（二）"三权分置"对新型农业经营主体的金融需求影响

"三权分置"改革使得新型农业经营主体拥有更多可抵押的资产,其金融有效需求将得到大大提升。

在农业生产中,特别是种植和养殖业中,由于种植物和饲养物等难以作为抵押品,所以新型经营主体缺乏有效的抵押物,而仅仅依靠信用贷款能够获得杯水车薪般的融资额度。所以新型农业经营主体,尤其专业大户和家庭农场的发展壮大,往往依靠自我积累的内源融资而取得缓慢成长,金融服务对其支持力度较有限。由于制度法律等方面的原因,新型农业经营主体拥有的宝贵土地资源难以转化为资产和有效抵押物。而"三权分置"改革实施和相关配置政策法律完善,新型农业经营主体可以利用其拥有的土地经营权抵押获得所需发展资金。这意味着新型农业经营主体的可抵押物大大增加,融资困境大大缓解。在足够资金的支持下,新型农业经营主体才能健康持续发展。

二、"三权分置"前农地融资模式分析

（一）农户+县政府+土地金融机构——湄潭模式

20 世纪 80 年代,贵州省湄潭县的土地抵押融资是我国土地金融制度的重要事件。在湄潭模式中,在中央和地方政府政策支持下,由县政府财政资金

注资设立土地金融公司。利用土地金融公司平台对非耕农地的承包经营权进行抵押融资,有效提升土地资源利用效率。

湄潭模式主要经验启示如下。

第一,成立主要来源于财政资金的土地金融公司。由于土地问题事关重大且当时政策法规存在较大不确定性,商业资本进入土地金融领域的各种交易成本较高,进入意愿很低。政府资金出资大大提高了土地金融公司信用,有助于开展抵押贷款等业务。

第二,以地方政府来推动农地金融制度建设和土地抵押业务开展。政府推动建设土地抵押等金融服务,有利于农地承包经营权确权、评级和处置,相当于用政府资金有效盘活农村经济资源,同时可以大大降低交易过程中的成本。

第三,选择农地中非耕地为贷款的抵押物。在当时家庭承包经营背景下,农户的生活和生产高度依赖耕地,而非耕地对农户的影响则较小,也符合家庭承包经营的基本要求。这样的农地改革对农户可能带来的冲击有限,有利于形成共识和合力。所以,农地金融制度创新要选好切入点和有效保护农民基本利益。

该模式的不足之处:一是土地金融公司的目标多元化。由于土地金融公司大多由财政资金注资,所以其既要完成相应的政策服务目标,又要保持公司盈利,从而导致公司的目标多元化和目标之间的冲突。政府的过多干预使得土地金融公司的经营行为偏离市场化,产生过多不良资产,最终导致公司难以为继。二是融资渠道有限,融资成本高。该模式下除财政资金外,还需要通过银行贷款和同业拆借等有限渠道进行融资,使得土地金融公司的经营成本较高,再加上从事保本微利的业务,所以该模式难以持续运营。

(二)农户+村委会+金融机构——寿光模式

山东寿光有资金需求的农户向村委会提出申请并提供土地经营权属证明

材料、抵押人身份证明和抵押登记申请书;然后村委会对申请人的情况进行综合评定,并对资信状况良好的农户出具推荐信;经管站对农户的土地承包经营权进行核实、评定和办理抵押登记;最后金融机构核实土地承包协议、土地使用证和抵押登记等文件,对符合条件的发放贷款。

寿光模式的经验启示。一是利用村委会进行推荐可以有效降低信息不对称和信息甄别成本。对于农户的经营能力、经营状况和信用状况,村委会具有先天的信息优势,从而降低信贷风险。二是村委会定向推荐农地经营权,有效解决处置难问题。由于农地承包经营权存在较大制度性限制,使得违约后处置农地变得很棘手。通过村委会定向推荐方式,可以找到问题的突破口。

该模式的不足之处。一是由于种种限制,农地抵押价值下降。承包经营权的估值按其实际价值的60%—70%估价,而且抵押土地面积仅为承包土地面积的70%以内,这样使得抵押价值仅为实际价值的50%以内,使得农户的抵押积极性不高。二是风险补偿和分担机制不健全。贷款的风险补偿主要为政府对新增贷款1.5%的补偿金额,单一的较低风险补偿使得金融机构放款意愿不足。

(三)农户+专业合作社+金融机构——法库模式

沈阳市法库县农户在村委会的组织指导下,以土地承包经营权入股形式形成专业合作社,然后由专业合作社以农户股权向金融机构进行贷款。

法库模式的经验启示。一是以合作社身份进行贷款,有助于农业产业的规模化发展和农业现代化目标的实现。单一农户贷款的风险过于集中和交易成本较高,通过合作社方式向金融机构贷款可以降低信贷风险。二是政策支持和制度保障。政府制定和出台了相关农地承包经营权抵押贷款的政策,成立了相关配套机构。如,成立土地承包经营权流转中心和法库县农村土地流转评估委员会等,降低了抵押贷款实际执行的障碍。

该模式的不足之处。在法库模式中,专业合作社是由村委会组织成立并且由村委会负责人担任合作社负责人,使得村委会和专业合作社负责人是同一人或同一套班子,这样势必会产生双重代理和政企不分等问题,不利于法库模式的持续发展。另外,专业合作社向金融机构贷款利率较高,高融资成本制约了农地抵押融资的进一步发展。

(四)农户+土地协会+金融机构——同心模式

宁夏同心县金融服务创新做法:首先,农户以其不超过一半的土地承包经营权入股协会,成为会员;其次,需要贷款时由多名普通会员和一名常务会员进行联保,贷款人先与协会和各担保人分别签订土地转让协议,再由土地协会与信用社等金融机构签订总担保协议;最后,通过上述担保后,金融机构放款给农户。该模式实际是土地协会和会员为贷款人提供担保,贷款人以其土地承包经营权进行反担保。

该模式的经验启示。同心模式是基于民间自发的金融需求而产生的一种金融服务模式。该模式中,风险控制方式主要以担保方式完成,一方面是土地协会和成员对贷款人(农户)担保,另一方面是担保人对土地协会和协会成员的反担保。这种担保方式可以发挥土地协会作为实体具有较高信誉的优势,使得农户更容易获得贷款,同时,会员之间相互了解,信息不对称程度弱,有利于提高金融资源配置效率。

该模式的不足之处。一是土地承包经营权入股土地协会进行担保难以得到法律保护。《农村土地承包法》规定:"承包方以土地承包经营权入股的形式开展农业合作生产经营",然而该模式中土地承包经营权入股不是为了生产经营而是为了融资,所以难以得到法律保护。由于土地协会不具有法人地位,所以其担保行为在法律上是无效的。二是缺乏有效的法律约束。在现有模式下,土地协会无法人资格,所以无法有效约束农户还款行为。如果发生大面积违约,土地协会无法运用法律手段进行约束,而仅仅能够取消其会员资格。

从湄潭模式、寿光模式、法库模式和同心模式四种代表性的农地融资模式可以看出,在农地"三权分置"正式实施之前,各地已经发生各种形式的土地抵押贷款。在原有家庭联产承包责任制下,为了克服农地高度分散经营和每户家庭占有土地少等不足,农户需要通过地方政府、村委会、专业合作社和土地协会等中介,才能获得一定的农地抵押贷款。随着农地"三权分置"改革实施、新型农业经营主体发展和规模化种植扩大,原有模式中不规范和无法可依的问题将逐步得到解决,农地抵押贷款将不再局限于一村、一县,而在全国范围内进行开展。新型农业经营主体不仅经营土地面积和经营管理能力大大提高,而且其资金需求也将大大增加,所以原先单一农户的农地承包经营权抵押模式难以满足其金融服务需求。必须对农地经营权抵押进行创新,在保障农户、新型经营主体和金融机构等市场主体权益上,建立具有内生动力的可持续融资模式。

三、新型农业经营主体农地经营权抵押贷款模式创新

农地"三权分置"改革为新型农业经营主体利用土地资源进行融资提供制度保障。"三权分置"改革的重点是放活经营权,这样新型农业经营主体拥有土地的经营权,可以利用其拥有的经营权进行抵押贷款。

(一)农地经营权抵押贷款模式设计

1. 农地经营权的反担保模式。专业大户和家庭农场大多是在家庭承包土地基础上,合理流转其他土地经营权,从而具有一定生产规模和机械化生产水平。这两类经营主体拥有农地的部分承包权和所有的经营权。专业大户和家庭农场组织形式多是以血缘关系为核心纽带而形成的,组织形式接近于个体工商户。专业大户和家庭农场更像是加强版的农户,所以可以借鉴上述四种代表性的融资模式和最新政策要求,创新经营权抵押贷款模式,构建新型农业经营主体农地经营权反担保模式。该模式的主要构成是新型农业经营主

体+村委会+新型农业经营主体互保+金融机构(见图8-1)。

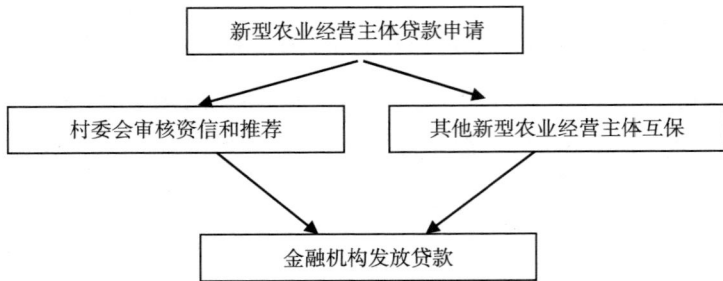

图 8-1　新型农业经营主体农地经营权反担保模式

新型农业经营主体农地经营权反担保模式是指专业大户或家庭农场首先提出资金需求申请如提交土地经营权属证明材料、抵押人身份证明和抵押登记申请书;其次,村委会对新型经营主体的综合资信进行评审和出具推荐信;再次,申请人需要 2—3 名同类新型农业经营主体进行担保,贷款申请人需要把经营权抵押给担保人,从而 2—3 类新型农业经营主体为贷款人提供担保,申请贷款人为担保人提供反担保;复次,申请人在农村产权交易平台进行经营权抵押登记和价值评估;最后,金融机构按照贷款程序发放贷款。

新型农业经营主体的农地经营权反担保模式主要特点如下:一是充分发挥村委会基层组织对当地新型农业经营主体和土地权益状况了解的信息优势,大大降低新型农业经营主体与金融机构之间的信息不对称程度;二是新型农业经营主体之间的担保和反担保模式既可以为借款人增信也可以为抵押权处置做好充分准备,提高抵押价值。

2. "农地经营权抵押+担保"模式。专业合作社和农业龙头企业都是法人组织,成员数量和使用土地数量大,经营管理比较规范,具有一定的专业化和规模化等特点。从农地抵押贷款的四种模式分析可知,专业合作社作为一种法人组织,其融资能力远超单一农户;农业龙头企业的融资能力强,同时其融资需求更高。这两类新型农业经营主体的使用土地数量大、资金需求量大、经营权抵押处置难,所以必须构建新的抵押贷款融资模式。解决这种资金需求大、风险高和抵押品处置难的抵押贷款有两种基本思路:一是政策性担保机构担保,增加新型农业经营主体的信用等级,提高金融供给意愿;二是成立专业性银行从事经营权抵押贷款。由于土地评估、流转和处置等问题,商业性金融机构对新型经营主体经营权抵押贷款需求低,提供资金的意愿也较低。所以为了彻底盘活土地资源,促进实现农业现代化,需要设立专业的土地银行。

(1)"新型农业经营主体+政策性担保机构+金融机构"模式。专业合作社和农业龙头企业根据资金需求向政策性担保机构申请担保;政策性担保机构审核并对优质新型农业经营主体进行融资担保;金融机构根据经营权估值发放贷款。该模式的优点是无须组建新机构,制度成本较低,通过政府资金担保和政府信用背书降低金融交易中的风险,从而促进金融需求和金融供给的协调发展。

(2)土地银行经营权抵押贷款模式。经营权抵押是一项技术性很强的业务,涉及面广且抵押品处置途径有限。所以全面系统盘活土地资源,应该成立土地银行从事农村土地的抵押业务,发放中长期农业生产的低息贷款。从金融机构供给角度出发,破解现有金融机构支持新型农业经营主体力度和深度不足问题。

首先,土地银行对农村市场主体的土地进行吸储和对外出租。农村市场主体将分隔的小地块土地存入土地银行,然后土地银行根据土地等级、承包时间等因素定价出租。规定土地存入土地银行最短年限(如5年),而且规定必须是相邻地块集体存入土地银行,存入土地数量不少于一定规模(如30亩),这样可以保障土地银行有规模地长期可贷出土地资源。

其次,土地银行的风险分担机制。如果某地出现自然灾害或禽类疫情,必然影响土地银行的运转。各地土地银行共同成立风险补偿基金,增强土地银行经营的可持续性。

最后,土地银行的农地经营权抵押贷款模式。新型农业经营主体向土地银行申请贷款并以农地经营权为抵押,土地银行评估价值后,向新型农业经营主体发放贷款。新型农业经营主体经营良好,按时偿还贷款,其融资活动完成。若新型农业经营主体经营遇到困境,难以偿还贷款则由土地银行收回其土地经营权,并重新向外流转,这样可以弥补新型农业经营主体逾期给土地银行带来的损失。

(二)农地经营权抵押贷款配套制度建设

经营权抵押贷款要想成为支持新型农业经营主体的重要融资渠道,需要配套制度创新才能使之行稳致远。经营权抵押需要经营权的确权颁证、处置经营权的交易平台、对经营权的估价和经营权抵押的风险分担等方面的制度创新。

1. 农地经营权确权和流通平台构建

(1)经营权确权颁证。"三权分置"下经营权需要专门机构进行确权颁证,然后经营权的持有者才能拥有相应权属,这是经营权抵押的前提和基础。在两权分置下,由于家庭联产承包下的土地已经完成承包经营权证颁发,而经营权仅是承包经营权的一部分,所以必须对原来的承包经营权证进行细化,需要颁发承包权证和经营权证,这样使得"三权分置"都有具体的物理载体。对于经营权的确权和颁证,需要农业行政管理部门对原先的承包经营权证明确承包权和经营权的归属,并为各权利人颁发相应的权属证。简单来说,就是要一证变两证,明确承包权和经营权的归属和确权颁证。

(2)农村产权交易平台的构建。根据中央"三权分置"的精神,土地的三种权属尤其是经营权的流转和抵押将会变得活跃和频繁,所以不仅要对三种权利归属进行明确,而且要把相应数据全部录入农村产权交易平台。这样可以快捷、低成本地查询农地三种权利信息,而且有助于完成经营权的流转和抵押处置。农村产权交易平台既是经营权抵押的重要一环,也是农地流转的重要载体。

2. 农地经营权价值评估

农地经营权价值既受到土地等级如气候条件、地形地貌、土壤条件和水文状况等自然因素的影响，同时也受到主要农产品种植养殖、农业总产值、农民收入等农业农村经济发展状况及基础设施、交通条件、环境条件等社会因素的影响。

经营权评估基本原则。根据经营权的特点，对农村土地承包经营权属、收益、地下地上附属物及其他固定附属设施等价值分类进行评估。

评估基本方法。首先，对于农地经营权，根据地块的地理位置、土壤肥沃程度、配套灌溉设施和可比地块流转价格，评估作价；其次，对于农作物（包括果树林木），根据作物生产的正常定植标准、作物长势、管理水平、市场行情等因素，评估作价；最后，对于沟渠池路、温室大棚、仓储、房屋等附着物，根据建造价和折旧情况，评估作价。

经营权具体评估方法。农村土地经营权价值＝本地年租地平均收益×抵押期限＋抵押期限内土地地下地上附着物价值。

3. 经营权抵押的风险分担机制

农地经营权抵押本身的风险和收益不对等，这样使得金融机构开展经营权抵押的意愿较低，新型农业经营主体的金融需求难以得到满足。所以必须创新经营权抵押的风险分担机制，使得金融机构承担风险与收益是对等的，这样才能大大提升金融供给意愿。经营权抵押的风险分担机制主要通过政府补偿基金、政策性担保机构增信、再贷款优惠和税收承诺等方面构成。具体而言，对于政府，为了提升整个农村地区发展水平，需要通过政府发展基金和政府担保等方式降低融资风险，鼓励金融机构提供优质金融服务；对于新型农业经营主体而言，作为市场主本可以通过未来税收承诺为政府前期担保等予以补偿；金融机构可以通过得到央行的再贷款等政策优惠，平衡风险收益的不对称性（见图8-2）。

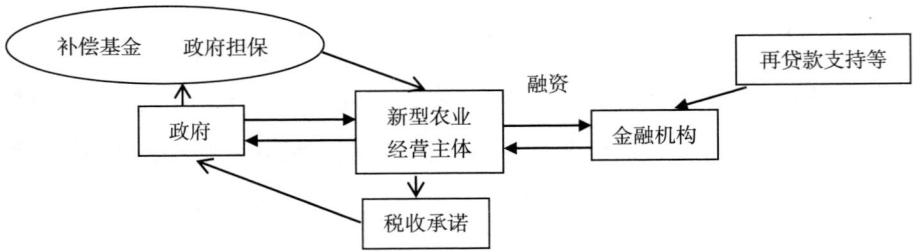

图8-2 农地经营权抵押的风险分担机制

第二节 基于政策性担保机构的金融服务
创新与担保机构风险补偿

政策性担保机构通常是为了实现政策目标而成立的担保机构,这类机构通常不以盈利为目的,其资金来源也以政府财政资金为主。政策性担保机构受众广泛,一般采取政府投资、市场化运作方式,为相关受众群体提供低收费担保支持。政策性担保机构根据服务对象的不同有不同的重点支持领域,而政策性农业担保机构应该将支持重点限定在农业领域,专注服务于农业适度规模经营和现代农业发展,为农业项目增信,不能偏农离农。因此,政策性农业担保机构要切实将担保的领域限定在农业,服务范围主要是农林优势特色产业、农业社会化服务、与农业生产直接相关的一二三产业融合发展项目、农村新业态,即担保贷款的用途不仅包括生产环节的贷款,还要包括加工、运销、仓储环节的贷款,同时可以逐步延伸到休闲观光农业、农业基础设施改良等领域。而其服务对象主要是家庭农场、种养大户、农民专业合作社等新型农业经营主体以及其他一些符合条件的农业适度规模经营主体。通过对业务范围和服务对象等方面的聚焦,逐步提高自身对农业行业的风险预警、识别、分析等能力。同时,逐步提高在担保过程中涉及的反担保资产价值评估、流转处置等方面的能力,以更好地服务新型农业经营主体,服务于农业发展。

一、政策性担保机构业务模式创新

为了解决担保对象"贷款难、贷款贵"问题,顺应担保对象的信贷需求变化,政策性担保机构设计出了多种担保产品及供给模式。如,根据财政部、农业部和银监会出台的《关于财政支持建立农业信贷担保体系的指导意见》(财农〔2015〕121 号),农业信贷担保体系已经初步建成。该体系在国家层面成立了国家农业信贷担保联盟有限责任公司,各省成立省级农业信贷担保有限责任公司。

各省农业信贷担保公司结合当地金融环境、农业分布、区域特色等因素,探索创新了多种能适应当地环境的担保模式,以满足不同类型、不同区域各类农业经营主体的融资需求。安徽农业信贷担保公司创新性地推出了适合江淮水土、具有安徽特色、传承农耕文明的农业信贷担保"劝耕贷"模式。该模式主要服务于适度规模新型农业经营主体,专业为其生产经营提供担保服务。"劝耕贷"在乡镇为所有的新型农业经营主体建立信用信息基础档案,优先推荐有信用、有规模、有需求的新型农业经营主体获得融资。"劝耕贷"以"政银担"三方合作的方式为农减负、助农致富,执行 1.2%的优惠担保费率,合作银行执行央行基准利率,最高上浮不超过 20%,服务的客户融资综合成本(银行利息加担保费)不高于 6.42%,实现了金融服务的低成本。同时,"劝耕贷"构筑了严密的风险防控体系,通过三个层面共同构筑业务流程风控全闭环,降低了信贷风险,实现了参与各方的共赢。河北省农业信贷担保有限责任公司按照"政策性主导、专业化管理、市场化运作"的发展思路,充分发挥政策性担保公司优势,通过与地方政府、金融机构密切合作,大力构建"风险共管、责任共担、利益共享、合作共赢"农业信贷担保模式,根据全省农业发展实际和农民贷款需求,公司谋划推出了"农保贷""畜牧贷""农机贷""青贮贷""蔬菜和中药材贷"等一系列担保贷款产品,通过优化合作流程、拓展合作领域、丰富反担保措施、设立区域分支机构服务网络体系等手段,加快农业信贷担保工作落地步伐。并积极引导推动各地政府结合实际,出台贴息补助政策,与农业信贷担保公司携手开发具有季节性、时效性、区域特色的业务产品,为新型农业经营主体提供更加优惠、便捷的农业信贷担保服务。虽然农业信贷担保公司等政策性担保机构结合本省实际,不断创新业务模式,开发适合本土特色的信贷担保产品,信贷担保工作取得了一定成效,但是在实际工作中还存在一些不足,尤其是与银行、保险公司、期货公司等部门的合作还有待进一步加强。

第一,加强与银行的合作。一是建立政策性担保机构和银行之间的风险共担机制。政策性担保机构作用的发挥,很大程度上需要银行的认可和积极参与,建立政策性担保机构与银行之间"风险共担、利益共享"的合作机制,是政策性担保机构实现有效运营的前提。从现实情况来看,银行多数要求政策性担保机构承担全部责任,这一方面提高了担保机构的风险,不利于担保机构做大做强;另一方面也容易使银行在业务开展过程中不认真负责,敷衍了事,从而扩大贷款风险。因此,为了建立二者之间合理的风险共担机制,银行要在风险可控的前提下,合理分担信贷担保风险,提高对农业担保贷款的风险容忍度;担保机构也要不断提升经营管理水平,加强内控建设,加强风险管理,加大对员工的培训力度,提升自身整体实力。二是建立政策性担保机构和银行之间的信息共享机制。政策性担保机构和银行之间可以定期沟通,结合国家政策和金融业发展最新趋势,结合各自的优势,进行沟通交流,实现双方信息、资源共享,在此基础上共同创新担保和贷款服务。双方还可以互相推介客户,共同对客户进行贷前调查、贷中审查、贷后管理,在共同工作中实现信息、资源共享。三是在有条件的地区积极探索"政银担"合作模式,由政府、银行、担保机构共同承担风险,为担保对象提供更有力的支撑。如,安徽担保公司率先在国内推出了"2—3—2—1"新型政银担合作业务模式,即全部代偿责任中,承保机构负担40%,省担保集团分担30%,合作银行分担20%,担保机构所在市级或县级财政分担10%。该机制的核心精神是"资源共享、风险共管、优势互补、多赢互利",构筑起"政银担"合作新模式,取得了积极成效。其他地区可以借鉴安徽担保公司模式,因地制宜构筑适合当地特点的"政银担"合作模式。

第二,加强与保险公司合作。政策性担保机构与保险公司具有天然的合作属性。一方面,如果担保对象购买了保险,那么其保单就可以作为一个有效抵押品向担保公司提供反担保,为担保对象增信,对于担保对象获得政策性担保机构的担保起到积极作用;另一方面,如果政策性担保机构把购买保险作为担保对象获得担保的必要条件,会帮助保险公司扩大客户规模,增加业务收入。同时,激励保险公司创新保险产品和服务,以满足不同客户的多样化需求。因此,政策性担保机构和保险公司之间有很大的合作空间,二者可以结合担保对象的特点,根据其实际需求,共同研究开发合适的保险产品,完善"担保+保险"合作模式,为担保对象提供更具针对性的产品和服务。保险公司在与政策性担保机构合作后,也需要一个分担风险的渠道,"保险+期货"是一个不错的选择。以分散农产品风险为例,农产品种植大户、农民专业合作社、家庭农场等新型农业经营主体在保险公司购买相应农产品的目标价格保险,稳定了自己的预期收益;保险公司为了转移风险,可以从期货公司购买相应的期权产品,到期后以稳定价格行权;期货公司将转移过来的风险在期货市场上化解。

第三,加强与期货公司合作。由于高风险客户的风险收益不对称,银行一般不愿对这类客户发放贷款。担保公司的加入虽然可以提高风险评估的专业性,能够更客观、清晰地分析客户风险,但担保费率难以根据担保风险进行调整,不能通过高额的担保费用来补偿其承担的高风险,担保机构也面临风险收益不对称问题,同样也不愿意为高风险担保对象提供担保。这一问题可以在一定程度上通过与期货公司合作来解决。以为农业中小企业提供担保为例,政策性农业担保机构为需要担保的农业中小企业提供担保,同时与之签订一定比例的期权协议,根据该协议,时机适当时,政策性农业担保机构有权以约定的价格投资该企业,将担保转化为投资,分享企业高速增长;反之,担保机构可以选择不行使权利。这一方面,给了担保机构自主权,担保风险可以从期权的收益中获得补偿,使得农业中小企业对担保公司具有了吸引力,提高了担保机构提供担保的积极性;另一方面,企业获得担保增信后,能够更容易获得银行贷款。此外,今后还可以探索"担保+保险+期货"组合模式,探索担保公司与保险公司、期货公司的合作,借助各自现有的客户资源,从中挖掘和培育共同客户群体,分工合作,共同推动担保对象发展壮大。

在加强与银行、保险公司、期货公司合作的基础上,还要推进政策性担保机构产品与服务创新。一是利用现代科学技术加快担保产品和服务创新,有效提升政策性担保机构的资源配置效率,提高其风险控制能力。二是根据担保对象自身的特点,对准担保对象的需求,根据不同担保对象、不同经营规模的主体,对担保产品进行分类设计,开发有针对性的担保产品。三是为担保对象提供更接地气的担保服务。

二、政策性担保机构风险分析

(一)政策性担保机构风险来源分析

政策性担保机构主要由政府出资,涉及政府、担保机构、被担保人、合作银行等多个主体,因此其风险来源也主要是这些主体。

第一,来自政府的风险。政策性担保机构资金来源以政府资金为主,政府也就有了很大的话语权。相对于合作性担保机构、商业性担保机构等其他类型担保机构来说,政府对担保机构的影响会更加显著,来自政府方面的风险也更大。如,为了当地的经济发展和社会稳定,或者为了实现政策目标,政府可能把其担保意愿强加在政策性担保机构上面,干预政策性担保机构的正常担保活动,使得担保机构降低标准为某些不符合担保要求和标准的企业、个人等提供担保,从而增加了担保风险发生的可能性;政策性担保机构发展往往需要政府的支持,担保对象也往往是政策倾斜的弱势群体,如果政府对担保机构的支持、对担保对象的政策有变化,也会给担保机构带来风险。另外,担保行业在我国起步较晚,相关法律法规还不健全,并且政策性担保机构也有很强的地域性,各地为了促进担保机构的发展都会出台一些相关政策,在没有统一监管的情况下,政策的随意性比较大,政策的改变会给政策性担保机构带来不可预料的风险。

第二,来自担保机构自身的风险。总的来说,我国担保行业起步较晚,政策性担保机构由于经营管理水平、人员素质、内部机制等自身存在的不足,容易引发担保风险。如,部分政策性担保机构的负责人不懂经营管理,不知道如何运作,不能适应市场化的运作模式,导致经营不善引起损失;从业人员素质不高,对担保业务流程不熟悉,不能运用专业方法在保前、保中、保后做到尽职调查,对担保对象的财务状况、经营状况等无法作出准确判断,对担保项目不能正确评估,容易导致担保资金的损失;担保机构内部管理不完善,没有规范性、制度性管理文件,人员分工不明确,提高了风险发生的概率。

第三,来自被担保人的风险。政策性担保机构的担保对象一般是中小企业等相对比较弱势的群体或企业,而政策性农业担保机构的担保对象主要是种养大户、家庭农场、农民专业合作社、中小农业企业等新型农业经营主体。虽然国家加大了对新型农业经营主体的支持力度,但新型农业经营主体总体发展水平不高,处于发展的初期阶段,抗风险能力较弱,在内部管理等方面也存在很多问题:专业大户、家庭农场等多是家庭式管理,从管理到生产主要是一家一户来进行,没有专职的管理人员,多数没有健全完善的内控制度和财务管理制度,发展还处于起步阶段;农民专业合作社多数成员比较少,规模小而且散,没有规范的运行机制、内控制度,甚至还有空壳社、冒牌社,多数没有合理的现金流,经营、财务信息不透明。对于农业产业化龙头企业,虽然相对于专业大户、家庭农场、农民专业合作社等规范了很多,但是内部管理制度、财务制度等也不够完善,而且经营状况不稳定,在一定程度上影响了其获得金融服务的可能性。而且,新型农业经营主体还面临着自然风险、市场风险、产品竞争力风险等其他各种风险,容易导致新型农业经营主体违约,增加了担保机构的风险。

第四,来自合作银行的风险。解决融资难、融资贵的问题,需要政策性担保机构和银行的共同努力。只有政策性担保机构积极参与,没有银行的大力支持,融资难、融资贵问题还是难以解决。因此,需要政策性担保机构和银行共同协商,积极合作,探索出可持续、双方共赢的银担合作模式。从政策性担保机构来说,它的介入可以为担保对象增信,帮助银行分担贷款风险,提高银行参与的积极性;从银行来说,它也有一定的社会责任,服务国家发展战略,降低中小企业、新型农业经营主体等国家支持群体的融资成本,因此,银行不能一点也不承担违约责任,而把违约责任全部推给担保机构。目前的实际情况是,政策性担保机构提供担保多与银行合作,然而银行多数不愿与担保机构合作,因此签订的担保协议中大部分损失由担保机构承担,甚至有的协议规定损失由担保机构100%承担。在这种情况下,政策性担保机构的代偿、风险处置将会常态化,担保机构能否可持续发展将面临巨大挑战,如何最大限度地控制风险是需要深入研究的课题。而且,由于银行承担损失较少或者不承担损失,可能会降低风险防范意识,放松对贷款的审查,使本来不应获得贷款支持,隐藏风险极大的新型农业经营主体进入信贷行列,这也会给担保机构带来风险隐患。

(二)政策性担保机构风险特点分析

第一,风险发生概率高。政策性担保机构的担保对象多为规模小、银行认为风险较大的中小企业或者农户等弱势群体,多数面临自然风险、市场风险等多重风险,而且它们或者没有完整的财务报告、审计报告等相关资料,使担保机构能够清晰地作出判断,或者没有有效抵押物,担保机构要想有效防范和规避风险是很困难的,而且担保对象面临的不确定因素太多,也提高了风险发生的概率。

第二,政策性担保机构承担了双重风险。政策性担保机构承担的双重风险来自担保对象和合作银行。一方面是担保对象的违约风险。当担保对象由于各种原因不能按时还款时,如新型农业经营主体由于自然灾害、市场竞争等原因不能获得收益或者发生了损失,从而不能如期还款,担保机构就要承担相关责任,为其偿还贷款,这也是担保机构面临的主要风险。另一方面是合作银行的道德风险。担保机构在与银行的合作中处于被动地位,贷款发生风险后往往主要是担保机构承担,银行的贷款风险很低,就可能发生贷款调查不仔细、降低标准等行为,使得贷款发生风险的几率大大增加,从而使担保机构受损的可能性增大。

第三,政策性担保机构的风险和收益不对称。政策性担保机构的担保对象在生存和发展过程中面临着自然风险、技术风险、市场风险等多重风险,而且存在大量不确定性因素影响其生产和经营,并且担保对象一般会有政策的扶持,在财政税收等方面都有优惠,对政策性担保机构为其提供服务时的收费标准也有一定限制,不能按照市场化的标准收费,一般要低于商业性担保机构,这样就使得政策性担保机构一方面要承担担保对象所带来的高风险,另一方面却不能收取与高风险相对应的比较高的担保费用,这样就造成了担保机构所承担的风险与收益的不对称。

三、政策性担保机构风险补偿

(一)政策性担保机构风险防控措施

第一,完善组织架构,建立专门的风险管理部门。不断建立和完善各种规章制度和业务流程,明确各个部门、各个岗位的职责,完善相应的监督、考核机制,如明示担保业务各环节的责任,强化相互制约、相互监督的风险责任分担机制。政策性担保机构应该建立专门的风险管理部门,对申请担保的对象和项目进行审核并提出意见,在实际工作中不断总结经验、改进制度,逐步形成科学、有效的风险评价体系。

第二，加强对从业人员培训，增强风险防控意识。政策性担保机构从业人员素质参差不齐，在很大程度上影响了担保风险。加强对从业人员培训，可以增强他们的风险防控意识，提高对风险的识别能力。在日常工作中，时时注意风险，及早发现风险，发生风险后能迅速、有效地处理，从而避免或减少损失。对从业人员的培训，一方面可以采取线上形式，通过网络课程学习；另一方面可以采取线下形式，通过聘请专家讲座、参加培训等形式来提高从业人员素质。同时，通过培训还可以使从业人员熟悉各种规章制度，形成严谨的工作作风，降低工作中的操作风险。

第三，加强对事前、事中、事后的监督管理。事前，进行尽职调查，对担保对象的财务状况、经营状况等进行详细的调查，不仅仅从财务报表等方面来调查，还可以调查企业负责人的基本情况、道德品质、信誉及日常流水、可提供的抵押物等，如果担保对象是种养大户等，还要调查其还款来源、还款意愿、个人征信情况等方面的情况，来全面衡量其风险。事中，建立风险预警机制，根据财务状况、经营情况、管理情况等设定一些指标，根据这些指标的变化来确定担保对象处于什么状态，分析其偿债能力，以便及时发现风险并有针对性地采取补救措施。事后，担保业务实质发生后，可以建立担保对象的资料档案，对担保对象的业务经营情况、管理情况等进行实时跟踪，如果发现其违约或者不能按时还款，要立即采取措施，避免不必要的风险。同时，对于出现风险预警的担保对象，要根据不同的情况区别对待。如，因为经营管理不善引起的预警，可以加强沟通，与担保对象一起研究办法改善经营管理状况，提高其偿债能力等。

第四，探索可行的反担保方式。目前，政策性担保机构的部分是信用贷款，不需要担保，部分是要求以联保、抵押等方式作为反担保措施，然而新型农业经营主体往往因为没有有效的抵押品而不能获得贷款。因此，需要根据融资主体的特点因地制宜地设计不同的反担保方式，尝试保证、经营权抵押、存货抵押、生产设备抵押、有介单证抵押等反担保措施,扩大有效抵押物范围,探索更多、更有效的反担保方式。

(二)政策性担保机构风险分担补偿机制

第一,加大财税支持力度。一方面,加大财政对政策性担保机构的直接投入力度,增加资本金的注入,建立政策性担保机构资金长效注入机制;另一方面,加大对政策性担保机构的财税补贴力度。财政可以采取以奖代补、担保贴息等多种形式来支持政策性担保机构的发展。如,有时为了实现政策目的,政策性担保机构担保费往往高于其成本,这一部分可以通过财政补贴的形式来弥补,以保证政策性担保机构的可持续运营。同时,对符合条件的政策性担保机构在落实国家相关政策基础上,加大税收优惠力度,以降低其成本。

第二,加大风险补偿力度。建立政策性担保专项风险补偿基金,对政策性担保机构给予适当的风险补偿,甚至可以建立更具体、更有针对性的风险补偿基金。如针对农业信贷担保机构虚立农业信贷担保专项风险补偿基金,确立每年允许担保机构亏损的额度或者比例,在这个范围内对农业信贷担保机构的风险进行补偿,超出该范围的,由担保机构自行负担。

第三,建立国家级和省级的再担保机构。在国外的实践中,再担保在风险转移和分散中发挥了重要作用,可以在借鉴国外经验的基础上,建立全国性和省级再担保机构,通过再担保机构进一步分散政策性担保机构的风险,提升政策性担保机构的担保能力。

第四,建立与银行、保险等机构的风险管理协作机制。如,农业保险可以为农业生产的自然灾害、价格损失等风险提供保障,政策性农业担保机构在提供担保时加入农业保险,可以把这部分风险转化出去,降低担保机构的风险。银行、保险、担保三方的合作,可以充分发挥各自优势,实现风险信息共享,协同管理风险,形成利益联合体,全面提升农村金融风险管控能力,引导金融资源向农村配置。

第三节　基于分散风险的金融衍生产品创新

一、基于担保机构风险收益不对称的金融创新——担保换期权

新型农业经营机构发展前景广阔,同时面临着合格抵押物品有限问题,所以需要通过担保方式获得融资和金融服务。由于新型农业经营主体的风险收益不对称,导致商业担保机构参与热情不高。通过政策性担保机构为新型农业经营主体进行担保是一种非常有效的方式,但是如果新型农业经营主体的融资风险大部分转移到政策性担保机构,这样势必影响其长期可持续发展和农业高质量发展。所以必须创新方式,使得新型农业经营主体也需要分担融资风险。这样一方面可以使新型农业经营主体有更大约束和压力,另一方面也可以起到甄别新型农业经营主体的作用,提高金融资源配置效率。

(一)新型农业经营主体银行贷款难的基本机理

新型农业经营主体生产经营过程中需要大量资金,而其自有资金难以满足快速发展和实现农业现代化的需要,因此融资问题成为其生存和发展的重要影响因素。在我国以间接融资为主体的金融体系中,银行等金融机构的信贷资金是新型农业经营主体融资的主渠道。因此,要解决新型农业经营主体的融资问题,在一定程度上就是解决银行等金融机构如何有效服务于新型农业经营主体问题。

对于新型农业经营主体融资需求与银行贷款要求不匹配问题,主要是由于二者间信息不对称所造成的事前逆向选择和事后道德风险问题。由于信息不对称,银行无法对每个新型农业经营主体的风险和潜在收益都作出准确科

学的评估,而只能对这类群体提出相同的贷款要求。这样就使得新型农业经营主体面临较高融资成本,甚至无法获取所需资金。银行贷款固定利息收益,使得放贷对象多是低风险产业和市场主体;而新型农业经营主体由于缺乏有效抵押物和农业生产经营中的较高风险,所以银行低风险偏好的信贷与新型农业经营主体的高风险产生冲突。因此,为了解决银行贷款的风险与收益不对称问题,需要进行金融产品创新。新型农业经营主体贷款主要依赖抵押和担保,而抵押物缺乏问题是由新型农业经营主体本身特点所决定的,很难通过产品创新解决。对于新型农业经营主体的担保,由于商业性担保缺失,商业性担保机构不愿意参与,政策性担保机构风险积累太快,因此银行贷款+"担保换期权"模式是解决上述问题的有效途径。

(二)银行贷款与新型农业经营主体高风险性的冲突

与工商企业相比,新型农业经营主体以农户和中小企业为主,其突出特征是高风险性。新型农业经营主体在生产经营过程中面临自然灾害、禽兽疫情、市场风险和管理风险等大量不确定性因素。与高风险性相对应的是新型农业经营主体的较高收益性,主要表现在国家重大战略导向、劳动力低成本、财政税收优惠政策等方面,从而给投资者带来较大的收益。

银行贷款与新型农业经营主体资金需求的冲突主要体现在两个方面。一方面,银行贷款属于较为固定的低收益投资,主要放贷于低风险的产业和企业;另一方面,新型农业经营主体具有一定高风险特征,难以符合银行传统贷款条件。

对于银行而言,贷款给新型农业经营主体,如果其获得成功,则可以获得正常的贷款利息和本金;如果失败,则难以收回本金,所以收益与风险不对称。因此,银行的理性选择就是减少对新型农业经营主体贷款,增加对低风险的成熟产业和企业的贷款。

假设有两类市场主体需要融资:一类为新型农业经营主体,另一类为较为成熟的传统企业。假设市场主体 1 为新型农业经营主体类,经营模式和技术水平不确定性较高,投资风险较大,同时新型农业经营主体获得各种优惠和高成长使未来收益也会较高;市场主体 2 所处的行业相对更成熟,投资风险较低,成长性也低于市场主体 1。两个市场主体在发展过程中都需要进行融资,融资额度、贷款期限和贷款相同,均无有效的抵押物。虽然新型农业经营主体的风险高,但是其发展潜力和成长性更高,所以假设两个市场主体在贷款到期时的企业价值为随机变量,期望值相等。由于两个市场主体的未来期望值相等,因此银行对这两个市场主体的贷款利率为 r,两个市场主体从银行获得的融资额为 $I/(1+r)$,市场主体归还贷款额为 I。假设两个市场主体的未来价值 π_i 服从负指数分布的随机变量,主体 1 的未来价值 π_1 的分布密度函数为:$f(\pi_1) = \lambda_1 \cdot e^{-\lambda_1 \pi_1}$,$\pi_1 \in [0, \infty]$,$\pi_1$ 的期望值为 $1/\lambda_1$;主体 2 的未来价值 π_2 的分布密度函数为:当 $\pi_2 \in [\varphi, \infty]$ 时,$f(\pi_2) = \lambda_2 \cdot e^{-\lambda_2 \pi_2}$,当 $\pi_2 \in [0, \varphi)$ 时,$f(\pi_2) = 0$,$\varphi = 1/\lambda_1 - 1/\lambda_2$,两家主体未来价值的期望值相等。同时假设,银行都是风险中性投资者,不考虑企业所得税。它们未来价值的概率分布如图 8-3 所示。

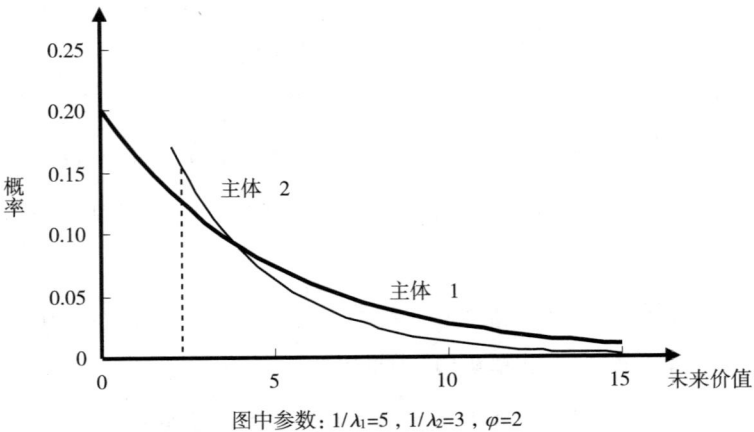

图中参数:$1/\lambda_1 = 5$,$1/\lambda_2 = 3$,$\varphi = 2$

图 8-3   风险不同的两个主体未来价值的概率分布

尽管这两家主体未来的期望价值相等,但由于它们未来价值分布不同和风险不同,银行承担贷款风险也不同。主体1(新型农业经营主体)的风险更高,银行贷款所承担的风险更大,但这种高风险并不能得到相应的风险补偿,因此提出如下命题:

命题1:商业银行从新型农业经营主体收回金额的期望值小于传统企业。

证明:对于新型农业经营主体,银行收回金额期望:

$$D_1 = \int_0^I \pi_1 \cdot \lambda_1 e^{-\lambda_1 \pi_1} d\pi_1 + \int_I^\infty I \cdot \lambda_1 e^{-\lambda_1 \pi_1} d\pi_1$$

$$= \frac{1}{\lambda_1} [e^{-\lambda_1 \pi_1} (-\lambda_1 \tau_1 - 1)]_0^I + I [e^{-\lambda_1 \pi_1}]_I^\infty$$

$$= \frac{1}{\lambda_1} [e^{-\lambda_1 I} (-\lambda_1 I - 1) + 1] + I(e^{-\lambda_1 I})$$

$$= \frac{1}{\lambda_1} [1 - e^{-\lambda_1 I}] \tag{8.1}$$

对于传统企业,银行收回金额期望:

$$D_2 = \int_0^{I-\varphi} (\pi_2 + \varphi) \cdot \lambda_2 e^{-\lambda_2 \pi_2} d\pi_2 + \int_{I-\varphi}^\infty I \cdot \lambda_2 e^{-\lambda_2 \pi_2} d\pi_2$$

$$= \frac{1}{\lambda_2} [e^{-\lambda_2 \pi_2} (-\lambda_2 \pi_2 - 1)]_0^{I-\varphi} + \varphi [e^{-\lambda_2 \pi_2}]_0^{I-\varphi} + I [e^{-\lambda_2 \pi_2}]_{I-\varphi}^\infty$$

$$= \frac{1}{\lambda_2} [e^{-\lambda_2(I-\varphi)} (-\lambda_2(I-\varphi) - 1) + 1] + \varphi [1 - e^{-\lambda_2(I-\varphi)}] +$$

$$I(e^{-\lambda_2(I-\varphi)})$$

$$= \frac{1}{\lambda_2} [1 - e^{-\lambda_2(I-\varphi)}] + \varphi \tag{8.2}$$

$$D_1 - D_2 = \frac{1}{\lambda_1} - \frac{1}{\lambda_1} - \varphi + \frac{1}{\lambda_2} e^{-\lambda_2(I-\varphi)} - \frac{1}{\lambda_1} e^{-\lambda_1 I}$$

$$= \frac{1}{\lambda_2} e^{-\lambda_2(I-\varphi)} - \frac{1}{\lambda_1} e^{-\lambda_1 I} \tag{8.3}$$

要证明命题1成立,证明式(8.4)成立即可:

$$\lambda_2 e^{\lambda_2(I-\varphi)} > \lambda_1 e^{\lambda_1 I} \tag{8.4}$$

将(8.4)取对数和整理后可得:

$$\ln\lambda_2 - \ln\lambda_1 - \lambda_1 \cdot I + \lambda_2 \cdot (I-\varphi) = \ln\frac{\lambda_2}{\lambda_1} - I(\lambda_1-\lambda_2) - \lambda_2 \cdot \varphi \tag{8.5}$$

因为银行对主体2的贷款同样存在贷款风险,所以 $I > \varphi$;同时由于 $\lambda_1 < \lambda_2$,因此:

$$\ln\frac{\lambda_2}{\lambda_1} - I(\lambda_1-\lambda_2) - \lambda_2 \cdot \varphi > \ln\frac{\lambda_2}{\lambda_1} - \varphi(\lambda_1-\lambda_2) - \lambda_2 \cdot \varphi = \ln\frac{\lambda_2}{\lambda_1} - \varphi\lambda_1$$

所以证明命题1成立,证明式(8.6)成立即可:

$$\ln\frac{\lambda_2}{\lambda_1} > \varphi\lambda_1 \tag{8.6}$$

由于有:

$$\varphi = \frac{1}{\lambda_1} - \frac{1}{\lambda_2} = \frac{\lambda_2 - \lambda_1}{\lambda_1\lambda_2} \tag{8.7}$$

将(8.7)代入(8.6)得:

$$D_1 - D_2 = \frac{1}{\lambda_1} - \frac{1}{\lambda_1} - \varphi + \frac{1}{\lambda_2}e^{-\lambda_2(I-\varphi)} - \frac{1}{\lambda_1}e^{-\lambda_1 I}$$

$$= \frac{1}{\lambda_2}e^{-\lambda_2(I-\varphi)} - \frac{1}{\lambda_1}e^{-\lambda_1 I} \tag{8.8}$$

设 $\frac{\lambda_2}{\lambda_1} = x$,$x > 1$。由于 $d\ln x = \frac{1}{x} > d(1-\frac{1}{x}) = \frac{1}{x^2}$,且当 $x=1$ 时,$\ln x = 1 - \frac{1}{x}$,当 $x > 1$ 时,$\ln x > 1 - \frac{1}{x}$,因此(8.8)成立,命题1得证。

从命题1可以看出,虽然新型农业经营主体和传统企业的未来期望价值相等,但是由于新型农业经营主体的风险较高,所以银行更倾向于对风险低的传统行业的成熟企业贷款。

理论上讲,如果银行能够对每家企业面临的风险准确测度,并根据风险大小制定相应的贷款利率,那么企业的风险将不会影响银行的偏好。现实中,不同企业面临的风险千差万别,准备评估各种风险是极其困难和经济上不可行的。所以,当银行面临新型农业经营主体这样整体风险较高的市场,其理性选择是对这类主体都减少贷款,而非甄别其中优质主体予以贷款支持。最终导致新型农业经营主体的融资困难和金融有效需求难以得到满足。

(三)担保机构本身风险分析

由于银行贷款给新型农业经营主体的收益风险不对称,所以为缺乏有效抵押物的新型农业经营主体提供担保是一种常见做法。相对而言,担保机构更具有专业性,对新型农业经营主体的风险作出更加科学准确的评估,并根据担保对象风险大小收取一定担保费用。担保机构的参加使得承担风险的机构数量,由银行一家变为银行和担保机构两家,但是仍然没有改变新型经营主体贷款风险收益不对称的状况,也无法分享新型农业经营主体高成长的收益。为此,在担保中引入期权工具,通过"担保换期权"的方法可以有效解决担保机构风险收益不对称问题。

(四)通过"担保换期权"解决风险收益不对称问题

"担保换期权"是指担保机构为信贷主体提供担保的同时签订期权协议。期权协议赋予担保机构在未来能够以某一行权价格投资于被担保对象。由于担保机构为新型农业经营主体提供担保实质是向商业银行提供一个看跌期权,而看跌期权使得担保机构承担很高风险,而担保机构不能收取高额的担保费用来补偿其承担的风险(因为央行规定,担保费不能超过贷款利率的一半)。即使担保机构可以突破上述限制,考虑到风险的测度困难,其也很难根据风险确定相应合理的担保费用。出于规避风险考虑,担保机构提高担保门槛,甚至出现"惜保"现象。通过"担保换期权"方式担保机构可以分享新型农业经营主体高成长性的收益,从而使得收益与风险相匹配,提高担保机构的担保意愿。

在前面的银行信贷模型中增加担保机构,也符合风险中性。担保机构为这两家主体的信贷提供担保,担保费率均为 g,贷款利率为 r,从银行获得的贷款为 $I/\{[(1+r)(1+g)]\}$,归还银行金额为 $I/(1+g)$,然后按照担保费率 g 向担保机构支付担保费。假设担保机构不会对银行违约,银行贷款回收金额的确定数额为 $I/(1+g)$。在提供担保的同时,担保机构与市场主体签订协议,获得贷款申请方总资产比例为 s,行权价格 X 为资产购买权。在没有引入期权之前,担保机构得到固定的担保费用,无法对承包的高风险进行足够补偿;而引入期权之后,根据新型农业经营主体风险和成长性调整期权数量 s,这样担保机构将获得与承担风险相匹配的收益,获得超过传统企业的期望收益。

命题 2:若担保机构只是通过收取固定比例的担保费获取收益,则从新型农业经营主体获得的期望收益小于传统企业。

证明:由前面的证明可知,担保机构从新型农业经营主体(主体1)获得的期望收益为:

$$G_1 = \int_0^I \pi_1 \cdot \lambda_1 e^{-\lambda_1 \pi_1} d\pi_1 + \int_I^\infty I \cdot \lambda_1 e^{-\lambda_1 \pi_1} d\pi_1 - \frac{I}{1+g}$$

$$= \frac{1}{\lambda_1}[1 - e^{-\lambda_1 I}] - \frac{I}{1+g} \tag{8.9}$$

担保机构从传统企业(主体2)获得的期望收益为:

$$G_2 = \int_0^{I-\varphi} (\pi_2 + \varphi) \cdot \lambda_2 e^{-\lambda_2 \pi_2} d\pi_2 + \int_{I-\varphi}^\infty I \cdot \lambda_2 e^{-\lambda_2 \pi_2} d\pi_2 - \frac{I}{1+g}$$

$$= \frac{1}{\lambda_2}[1 - e^{-\lambda_2 (I-\varphi)}] + \varphi - \frac{I}{1+g} \tag{8.10}$$

$$G_1 - G_2 = \frac{1}{\lambda_2} e^{-\lambda_2 (I-\varphi)} - \frac{1}{\lambda_1} e^{-\lambda_1 I}$$

由前面的证明可知, $G_1 < G_2$,命题2得证。

命题 3:存在满足式(8.11)的 X^*:

$$\frac{1}{\lambda_1}(e^{-\lambda_1 X^*} - e^{-\lambda_1 I}) + \frac{1}{\lambda_2}(e^{-\lambda_2(I-\varphi)} - e^{-\lambda_2(X^*-\varphi)}) = 0 \tag{8.11}$$

对于某一个 X，$X \in (I, X^*)$，存在 $s = s^*$，$s \in (0,1)$，使得担保机构从新型农业经营主体和传统企业获得的期望收益相等。当 $s < s^*$ 时，担保机构从新型农业经营主体获得的期望收益小于传统企业；当 $s > s^*$ 时，担保机构从新型农业经营主体获得的期望收益大于传统企业。

证明：如果担保机构从新型农业经营者主体和传统企业获得的期权数量都为 s，期权行权价格都是 X，则从两家主体获得的期权的期望收益为：

$$F_1 = \int_X^{\infty} s(\pi_1 - X)\lambda_1 e^{-\lambda_1 \pi_1} d\pi_1 = \frac{s}{\lambda_1} e^{-\lambda_1 X} \tag{8.12}$$

$$F_2 = \int_X^{\infty} s(\pi_2 - X)\lambda_2 e^{-\lambda_2(\pi_2-\varphi)} d\pi_2$$

$$= s\int_{X-\varphi}^{\infty} (\pi_2 + \varphi - X)\lambda_2 e^{-\lambda_2 \pi_2} d\pi_2$$

$$= \frac{s}{\lambda_2}[e^{-\lambda_2 \pi_2}(-\lambda_2 \pi_2 - 1)]_{X-\varphi}^{\infty} - s(X-\varphi)[-e^{-\lambda_2 \pi_2}]_{X-\varphi}^{\infty}$$

$$= \frac{s}{\lambda_2} e^{-\lambda_2(X-\varphi)} \tag{8.13}$$

当 $X = I$，$s = 1$ 时，$G_1 + F_1 = G_2 + F_2$。设 $Q = \frac{1}{\lambda_1} e^{-\lambda_1 X} - \frac{1}{\lambda_2} e^{-\lambda_2(X-\varphi)}$。由于 $X \in (I, \infty)$，由命题 1 的证明可知，$Q > 0$。$\frac{\partial Q}{\partial X} = e^{-\lambda_2(X-\varphi)} - e^{-\lambda_1 X}$，当 $X = \frac{1}{\lambda_1}$ 时，$\frac{\partial Q}{\partial X} = 0$，当 $X < \frac{1}{\lambda_1}$ 时，$\frac{\partial Q}{\partial X} > 0$，当 $X > \frac{1}{\lambda_1}$ 时，$\frac{\partial Q}{\partial X} < 0$。由命题 1 的证明过程可知，$\frac{\partial^2 Q}{\partial X^2} = -\lambda_2 e^{-\lambda_2(X-\varphi)} + \lambda_1 e^{-\lambda_1 X} < 0$。当 X 趋近于无穷大时，Q 趋近于 0。因此可知，当 $X \in (I, \infty)$ 时，$\frac{\partial Q}{\partial X}$ 是单调减函数，Q 是一个凹函数。由于 $X = I$ 时，$Q = G_2 - G_1$，当 $X = \frac{1}{\lambda_1}$ 时，$Q > G_2 - G_1$，当 $X \to \infty$ 时，$Q \to 0 < G_2 - G_1$，因此在

$X \in (\dfrac{1}{\lambda_1}, \infty)$ 的区间内,一定存在一个 X^*,满足 $Q = G_2 - G_2$,即:

$$\frac{1}{\lambda_1}(e^{-\lambda_1 X^*} - e^{-\lambda_1 I}) + \frac{1}{\lambda_2}(e^{-\lambda_2(I-\varphi)} - e^{-\lambda_2(X^*-\varphi)}) = 0$$

因此,当 $X \in (I, X^*)$ 时,$Q > G_2 - G_1$,必然存在一个 $s = s^*$,使得 $sQ = G_2 - G_1$,当 $s > s^*$ 时,$sQ > G_2 - G_1$;当 $s < s^*$ 时,$sQ < G_2 - G_1$。即当 $s = s^*$ 时,$s \in (0,1)$,担保机构从新型农业经营主体和传统企业获得的期望收益相等。当 $s < s^*$ 时,担保机构从新型农业经营主体获得的期望收益大于传统企业;当 $s > s^*$ 时,担保机构从新型农业经营主体获得的期望收益大于传统企业。命题3得证。

从上面的三个命题可知,通过调整"担保换期权"的数量,可以使得担保机构的收益增加,这样为新型农业经营主体提供担保收益高于传统企业,从而激励担保机构为新型农业经营主体提供更多的担保,破解新型农业经营主体的融资困境。

在上述"担保换期权"方式中,担保公司用"担保"这种看跌期权换取新型农业经营主体资产购买权的看涨期权。这样既可以使得担保机构的风险收益相匹配,也能更好地发挥期权的杠杆作用。截至2017年末,我国银行等金融机构的人民币存款余额高达120.1万亿元,如果很好利用"担保换期权"模式引导银行等金融机构资金投向新型农业经营主体,那么其融资需求能够得到很好的满足。

总之,上述数量模型分析证明,银行面临未来期望值相等但风险不同的两个市场主体,会选择风险低的市场主体。由于风险测度困难,银行很难对市场主体的投资风险作出准确评估,难以实施差异化的贷款利率,只能以平均的利率对某类主体发放贷款。银行对高风险市场主体发放贷款时,承担较高的违约风险,而不能获得相应的高收益,使得其风险与收益不匹配,原因在于其不愿意向风险较高的新型农业经营主体发放贷款。在担保贷款模式中,担保机构能够提供风险评估的专业性,但是其担保费用难以根据风险大小调整,也面临风险收益不对称问题,导致不愿为新型农业经营主体提供担保。研究证明,"担保换取期权"模式可以很好地解决上述问题。通过"担保与期权"模式,担保公司的担保风险可以从期权的收益中获得补偿,风险收益相一致,从而使得新型农业经营主体能够较易得到担保支持。

二、基于新型农业经营主体+保险+期货的金融服务创新

农业保险是指保险公司根据农业保险合同,对被保险人在农业生产过程中因保险标的遭受约定的自然灾害、意外事故、疫病等事故所造成的财产损失承担赔偿保险金责任的保险活动。农业保险主要分为种植业保险和养殖业保险。其中,种植业保险包含农作物保险、森林保险和经济作物保险等。养殖业保险主要有牲畜保险、水产养殖保险和其他养殖保险。

由于农业保险的收益与成本不对称,所以需要政策性保险机构或政府补贴来保障农业发展。在国家优惠政策的支持下,农业保险发展迅速,2017 年农业保险保费 479.06 亿元,同比增长 14.69%。

我国的农产品期货经过多年发展已经具有一定规模,农产品期货品种增长迅速。我国国内的农产品期货品种有黄大豆、大豆 2 号、豆粕、豆油、玉米、棕榈油、鸡蛋、新强麦、普通小麦、棉花、白糖、菜籽油、油菜籽、菜粕、新早籼稻、粳稻、晚籼稻等。

(一)保险或期货单一产品分散风险的不足

土地经营权抵押和政策性担保机构都能够有效降低金融机构的金融服务风险,从而使得新型农业经营主体的金融供给和金融需求不匹配问题得到一定程度的缓解。虽然新型农业经营主体得到的资金供给是影响其发展的重要因素,但是新型农业经营主体面临的更大风险和挑战来自农业产品的价格波动。所以稳定农产品价格预期和减少价格波动带来的风险将大大降低农业生

产、加工和制造的不确定性，从而使得新型农业经营主体风险降低，提高其投资和生产的积极性和内生动力。

金融服务中具有风险管理功能的金融产品主要是保险和期货。新型农业经营主体可以通过投保保险产品对农产品价格波动带来的风险进行平滑和规避，保险公司通过精算等技术手段对不同的风险进行定价并确定保费标准，这样农产品的价格波动风险都转移到保险公司。保险公司分散风险的基本原理是通过大量的客户投保和收取相应保费，然后用部分保费对发生损失的客户予以赔偿。而农产品种类众多且其影响因素不尽相同，保险公司对具体农产品的价格风险很难有效分散，需要承担过高的风险或保险费用过度，这样就使得新型农业经营主体无法完全通过保险进行规避。所以通过单一保险方式无法很好地解决新型农业经营中的高风险问题。

农产品期货是以农产品为标的物的标准化合约。由于农产品期货价格是对未来农产品价格的判断，所以可以通过现货市场和期货市场的反向对冲交易来规避价格风险。期货风险管理基本原理是标的物的价格波动由全体期货交易方共同承担，所以活跃的期货市场能够使风险充分分散和损失变动可接受。专业大户和家庭农场种植农产品数量有限，无法直接通过期货市场来对冲风险。他们种植的农产品所需要的期货仅仅几手（交易单位），甚至不到1手。而专业合作社和农业龙头企业种植农产品数量大大增加，但是期货交易需要专业知识和技术才能很好完成，而大多数新型农业经营主体尚不具备直接运用期货规避风险的能力。

单一的保险产品和期货产品都无法满足新型农业经营主体的风险管理需求，发挥保险和期货各自优点，创新"保险+期货"的新模式是新型农业经营主体风险管理的重要路径。

（二）我国现行"保险+期货"模式的运行机理

"保险+期货"模式全名为"价格保险+场外期权+场内期货"模式。"保险+期货"模式的基本思路是先由保险公司根据新型农业经营主体的规避风险需求,设计开发保险产品和确定费率。由于农产品价格波动产生系统风险,保险公司无法承担,于是通过到期货公司购买相应农产品期权方式对自己承担的风险进行对冲。期货公司开发设计的场外期权要承担相当部分价格波动风险。为了分散自己承担的风险,期货公司可以在期货市场上进行反向卖空操作来对冲自己承担风险。农业生产经营相对风险高和收益低,农产品价格波动幅度大和季节性变动,"谷贱伤农"事件时有发生。

　　运行机理:首先,保险公司基于农产品期货价格,开发农产品目标价格保险;其次,新型农业经营主体购买保险公司的农产品目标价格保险,保障收益;再次,保险公司购买期货公司的场外看跌期权对承保的农产品价格进行"再保险",以对冲农产品价格可能下跌带来的损失;最后,期货公司通过在交易所上市的相应农产品期货进行卖空操作,来对冲自身向保险公司卖出看跌期权的风险。这样形成由新型农业经营主体、保险公司、期货公司和期货交易参与方共同承担风险和分享收益的多方共担共享模式,"保险+期货"的运行机理详见图8-4。

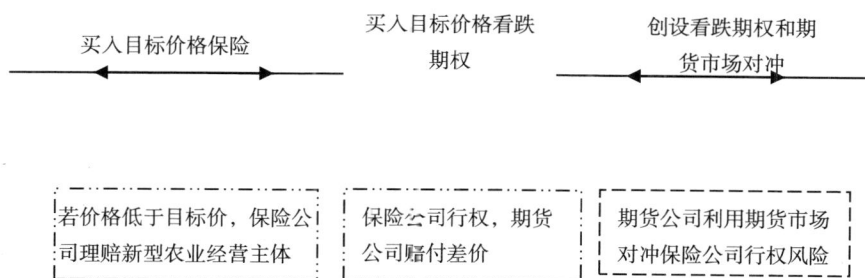

买入目标价格保险　　　买入目标价格看跌　　　创设看跌期权和期
　　　　　　　　　　　期权　　　　　　　　货市场对冲

| 若价格低于目标价,保险公司理赔新型农业经营主体 | 保险公司行权,期货公司赔付差价 | 期货公司利用期货市场对冲保险公司行权风险 |

图8-4　"保险+期货"模式的运行机理

　　从上面的分析可知,"保险+期货"模式具有以下特点。一是保险合约的目标价格是以期货市场的价格为标的物,所以要求我国期货市场交易活跃和具有良好的价格发现功能,这是该模式持续运行的重要基础。二是新型农业经营主体不直接参加期货市场,由保险公司在期货市场进行风险对冲。三是该模式推广应用的价值很大程度上取决于我国农产品期货和期权市场的发展状况。如果新型农业经营主体种植和养殖的农产品没有相应的期货产品,那么就很难通过"保险+期货"模式进行风险管理。另外,由于涉及场外期权的成本高达30%左右,如果没有较丰富的农产品期权市场,整个模式的交易成本较高,不利于该模式应用。

(三)"新型农业经营主体+保险+期货"的金融服务创新模式

"保险+期货"模式写入2016年中央一号文件,各地已经完成试点工作并取得不错的成绩。我国现在推行的"保险+期货"模式,对于新型农业经营主体而言得到的保障仅仅是价格变化的风险,而保障的核心机制是通过期货市场的风险对冲。保险公司主要利用自己销售渠道和农户认可度等优势,把农产品价格风险转移至期货公司和期货市场,保险公司本身承担风险非常有限。"新型农业经营主体+保险+期货"服务创新模式可以分为"新型农业经营主体联合体+期货"模式、"新型农业经营主体+农业收入保险"模式和"新型农业经营主体(联合体)+保险+期货"模式。

现有的"保险+期货"模式实际只能对农产品价格风险进行保障,而无法保障由农产品产量下降导致收入下降的风险。所以下面将从农产品价格波动风险和收入波动风险构建"新型农业经营主体+保险+期货"的金融服务模式。

1. "新型农业经营主体联合体+期货"模式。由于新型农业经营主体具有一定规模、经济实力和金融素养,所以可以成立各行业的新型农业经营主体联合体,集体应对价格变动风险,从而有效降低新型农业经营者风险管理成本支出。以某县或某乡的新型农业经营主体作为一个整体向期货公司购买相应数量的期权,从而实现新型农业经营主体直接与期货市场对接,进而规避农产品价格风险。

2. "新型农业经营主体+农业收入保险"模式。该模式是指通过新型农业经营主体直接购买收入保险从而降低未来收入损失带来的风险。按照国际一般惯例,农业收入保险需要政府资金支持且占保费的大部分,而新型农业经营主体等只需要投入较少资金(保费10%—30%左右)。这样就可以使得农业生产经营者的收入变为相对稳定的收入。在国外很多发达国家的农业保险中,收入保险占比很高,有的高达80%以上,这样可以给高风险低收益的农业生产者提供重要保障。我国没有农业收入保险,一方面是由于传统农业生产者没有很好的风险管理意识;另一方面是因为收入保险较高的保费投入,商业保险公司才能正常经营。随着我国农业生产方式、组织方式变化和政策支持力度增加,新型农业经营主体已经成为农业发展的引导力量而且乡村振兴战略作为重大国家战略已经写入党的十九大报告,由此,我国加快实施收入保险试点意义重大。

3.“新型农业经营主体(联合体)+保险+期货”模式。即新型农业经营主体通过购买收入保险和期货,从而获得双重保障的模式。专业大户和家庭农场通过购买收入保险和期货,能够获得稳定收益,从而保障其农业生产的积极性。专业合作社和农业龙头企业通过购买期货,从而锁定产品价格变化范围,激发参与农业发展的积极性。

小　　结

新型农业经营主体的融资服务问题在很大程度上是由于信息不对称产生的高风险和缺乏有效抵押物造成的。本章从这两个维度对新型农业经营主体金融服务创新进行分析。从农地“三权分置”、政策性担保机构、金融衍生产品三个方面出发,通过金融服务创新和科学技术应用解决有效抵押物缺乏、新型农业经营主体风险、担保机构自身风险等问题。

第一部分,分析“三权分置”改革对新型农业经营主体的金融服务影响,分析现有农地融资四种模式的基本机理、启示和不足,最终根据四类新型农业经营主体特点提出各类新型农业经营主体的经营权抵押的创新模式。

第二部分,针对政策性担保机构服务新型农业经营主体存在的问题,分析政策性担保机构业务模式、风险来源与风险特点及风险分担补偿机制,厘清政策性担保机构现有模式高风险的来源,完善风险补偿机制,促进其持续健康发展。

第三部分,新型农业经营主体金融衍生产品创新。主要通过"担保换期权"和"保险+期货"的金融衍生产品创新,分散金融机构风险和降低新型农业经营主体融资成本。首先,针对担保机构本身面临的巨大风险,设计新型农业经营主体"担保换期权"金融服务创新模式。在分析新型农业经营者银行贷款难的基本机理后,通过数理模型方法检验银行贷款与新型农业经营主体风险特点间冲突并证实"担保换期权"模式的理论可行性。其次,针对新型农业经营主体运用单一的保险或期货风险管理的不足,对现有"保险+期货"模式的基本机理进行分析。最后,根据四类新型农业经营主体风险特点,建立"新型农业经营主体+保险+期货"的金融创新模式。

第九章　金融科技支持新型农业经营主体融资模式创新

中央一号文件连续 19 年关注"三农"问题,充分表明"三农"问题的战略性与解决的艰巨性。新型农业经营主体是实现农业农村现代化和实施乡村振兴战略的生力军和先锋队。2018 年 中央经济工作会议明确提出要重视培育家庭农场、农民专业合作社等新型经营主体;2018 年 9 月 21 日,习近平总书记指出,要突出抓好农民合作社和家庭农场两类农业经营主体发展,赋予双层经营体制新的内涵,不断提高农业经营效率。2021 年,中央一号文件再次提出,要突出抓好家庭农场和农民合作社两类经营主体,鼓励发展多种形式适度规模经营,推进现代农业经营体系建设。以上情况表明,新型农业经营主体发展事关全局和国家战略,迫切需要提高其竞争力,实现高质量发展。

培育发展新型农业经营主体是实现农业现代化和农业经营机制转变的重要推动力(陈晓华,2012)。发展新型农业经营主体具有重要的战略意义和全局价值,然而新型农业经营主体普遍存在资金不足和融资不易等现实问题。调研发现:有 18.87% 的家庭农场/大户、26.40% 的合作社和 68.49% 的龙头企业存在经营资金缺口问题,比普通农户分别高出 4.17、11.7 和 53.79 个百分点。即使在获得正规信贷的经营主体中,仍分别有 26.20% 的受访家庭农场/农户、33.49% 的受访合作社和 43.24% 的受访企业贷款资金无法完全弥补资金缺口,较普通农户分别高出 5.69、12.98 和 22.73 个百分点"(经济日报社中国经济趋势研究院新型农业经营主体课题组,2019)。尽管我国政府对新型农业经营主体融资给予政策倾斜,可是其仍然存在融资困难。造成上述问题的重要原因是新型农业经营主体与金融机构间信息不对称、普遍缺乏合规抵押质押品、征信体系不健全、资金需求金额小而审核成本高等。根据经典金融理论,前面已经分别从政策支持体系、金融有效需求、金融供给等角度对新型农业经营主体的融资困境进行系统分析;然而经典理论难以彻底解决信息不对称和成本收益不匹配问题,金融科技的出现使得信息更加对称、互信基础形成、交易成本大大降低。

因此,应用金融科技解决长期制约农业经营主体融资问题已经成为极其重要的现实选择。根据金融稳定理事会(FSB)的定义,金融科技主要是指由区块链、大数据、人工智能、云计算等新兴前沿技术带动,对金融市场以及金融服务业务供给产生重大影响的新兴业务模式、新技术应用、新产品服务等。

区块链技术具有去中心化、难以篡改、分布式存储和智能合约等特征,从而使得新型农业经营主体与金融机构之间建立起基于真实数据的信任,实现融资成本下降和融资效率提升的目的。区块链技术只能保证数据上链以后难以篡改,但是原始数据的真实性无法保障。而大数据能够对不同类型、不同结构、不同频次的数据进行科学分析,这样通过交叉验证和真实性核验等链上数据真实性核实实现对数据资产进行有效管理。人工智能使计算机系统模拟人类的智能活动,完成人用智能才能完成的任务(蔡自兴,2008)。人工智能不仅可以替代人类的重复劳动,而且能够自学习、自组织、自适应、自行动地完成优化决策程序,从而提高工作效率和提升服务体验等。云计算是以互联网为中心,在线提供快速安全的云计算和数据存储服务,使得每一个互联网用户都能够进行大规模数据运算和存储的一种模式。作为数字经济底层设施,云计算由大型科技公司提供相应服务,能够降低金融公司的运营成本或满足复杂运算分析需求。云计算作为一种较为成熟的技术,能够将 IT 资源像水电一样提供给金融机构使用,因此下面不对云计算展开分析。

由于金融科技上述独特的技术特点,因此可以通过区块链、大数据、人工智能等金融科技很好地解决新型农业经营主体资金的可得性和易得性问题,相对彻底地解决上述融资困难,从而为新型农业经营主体和金融机构发展提供重要保障。

现有文献主要从融资困难原因和融资困难对策两个方面对新型农业经营主体的融资问题展开研究,下面将从这两个方面进行文献综述。

一是有关新型农业经营主体融资困境成因的研究。王吉鹏等(2018)认为,融资成本高、贷款条件苛刻、信贷担保体系不完善、信贷风险分担机制不健全和财政贴息政策亟待完善等问题是造成我国新型农业经营主体融资困难的主要问题。

郭树华、裴璇(2019)研究发现,由于家庭农场规模小、缺乏有效抵押物等原因,造成其外源融资有限且多以短期信贷为主,使得长期生产经营的资金需求难以满足。农民专业合作社信贷融资主要受限于贷款条件严苛和融资成本过高,使得难以获得足够资金支持(王若男等,2019)。林乐芬、法宁(2015)认为,生产经营规模、政府信贷担保和农村征信体系等是影响新型农业经营主体融资的主要因素。新型农业经营主体(家庭农场和农民专业合作社)资金需求大多期限短、额度小,使得金融机构的每笔贷款的贷前、贷中和贷后的检查审核等成本过高,从而影响金融机构信贷的意愿和积极性。可见,新型农业经营主体由于自身规模有限、资金需求规模小、无抵押物、信用体系不健全、交易成本偏高等原因,使得金融机构放贷的意愿较低和新型农业经营主体无法获得足够的资金支持。

二是关于如何解决新型农业经营主体融资困难的研究。增加新型农业经营主体的信用水平是一个重要方法。通过考察新型农业经营主体的内外增信机制,可以发现内部增信通过村社共同体来实现,而外部增信主要通过政府增信、第三方增信和金融科技风险防控等形式来实现(申云,2019)。除增信外,融资担保也能够就信贷双方信息不对称和新型农业经营主体缺乏抵押物等问题,借助互联网+产业链的方式完善融资平台(田剑英,2019)。科学技术的发展为破解融资难题提供了新的可能。"互联网+"可有效破解传统农业生产经营的投融资困难,促进新型农业经营主体的持续健康发展(杨继瑞等,2016)。杨兆廷等(2021)认为,"区块链+大数据"模式可以很好地解决新型农业经营主体的缺乏抵押物、组织形式有效性差和信用评价不完善等问题,为解决融资难题提供了新的方向和重要补充。

综上可知,关于新型农业经营主体融资问题的研究已经取得一定进展,对于造成新型农业经营主体融资困难的原因基本达成共识,为后续研究提供重要基础。同时,对于如何有效解决融资困难,已有研究主要从增信、产业链融资和"互联网+"等角度进行研究和探索,而这些研究难以彻底解决新型农业经营主体和金融机构之间的信息不对称、成本收益不对称等问题,因此难以从根本上解决新型农业经营主体融资困难问题。为此,需要从跨学科的视角出发,跨越传统金融理论分析框架,综合运用区块链、大数据和人工智能等金融科技解决新型农业经营主体的融资困难。

一是有关区块链、大数据和人工智能的特征与价值的相关研究。袁勇、王飞跃(2016)认为,区块链技术具有去中心化、时序数据、集体维护、可编程和安全可信等特点,特别适合构建可编程的货币系统和金融系统,解决传统金融中的中心化和低效率等问题。区块链与大数据技术具有很好的天然技术融合特点,一方面区块链技术可以大大提高金融交易参与方信任水平,另一方面大数据技术可以提升管理金融活动风险的效率,所以"区块链+大数据"是解决融资难题的一把利剑。区块链是促进大数据发展的重要数字基础设施,具有自信任、难篡改、可追溯、去中心化、共享机制、可编辑等特征,扩大了大数据技术的应用场景和经济价值。具体到金融领域,区块链技术可以为融资活动双方提供充分可信信息,信息不对称程度大大降低,使得不同规模的市场主体都能得到很好的资金支持。人工智能已经在智能获客、智能客服、智能风控、量化投资和开放银行等金融领域得到广泛应用并取得不俗的成绩。人工智能在金融领域的应用具有天然的优势:一是累积大量金融领域大数据,有利于人工智能算法等科学应用;二是数据挖掘、图像识别、自然语言处理、语音识别以及声纹识别的主流人工智能技术越来越成熟(麻斯亮、魏福义,2018),有利于降低人力成本和提高交易效率。

二是有关区块链、大数据和人工智能在金融应用场景方面的研究。由于区块链技术能够提供低成本、高流动性、高准确度和高透明度的信息,大大降低信息优势者追逐私利的空间,深刻改变大小股东、管理者、中介机构、监督机构等参与者的均衡格局,从而形成新的公司治理机制(Yermack D,2015)。基于区块链技术的加密货币应用能够大大降低交易成本,提高风险管理效率,但是也需要克服技术和规则等方面的问题(Eyal,Ittay,2017)。区块链技术提升现有盈利水平能力和区块链技术的成熟度是区块链技术在金融领域应用的两大重要因素(Kruglova I A,Dolbezhkin V A,2019)。Neyer G.(2017)认为,比特币开创了加密货币、区块链和数字账本的时代,有可能彻底改变金融服务。

由于新型农业经营主体大多处于规模较小的培育过程中,因此金融机构在信用识别、交易监管、风险管控等方面使用传统方法将面临巨大挑战。而区块链技术则能够很好地解决上述突出问题。王洁等(2018)认为,大数据中的跨部门数据存在互信和协同难题,而区块链的不可篡改、非对称加密、可追溯、智能合约等技术特性可以帮助建立起共享大数据,实现数据的登记、授权、使用、存证、验证、溯源和二次应用等功能。建立以区块链技术为核心的供应链信息平台,提升供应链联盟、金融机构及政府监管部门协作水平,促使商流、物流、资金流、信息流在信息平台实现四流合一,建立起互信共赢的供应链生态体系(杨慧琴等,2018)。郭艳等(2017)认为,区块链技术可以大大降低信息不对称程度,建立起陌生人之间的信任,对整个金融生态意义重大。李朋林、董一一(2018)认为,应建立起商业银行、企业和监管层组成的联盟链,在商业银行、企业与监管层之间建立具有权限管控的开放式信息共享网络,从而降低金融业的经营成本。新型农业经营主体大多由传统农户和农民演变而来,其土地承保权、生产资料需求、农产品生产规模、纳税记录、信用信息和消费信息等均被不同主体拥有,而通过"区块链+大数据"方式可以有效激活数据、提升数据可信度,从而能够产生巨大价值。人工智能已经在金融领域的人脸识别、服务机器人、精准营销、智能投顾、风控大脑、趋势预测和关系图谱等方面运用生物识别技术、知识图谱、非结构化数据处理、机器学习等技术取得重要进展(丁晓平,2018)。

三是有关区块链、大数据和人工智能潜在风险与挑战的研究。区块链、大数据和人工智能等金融科技发展过程中必须承担相应的社会责任并防范潜在的风险。区块链技术凭借去中心化与可靠数据库的特质,将对征信体系建设和金融风险防控进行重塑。同时,区块链技术和应用还处于初级阶段,在技术瓶颈、监管风险等方面仍面临挑战。区块链技术在我国具有广阔的发展空间,同时也将面临诸多困难(李政道、任晓聪,2016)。人工智能算法趋同造成的交易策略和金融产品同质形成新的系统风险、生物识别等产生的大量数据泄密风险、模拟分析结果的可解释性差等潜在的风险和挑战(韩志雄等,2019)。

第一节　新型农业经营主体融资困难的成因分析

一、合规抵押物有限,融资渠道受限

新型农业经营主体最大的资产往往就是其拥有的房屋和土地经营权。限于家庭农场自身规模较小、抵押物有限,所筹措到的外部融资数量相对较小且主要以短期银行贷款为主(郭树华、裴璇,2019)。由于缺乏资金导致新型农业经营主体无法进行农业机械等投资,进而无法扩大生产规模和提高生产效率。没有规模生产,新型农业经营主体难以拥有有效抵押物,这样使得融资困难难以得到解决。

虽然金融机构不断扩大抵押物范围,但是抵押物价值比较有限,土地抵押尚不完善。在现有的银行抵押贷款中,新型农业经营主体通过林权抵押、设施大棚抵押、畜禽抵押、大型农业机械抵押等方式获得融资的占比为20.87%,而新型农业经营主体通过土地承包经营权和宅基地抵押获得融资的占比仅为10.43%(林乐芬、法宁,2015)。因此通过盘活农村的土地资源,扩大新型农业经营主体可抵押物范围和抵押价值,就能破解抵押物不足的难题。

二、组织化程度较低,长期发展受限

如果新型农业经营主体绝大多数是以个人和自然人形式组织起来,那么新型农业经营主体因负有无限连带责任而不愿进行规模化生产。同时,这种初始水平的组织形式,使得其融资途径大大受限,只能主要依靠内源融资。

组织化水平低使得分工相对有限,各项生产经营活动大多不规范和不科学,导致各项生产活动难以持续提高生产效率。据调查,仅有38.7%的新型农业经营主体在贷款时能提供完整的信息资料,而能提供完整财务报表的新型农业经营主体占比仅为14.13%;新型农业经营主体经过了相关部门的认定和审批的仅有47.83%(林乐芬、法宁,2015)。可见,新型农业经营主体不仅难以获得金融机构的资金支持,而且也难以得到政府财政补助和支持,其组织化程度亟待提升。

三、信息不对称,信用记录不完善

Stiglitz and Weiss(1981)全面系统地从信息结构角度对信贷配给现象进行分析,认为在信息不对称条件下信贷配给是应对潜在风险的现实方案。而在信贷配给方案中,由于信息不对称使得遴选成本过高,金融机构将对整个地区或某个产业群体进行信贷配给。在我国农村地区存在典型的信贷配给现象,新型农业经营主体如果无法发出明确区别于其他市场主体信号,那么其信贷融资将存在较大障碍。新型农业经营主体与金融机构之间的信息不对称既是金融机构不愿意发放贷款的重要原因,也是前者融资受限的重要原因。新型农业经营主体数量众多,但是规模相对有限。它们在金融机构的信息极少,甚至信用记录空白。

四、资金需求额度小,审核成本高

根据农业部的调查结果,大部分家庭农场的资金需求额度在 30 万元以上。其中 30 万—50 万元的占比最高,为 31.40%,50 万—100 万元的占比为 23.97%,100 万元以上的占比近 10%,而 10 万元以下的占比仅为 7.4%。[①] 传统金融机构信用调查和运营成本为每笔 2000 元,这样对于资金需求额度小的信贷需求主体往往优先级较低,甚至得不到信贷资金。对于家庭农场和农民专业合作社,其资金需求一般比大型工商企业要低很多,而每笔贷款的信用调查和运营成本相差不大,因此金融机构往往没有给新型农业经营主体放贷的意愿。

五、融资渠道较单一,进入门槛高

近 80%的农民专业合作社通过金融机构和民间借贷等外源融资,而且几乎所有的养殖合作社都通过民间借贷融资(庞金波等,2016),表明农民专业合作社的正规融资渠道非常单一。高达 63%的农民专业合作社未办理银行贷款业务,期末贷款余额占总资产比例在 10%以下的农民专业合作社累计达到 79%,其中约 2%的农民专业合作社期末贷款余额占总资产的比例不足 1%,从银行获得信贷支持门槛较高(杨久栋等,2020)。

---

① 数据来源:http://www.clss.org.cn/tdr/wslt/25tdr/czh/201506/t20150623_1355267.htm。

第二节　区块链、大数据、人工智能的适用性分析

一、区块链技术的适用性分析

区块链技术能够通过运用数据加密、时间戳、分布式共识和经济激励等手段,在节点无须互相信任的分布式系统中实现基于去中心化信用的点对点交易、协调与协作,从而为解决中心化机构普遍存在的高成本、低效率和数据存储不安全等问题提供方案(袁勇、王飞跃,2016)。因此,具有去中心化、信任机制、信息不可篡改和智能合约等主要特点的区块链技术能够为提升资金配置效率提供技术支撑。

区块链技术的特点能够解决新型农业经营主体融资中存在的信息质量低且易被篡改等问题,使得新型农业经营主体信息变得真实、可信任和不可篡改,从而使得金融机构能够大大降低与新型农业经营主体间的信息不对称,进而通过智能合约等功能提高融资活动的效率和节约成本。区块链技术通过其复杂的算法和运行机制使得科技型中心企业的数据信息不可篡改,这样金融机构能够通过客户审核机制来遴选优质的新型农业经营主体(杨兆廷、李俊强,2019)。

二、大数据技术的适用性分析

大数据技术是一种为更经济地从高频率的、大容量的、不同结构和类型的数据中获取价值而设计的新一代架构和技术。大数据技术可以帮助银行等金融机构从海量信息中获取有价值信息,从而能够对中小企业进行科学识别,大大降低信息不对称程度,缓解中小企业融资困难(杨兆廷、刘冲,2018)。大数据技术可以通过获取新型农业经营主体零散多维度的数据,运用科学的算法

和模型,检验数据的真实性,提炼出有价值的信息,对新型农业经营主体的还款意愿和能力进行精准分析,从而保障贷款质量和盈利水平。

三、人工智能技术的适用性分析

人工智能技术可以通过人脸识别、指纹识别等生物识别技术便利新型农业经营主体获得金融服务或激发潜在金融需求。在获得新型农业经营主体大数据的基础上,金融机构可以利用人工智能算法和技术,快速科学地获得新型农业经营主体的消费状况、经营状况和偿还能力等,从而有助于优质新型农业经营主体获得资金支持。由于人工智能技术的应用,新型农业经营主体在贷前、贷中和贷后的调查和审核工作在一定程度上可以由机器来完成,使得对新型农业经营主体发放贷款的收益要高于其成本,从而有助于新型农业经营主体融资活动的开展。应用人工智能技术,可以根据新型农业经营主体的经营状况、未来前景和资金需求特征等因素,迅速匹配融资渠道、金融机构和金融产品,从而大大提高融资效率。

四、"区块链+大数据+人工智能"的适用性分析

区块链和大数据技术拥有的独特技术优势能够在一定程度上解决新型农业经营主体的融资难题。区块链技术不可篡改的特征能够保证链的数据"真实",但是仅仅凭借新型农业经营主体输入之后的数据无法篡改,无法检验输入数据的真实性。因此,仅仅依靠区块链技术尚不足以完全解决新型农业经营主体的融资难题。所以"区块链+大数据"需要通过多方数据的交叉验证,不断检验新型农业经营主体的真实性和预测未来经营状况及还款能力等,从而才能最大限度地解决新型农业经营主体与金融机构之间的信息不对称问题,进而破解新型农业经营主体的融资难题。"区块链+大数据"的模式虽然可以在一定程度上解决新型农业经营主体和金融机构间的信息不对称问题,但是无法有效解决新型农业经营主体资金需求规模较小造成的金融机构每笔

信贷成本偏高的问题。因此,需要充分利用区块链、大数据和人工智能等金融科技的特点,来破解新型农业经营主体遇到的融资难和融资贵等问题。

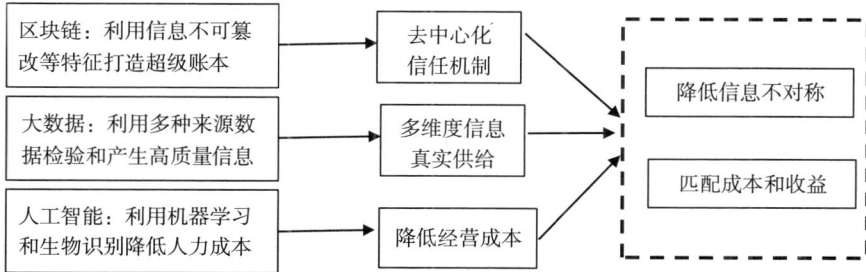

图 9-1　区块链、大数据、人工智能破解融资难题的机理

从图 9-1 可知,区块链技术可以很好地解决新型农业经营主体的数据真实性问题,避免财务数据造假和粉饰等问题。如果真实数据非常有限,那么金融机构利用其信贷决策依然承担较高风险。虽然区块链技术可以保障链上数据的不可篡改,但是无法解决原始数据的真实性问题,即不可篡改的特性只能保证链上数据不发生变化而无法保证原始数据真实性问题。因此,需要运用不同数据来源的信息进行交叉验证,从而破解原始数据的质量问题。比如新型农业经营主体的土地双重抵押问题,通过政府土地交易登记部门的数据就可以轻易识别。因此,只有有效发挥区块链技术和大数据技术的特点,才能更好地破解新型农业经营主体与金融机构之间的信息不对称问题。

区块链和大数据能够通过建立信任机制和提供真实数据降低双方的信息不对称性,然而新型农业经营主体尤其是专业大户等资金需求额度小,每笔贷款的成本和收益不匹配,金融机构没有足够动力积极发放贷款。人工智能的生物识别和图片识别等技术既可以使新型农业经营主体更便利地获得金融服务,又大大降低了服务新型农业经营主体所需人员的数量。运用机器算法等技术可以在获客、营销、风险管理等各个环节降低所需时间和人员数量,这样使得小额资金需求的处理成本大大降低,从而使得金融机构有动力积极发放贷款。

总之,通过对区块链、大数据、人工智能在新型农业经营主体融资领域的可行性分析可知,区块链技术可以很好地解决链上数据失真和信任问题,大数据技术可以保障整体数据质量和原始数据真实性,人工智能技术可以降低金融服务的经营成本,从而达到解决信息不对称和收益与成本不匹配问题。

第三节　金融科技支持新型农业经营主体融资的创新模式

一、应用金融科技建立农地智能抵押融资模式

在农地"三权分置"下,土地的所有权、承租权和经营权分属村集体、农户和实际经营者。利用区块链技术对土地的权属关系进行界定,尤其是对每一块土地经营权的让渡和使用,都映射到数字权益。

新型农业经营主体拥有的最重要和最具潜力的资产——土地,由于存在权属不清、交易不畅和权益不明等问题,使其难以在融资过程中发挥较大作用。"区块链+大数据"的技术将很好地破解上述融资难题,具体融资模式如图 9-2 所示。

应用金融科技的农地智能抵押融资模式内容主要包括市场主体、运行机制和主要功能等方面。

一是应用区块链技术建立农地不可篡改的权属关系。中央已经明确了农地"三权分置"制度化改革方向,但是涉及所有权、承包权和经营权的权属,需对不同主体的权属进行明确和登记,而现有的土地权属关系中大部分没有包括经营权且土地属于村集体所有,这样使得土地的大规模流转存在一定障碍。而区块链技术能够很好地解决上述问题。村集体、农户和新型农业经营主体使用区块链技术明确土地的所有权、承包权和经营权,并把相应信息记入区块

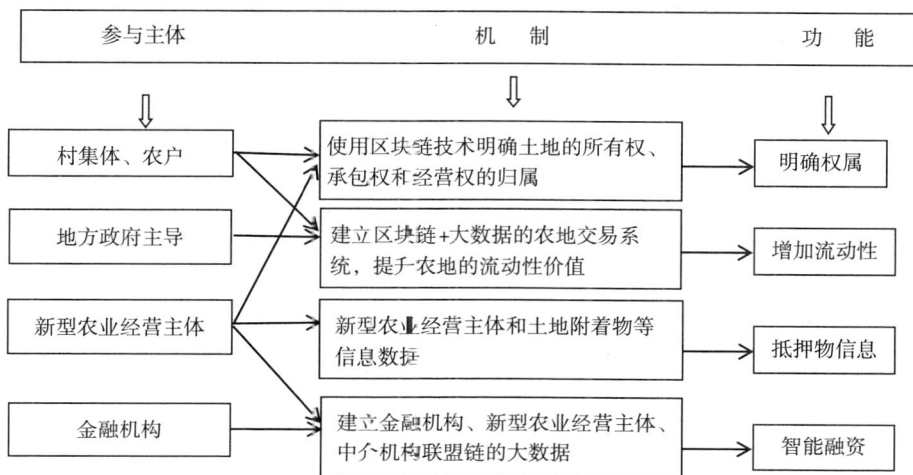

图 9-2 应用金融科技建立的农地智能抵押融资模式

内,从而建立不可篡改的权属关系。

二是构建"区块链+大数据"的农地交易系统。虽然明确农地的权属关系并不能直接增加农地价值,但是能为提高农地价值和提高新型农业经营主体的抵押价值提供重要基础。把不可篡改的真实农地权属信息运用大数据技术形成农地交易系统,这样将大大提高农地流动性和自身价值。农地交易系统应该采用政府引导下市场化运作的模式,从而提高交易系统权威性和运营管理效率。

三是建立新型农业经营主体和农地的动态信息管理系统。把新型农业经营主体的经营状况、信用情况和农地流动等信息与农地不同时期的地上附着物状况等信息录入管理系统,建立起动态信息管理系统,为评估农地价值和新型农业经营主体融资提供重要参考。

四是应用金融科技建立智能农地抵押融资模式。通过建立新型农业经营主体、金融机构、村集体、农户和土地交易所等市场主体参与的联盟链,把新型农业经营主体的融资需求与其自身土地价值进行匹配,从而实现自动审批信贷的智能抵押融资模式。

二、应用金融科技优化新型农业经营主体组织的融资模式

新型农业经营主体主要包括专业大户、家庭农场、农民专业合作社和龙头企业。而其中的专业农场与家庭农场相近,所以重点分析家庭农场、农民专业合作社和龙头企业。新型农业经营主体的融资能力提升既要靠纵向的组织优化,也要靠横向的组织优化。

一是应用金融科技优化新型农业经营主体纵向组织提升融资能力模式。家庭农场、农民专业合作社和龙头企业分属血缘关系组织形式、合作组织形式和企业组织形式,而血缘关系组织形式和合作组织形式具有设立门槛低和管理层级少等优点,但受限于经营规模和融资渠道,使其难以进一步发展壮大。通过家庭农场、农民专业合作社和龙头企业组成产业联合体,可以优化各新型农业经营主体的组织形式,组织方式优化如图 9-3 所示。

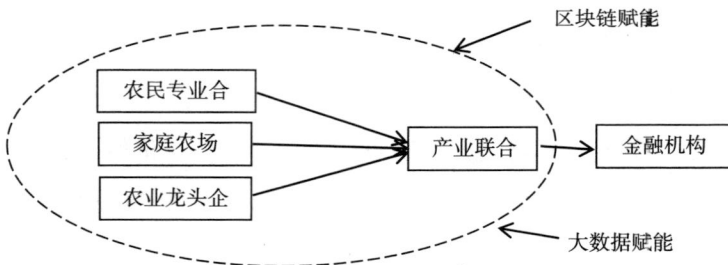

图 9-3 应用金融科技优化新型农业经营主体纵向组织融资模式

区块链分布式存储和去中心的技术特点可以使各类新型农业经营主体能够录入相关信息和查看产业联合体内各类主体信息,实现高度信任和信息共享目的。通过区块链赋能帮助产业联合体融合为一个高效互信整体,有助于各类新型农业经营主体获得金融机构授信和资金支持。

大数据能够对海量数据进行获取、存储、运算和分析,使得产业联合体内部数据信息得到充分利用,并且通过对各类新型农业经营主体的数据分析能够预测其资金需求和支持金融机构授信,从而降低融资成本、提高融资效率。

二是应用金融科技优化新型农业经营主体横向组织提升融资能力模式。新型农业经营主体的组织形式除了自身纵向优化外,产业链的横向组织优化是提升融资能力的主要方式,组织方式优化如图9-4所示。

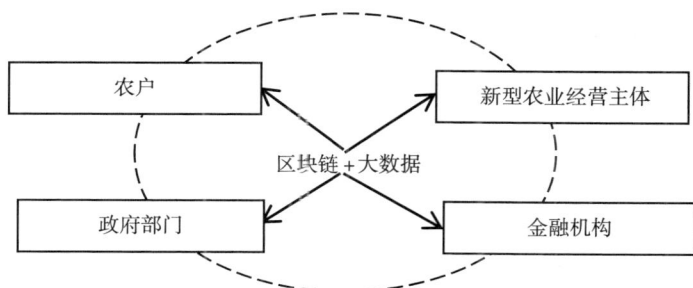

图9-4　应用金融科技优化新型农业经营主体横向组织融资模式

建立以县为单位的新型农业经营主体、金融机构、中介机构和政府信息的联盟链。破除因新型农业经营主体的信息不对称而造成的融资困难,通过区块链技术建立起新型农业经营主体的生产、流通和销售等信息系统,金融机构的投融资信息系统,政府部门的税务、工商、公安等信息系统,由此建立起围绕新型农业经营主体的立体式的大数据,从而大大降低新型农业经营主体与金融机构之间的信息不对称程度,减少对抵押物和质押物过度依赖,形成新的融资方式。

三、应用金融科技优化新型农业经营主体征信体系

完善征信体系,培养新型农业经营主体的诚信意识,提高新型农业经营主体的信用等级,从而提升其融资能力。

一是应用区块链技术建立以村为节点的基础信息采集体系。区块链技术具有去中心化、不可篡改等特点,可以保证新型农业经营主体提供信息的真实性。然而,有些新型农业经营主体如部分家庭农场等提供相应信息存在一定困难,因此以村为单位建立信息采集体系,可以达到去中心化与中心化的高度

统一。

二是建立新型农业经营主体大数据融资服务信息系统。在传统的征信中,由于数据来源单一和数据类型单维等原因使得征信评价不能完全满足金融机构信贷投放的要求,从而导致对融资能力提升改善有限。因此,需要建立新型农业经营主体的多维度大数据信息系统。第一,增加新型农业经营主体的信息来源,除了经营状况信息外,需要采集经营者基础信息,声誉信息和来自工商、税务、公安、法院等的多维信息;第二,科学设定新型农业经营主体采集信息指标体系,构建全面立体的信用评价的数据支撑。

四、应用金融科技构建新型农业经营主体的智能化信贷模式

为了克服新型农业经营主体资金需求规模较小、信贷审查平均成本较高等问题,应用人工智能和大数据等金融科技创新智能化信贷模式。针对信贷的整个流程,应用人工智能和大数据等金融科技对贷前、贷中、贷后和风控进行智能优化。

在贷前环节,结合新型农业经营主体场景特点,对家庭农场和农民专业合作社等主体的农畜牧产品生长情况、工商纳税、经营规模、信用额度、通信信息和业务信息等进行智能化收集和预处理;对其金融需求和疑问可以通过智能机器人或智能客服等高效处理。

在贷中环节,融合历史借款、逾期记录等第三方数据,运用人工智能和大数据模型对新型农业经营主体的贷款申请进行自动审核和授信,可以降低审核时间和审核成本。随着新型农业经营主体和金融合作增加,其在金融机构留下更多历史信息,然后通过机器算法不断迭代更新优化对其贷款授信额度和期限。

在贷后环节,建立风险预警模型和预警信息反馈机制。运用深度学习等方法对经营状况、外部异常数据、账户状况异常、行业重大调整以及工商税务信息等多维信息进行分析,通过不断迭代优化从而发现风险预警阈值和反馈

预警信息。根据风险类型和程度,及时启动风险处理程序。智能催收机器人基于先进的语音识别、语义理解、语音播报技术,结合贷后行业专家经验数据及机器学习技术,提供多策略组合的全自动化系统。将大数据、智能算法等金融科技全面有机赋能电催业务,提升催收的针对性和有效性。对贷后催收案件实现智能匹配、记录全流程催收过程、标准化催收程序,大大提高催收效率并且降低催收成本。

五、应用金融科技构建新型农业经营主体的多渠道金融服务平台

为了克服新型农业经营主体融资渠道单一和融资门槛较高难题,运用人工智能和大数据等金融科技构建多渠道金融服务平台。根据长尾理论,大量的新型农业经营主体难以获得发展所需的资金支持,因此构建多渠道的服务平台,帮助其拓宽融资渠道。

一是应用区块链技术建立多方机构参与的联盟链,不同参与主体赋予不同节点权限,实现资金需求方和供给方链接的新通道。新型农业经营主体的信贷数据、业务数据、个人数据和消费数据等在联盟内部实现有权限的共享并保证数据的不可篡改和可追踪溯源,从而搭建起多方合作的互信基础。

二是应用大数据、人工智能和区块链等金融科技,构建政府主导的包括新农业经营主体、农村信用社、商业银行、合作银行、担保公司、证券公司、中介机构、电商公司等单位的融资平台,打通信贷为主的间接融资渠道与股权债券发行的直接融资渠道。

三是通过人工智能和大数据等技术实现数据采集、智能投顾、融资方案比对、科学征信和风险管理等功能,新型农业经营主体的金融需求不但能够得到满足,而且可以在多种方案中选择低成本的融资方案。由于可以获得新型农业经营主体的生产经营、消费支出、信贷记录和税务记录等真实信息,金融机构通过人工智能模型的不断迭代优化,精准对接服务新型农业经营主体,实现

双方互利共赢和长期健康发展的目的。

小　　结

新型农业经营主体的发展不仅关系乡村振兴战略实施,也关系农业现代化实现水平。新型农业经营主体的资金不足和融资受限影响其健康发展。而缺乏抵押物、组织化程度低、信用记录缺失、融资额度小和融资渠道受限等是造成新型农业经营主体融资困难的重要原因。运用区块链、大数据、人工智能等金融科技解决新型农业经营主体面临的融资困难具有重要的现实意义。区块链技术能够很好地解决信用问题,大数据技术可以保障数据真实和提升数据价值,人工智能技术可以降低成本和扩大融资渠道。应用金融科技可在以下几个方面支持新型农业经营主体融资模式创新。

一是应用金融科技等建立农地登记、交易和智能抵押系统。新型农业经营主体的土地资产的激活将大大缓解缺乏抵押品造成的融资困难。

二是应用金融科技优化新型农业经营主体组织形式。构建各类新型农业经营主体产业联合体的横向组织优化与新型农业经营主体、金融机构和中介机构的产业联盟链的纵向组织优化,提升新型农业经营主体的整体实力和组织效率。

三是应用金融科技建立征信体系。以村为信息节点,采集多维信息构建新型农业经营主体的征信体系,破解新型农业经营主体信用记录缺失和授信额度小等问题。

四是应用金融科技建立智能化信贷模式。通过机器人和人工智能算法等,破解新型农业经营主体的资金需求额度小而单笔融资成本高等问题。

五是应用金融科技建立多渠道金融服务平台。搭建一个以政府为主导,包括新农业经营主体、农村信用社、商业银行、合作银行、担保公司、证券公司、中介机构、电商公司等单位的融资平台,从而拓宽融资渠道和降低融资门槛。

应用金融科技解决新型农业经营主体融资难题,为未来的研究提供了一个重要方向。在区块链、大数据和人工智能等金融科技赋能下,金融领域中传统的难题甚至世界性难题将能够得到较好解决。

参 考 文 献

一、中　文

（一）专著

[1] [英] 阿瑟·刘易斯:《经济增长理论》，周师铭等译，商务印书馆 1999 年版，第 4 页。

[2] 巴红静:《中国农村金融发展研究》，东北财经大学出版社 2013 年版，第 3 页。

[3] 程恩江、刘西川:《农业合作社融资与农村合作金融组织发展》，浙江大学出版社 2014 年版，第 3 页。

[4] 郭兴平:《金融服务县域经济发展研究——以大型商业银行为例》，经济管理出版社 2014 年版，第 10 页。

[5] 黄祖辉、陈龙:《新型农业经营主体与政策研究》，浙江大学出版社 2010 年版，第 8 页。

[6] 罗剑朝:《农村金融发展报告》，中国金融出版社 2015 年版，第 7 页。

[7] 生蕾:《都市型现代农业的金融支持问题研究》，中国金融出版社 2015 年版，第 2 页。

[8] 宋洪远、赵海:《中国新型农业经营主体发展研究》，中国金融出版社 2015 年版，第 3 页。

[9] 唐安来、罗青平:《江西省新型农业经营体系改革与实践》，中国农业科学技术出版社 2014 年版，第 4 页。

[10]汪小亚、农村金融改革:《重点领域和基本途径》,中国金融出版社 2014 年版,第 1 页。

[11]吴红军、何广文:《中国农村普惠金融研究报告 2014》,中国金融出版社 2015 年版,第 1 页。

[12]杨兆廷、马彦丽:《农村金融供给与需求协调研究》,中国金融出版社 2013 年版,第 8 页。

[13]张承惠、郑醒尘:《中国农村金融发展报告(2014)》,中国发展出版社 2014 年版,第 12 页。

[14]中国农业银行:《中国农村金融前言论丛》,中国经济出版社 2014 年版,第 6 页。

[15]中国农业银行战略规划部:《中国农村家庭金融发展报告(2014)》,西南财经大学出版社 2014 年版,第 4 页。

[16]中国人民银行农村金融服务研究小组:《中国农村金融服务报告(2014)》,中国金融出版社 2015 年版,第 3 页。

[17]周文根:《浙江省农村金融发展报告(2015)》,浙江工商大学出版社 2015 年版,第 11 页。

[18]卓武扬、毛茜:《金融创新与发展研究》,西南财经大学出版社 2014 年版,第 4 页。

(二)论文

[1]安毅、方蕊:《我国农业价格保险与农产品期货的结合模式和政策建议》,《经济纵横》2016 年第 7 期。

[2]蔡恒进、郭震:《供应链金融服务新型框架探讨:区块链+大数据》,《理论探讨》2019 年第 2 期。

[3]蔡薇等:《政策性信用担保的激励结构》,《证券市场导报》2004 年第 4 期。

[4]曹凤鸣:《试析对浙江省农民专业合作社的金融支持》,《浙江金融》2007 年第 3 期。

[5]陈鹏:《中国农村金融改革观察与检验》,《经济管理出版社》2015 年第 4 期。

[6]陈晓华:《现代农业发展与农业经营体制机制创新》,《农业经济问题》2012 年第 11 期。

[7]程百川:《我国开展"保险+期货"试点的现状与思考》,《西部金融》2017 年第 5 期。

[8]储雪俭、高博:《区块链驱动下的供应链金融创新研究》,《金融发展研究》2018年第8期。

[9]邓莉:《农产品供应链价格风险生成机理及预警模式》,《农业经济》2017年第6期。

[10]杜志雄、刘文霞:《家庭农场的经营和服务双重主体地位研究:农机服务视角》,《理论探讨》2017年第2期。

[11]冯兴元、何梦笔、何广文:《试论中国农村金融的多元化——一种局部知识范式视角》,《中国农村观察》2004年第5期。

[12]耿卓:《农地三权分置改革中土地经营权的法理反思与制度回应》,《法学家》2017年第5期。

[13]郭树华、裴璇:《新型农业经营主体融资影响因素分析》,《经济问题探索》2019年第11期。

[14]郭艳、王立荣、韩燕:《金融市场中的区块链技术:场景应用与价值展望》,《技术经济》2017年第7期。

[15]韩秉智:《我国新型农村金融组织研究》,《宏观经济管理》2015年第2期。

[16]韩俊华、周全、王宏昌:《大数据时代科技与金融融合风险及区块链技术监管》,《科学管理研究》2019年第1期。

[17]韩喜平、金运:《中国农村金融信用担保体系构建》,《农业经济问题》2014年第3期。

[18]韩旭东、杨慧莲、郑风田:《乡村振兴背景下新型农业经营主体的信息化发展》,《改革》2018年第10期。

[19]韩志雄、杨紫、洪武:《人工智能在金融行业的应用探析》,《金融科技时代》2019年第9期。

[20]何广文:《从农村居民资金借贷行为看农村金融抑制与金融深化》,《中国农村经济》1999年第10期。

[21]何广文:《中国农村金融供求特征及均衡供求的路径选择》,《中国农村经济》2001年第10期。

[22]黄宗智、彭玉生:《三大历史性变迁的交汇与中国小规模农业的前景》,《中国社会科学》2007年第4期。

[23]黄祖辉、俞宁:《新型农业经营主体:现状、约束与发展思路:以浙江省为例的分析》,《中国农村经济》2010年第10期。

[24]霍学喜、屈小博:《西部传统农业区域农户资金借贷需求与供给分析——对陕

西渭北地区农户资金借贷的调查与思考》,《中国农村经济》2005 年第 8 期。

[25]姜超峰:《供应链金融服务创新》,《中国流通经济》2015 年第 1 期。

[26]姜长云、杜志雄:《关于推进农业供给侧结构性改革的思考》,《南京农业大学学报(社会科学版)》2017 年第 1 期。

[27]姜长云:《推进农业供给侧结构性改革的重点》,《经济纵横》2018 年第 2 期。

[28]康远品:《贵州省家庭农场金融服务困境及优化路径研究》,《农村经济与科技》2015 年第 9 期。

[29]孔祥智:《新型农业经营主体的地位和顶层设计》,《改革》2014 年第 5 期。

[30]磊荣、王选庆:《试论培育农村资本市场》,《广西社会科学》2007 年第 11 期。

[31]李大刚:《湖南省落实金融服务新型农业经营主体各项政策收效明显》,《金融经济》2015 年第 1 期。

[32]李继尊:《关于互联网金融的思考》,《管理世界》2015 年第 7 期。

[33]李朋林、董一一:《基于区块链技术的商业银行业务模式创新研究》,《会计之友》2018 年第 21 期。

[34]李亚茹、孙蓉、刘震:《农产品期货价格险种设计与定价——基于随机波动率模型的欧亚期权》,《财经科学》2018 年第 3 期。

[35]李政道、任晓聪:《区块链对互联网金融的影响探析及未来展望》,《技术经济与管理研究》2016 年第 10 期。

[36]林芳、刘振中:《域镇化背景下金融资本"走下去"战略支持农业经营主体研究》,《山东科技大学学报(社会科学版)》2013 年第 12 期。

[37]林乐芬、法宁:《新型农业经营主体融资难的深层原因及化解路径》,《南京社会科学》2015 年第 7 期。

[38]林乐芬、法宁:《新型农业经营主体银行融资障碍因素实证分析——基于 31 个乡镇 460 家新型农业经营主体的调查》,《四川大学学报(哲学社会科学版)》2015 年第 6 期。

[39]林乐芬、裴雪舒:《农户分化对农业保险巨灾理赔政策效应及影响因素分析——基于种植业农户的田野调查》,《中央财经大学学报》2018 年第 1 期。

[40]林乐芬、王军:《农村金融机构开展农村土地金融的意愿及影响因素分析》,《农业经济问题》2011 年第 12 期。

[41]刘晓蓉:《安徽省新型农业生产经营主体融资问题研究》,《安徽农业科学》2015 年第 11 期。

[42]刘志平:《互联网金融对农村金融的启示》,《中国金融》2015 年第 3 期。

[43]卢义良:《新型农村经营主体金融困境待解》,《中国农村金融》2013 年第 19 期。

[44]麻斯亮、魏福义:《人工智能技术在金融领域的应用:主要难点与对策建议》,《南方金融》2018 年第 3 期。

[45]马龙龙:《中国农民利用期货市场影响因素研究:理论、实证与政策》,《管理世界》2010 年第 5 期。

[46]毛政、兰勇、周孟亮:《新型农业经营主体金融供给改革探析》,《湖南农业大学学报(社会科学版)》2016 年第 1 期。

[47]闵继胜:《新型经营主体经营模式创新分析——基于黑龙江仁发合作社的案例分析》,《农业经济问题》2018 年第 10 期。

[48]庞金波、邓凌霏、范琳琳:《黑龙江省农民专业合作社融资问题、成因及对策研究》,《农业现代化研究》2016 年第 4 期。

[49]皮修平、周镕基:《农地流转视阈下新型农业经营主体发展研究——以湖南省为例》,《湖南师范大学社会科学学报》2015 年第 3 期。

[50]星焱:《普惠金融:一个基本理论框架》,《国际金融研究》2016 年第 9 期。

[51]任碧云、刘进军:《基于经济新常态视角下促进农村金融发展路径探讨》,《经济问题》2015 年第 5 期。

[52]阮荣平、曹冰雪、周佩、郑风田:《新型农业经营主体辐射带动能力及影响因素分析——基于全国 2615 家新型农业经营主体的调查数据》,《中国农村经济》2017 年第 11 期。

[53]申云、李京蓉、吴平:《乡村振兴战略下新型农业经营主体融资增信机制研究》,《农村经济》2019 年第 7 期。

[54]盛普田:《做好农商行转型发展的"加减乘除"法》,《中国农村金融》2015 年第 12 期。

[55]盛世杰、周远游、刘莉亚:《引入担保机构破解中小企业融资难:基于期权策略的机制设计》,《财经研究》2016 年第 6 期。

[56]孙晋刚:《金融支持农材专业大户发展的困境与对策》,《金融经济》2014 年第 16 期。

[57]孙乐、陈盛伟:《我国非主粮农产品"价格保险+期货"产品供需分析》,《浙江金融》2017 年第 9 期。

[58]孙立刚、刘献良、李起文:《金融支持新型农业经营主体的调查与思考》,《农村金融研究》2015 年第 5 期。

[59]孙蓉、李亚茹:《农产品期货价格保险及其在国家粮食安全中的保障功效》,《农村经济》2016 年第 6 期。

[60]孙蓉、朱梁:《世界各国农业保险发展模式的比较及启示》,《财经科学》2004 年第 5 期。

[61]唐飞泉、杨律铭:《人工智能在银行业的应用与实践》,《现代管理科学》2019 年第 2 期。

[62]田剑英:《农地金融支持农业规模化经营的模式与机理》,《农村经济》2019 年第 8 期。

[63]童馨乐、褚保金、杨向阳:《社会资本对农户借贷行为影响的实证研究——基于八省 1003 个农户的调查数据》,《金融研究》2011 年第 12 期。

[64]涂凯彪:《新型农业经营主体融资难问题探讨》,《区域金融研究》2015 年第 3 期。

[65]汪发元:《中外新型农业经营主体发展现状比较及政策建议》,《农业经济问题》2014 年第 10 期。

[66]王丹、张懿:《农村金融发展与农业经济增长——基于安徽省的实证研究》,《金融研究》2006 年第 11 期。

[67]王慧敏:《新型农业经营主体的多元发展形式和制度供给》,《中国农村金融》2014 年第 1 期。

[68]王吉鹏、肖琴、李建平:《新型农业经营主体融资:困境、成因及对策——基于 131 个农业综合开发产业化发展贷款贴息项目的调查》,《农业经济问题》2018 年第 2 期。

[69]王洁、魏生、戴科冕:《基于区块链的科技金融大数据开放共享体系研究》,《现代计算机(专业版)》2018 年第 22 期。

[70]王蔷、郭晓鸣:《新型农业经营主体融资需求研究——基于四川省的问卷分析》,《财经科学》2017 年第 8 期。

[71]王若男、杨慧莲、韩旭东、郑风田:《合作社信贷约束:需求型还是供给型?——基于双变量 Probit 模型的分析》,《农业现代化研究》2019 年第 5 期。

[72]王铄玞、阳光、郭春桃:《打破新型农业经营主体贫困恶性循环的策略研究——以湖南省为例》,《中国集体经济》2015 年第 11 期。

[73]王文龙:《中国农业经营主体培育政策反思及其调整建议》,《经济学家》2017 年第 1 期。

[74]魏岚:《我国农村金融服务创新研究》,《经济纵横》2014 年第 12 期。

［75］温涛、冉光和、熊德平:《中国金融发展与农民收入增长》,《经济研究》2005 年第 9 期。

［76］吴勇:《农村中小企业信贷融资问题博弈分析》,《管理世界》2015 年第 1 期。

［77］向林峰、文春晖:《路径依赖还是适应性选择:我国农村金融制度演进》,《江西社会科学》2013 年第 3 期。

［78］谢灵斌:《"保险+期货":农产品价格风险管理路径选择》,《价格理论与实践》2018 年第 10 期。

［79］星焱:《普惠金融的效用与实现:综述及启示》,《国际金融研究》2015 年第 11 期。

［80］许崇正、高希武:《农村金融对增加农民收入支持状况的实证分析》,《金融研究》2005 年第 9 期。

［81］许兆春:《家庭农场的困境与金融支持》,《金融理论与实践》2013 年第 10 期。

［82］闫艳:《农村金融服务体系存在的主要问题与解决对策》,《经济纵横》2015 年第 2 期。

［83］杨成章:《促进农村金融发展的思考》,《宏观经济管理》2015 年第 1 期。

［84］杨慧琴、孙磊、赵西超:《基于区块链技术的互信共赢型供应链信息平台构建》,《科技进步与对策》2018 年第 5 期。

［85］杨继瑞、薛晓、汪锐:《"互联网+现代农业"的经营思维与创新路径》,《经济纵横》2016 年第 1 期。

［86］杨静、谢健、黄春丽:《美国农村金融服务体系对中国的启示》,《世界业》2014 年第 10 期。

［87］杨蕾、辛文玉、杨伟坤:《互联网金融支农的 SWOT 分析》,《银行家》2015 年第 4 期。

［88］杨蕾、杨伟坤、张博:《家庭农场融资困境与破解之道》,《银行家》2014 年第 9 期。

［89］杨蕾、杨兆廷、刘静怡:《基于区块链的金融支农模式创新研究》,《农村金融研究》2018 年第 1 期。

［90］杨蕾、杨兆廷:《农村金融供给侧改革的必要性、内涵及创新机制》,《商业经济研究》2016 年第 19 期。

［91］杨蕾、杨兆廷:《农村金融供给侧改革需着力新型农业经营主体》,《农村金融研究》2016 年第 2 期。

［92］杨蕾、张义珍:《基于因子分析的农产品物流金融风险管理体系构建》,《广东

农业科学》2010 年第 4 期。

[93]杨蕾、张义珍:《农产品物流金融发展的必要性和可行性分析》,《安徽农业科学》2010 年第 8 期。

[94]杨蕾、张义珍:《谈因子分析在农产品物流金融风险识别中的应用》,《商业时代》2010 年第 10 期。

[95]杨亦民、叶明欢:《现代农业经营主体培育的金融支持研究》,《湖南社会科学》2013 年第 6 期。

[96]杨兆廷、李俊强、付海洋:《"区块链+大数据"下新型农业经营主体融资模式研究》,《会计之友》2021 年第 4 期。

[97]杨兆廷、李俊强:《基于"区块链+大数据"的科技型中小企业融资方式创新》,《金融理论探索》2019 年第 6 期。

[98]杨兆廷、刘冲:《雄安新区金融科技发展的几点思考》,《金融理论探索》2018 年第 4 期。

[99]杨兆廷、孟维福:《美国新型农业合作社价值链融资对我国的启示》,《农村金融研究》2017 年第 10 期。

[100]杨兆廷、孟维福:《普惠金融视角下农民专业合作社融资问题研究》,《会计之友》2017 年第 11 期。

[101]杨兆廷、孟维福:《依托农业价值链破解农民专业合作社融资难:机制、问题及对策》,《南方金融》2017 年第 3 期。

[102]袁勇、王飞跃:《区块链技术发展现状与展望》,《自动化学报》2016 年第 4 期。

[103]张广辉、方达:《农村土地"三权分置"与新型农业经营主体培育》,《经济学家》2018 年第 2 期。

[104]张立军、湛泳:《中国农村金融发展对城乡收入差距的影响——基于 1978—2004 年数据的检验》,《中央财经大学学报》2006 年第 5 期。

[105]张玲:《经济转型背景下新型农业经营主体培育问题研究》,《农业经济》2018 年第 11 期。

[106]张启文、黄可权:《新型农业经营主体金融服务体系创新研究》,《学术交流》2015 年第 7 期。

[107]张夏青:《三类担保公司运行效率实证分析——以河南省担保公司为研究样本》,《科技进步与对策》2015 年第 8 期。

[108]张晓山:《农民专业合作社的发展趋势探析》,《管理世界》2009 年第 5 期。

[109]张秀青:《美国农业保险与期货市场》,《中国金融》2015年第13期。

[110]张跃华、史清华、顾海英:《农业保险需求问题的一个理论研究及实证分析》,《数量经济技术经济研究》2007年第4期。

[111]张照新、赵海:《新型农业经营主体的困境摆脱及其体制机制创新》,《改革》2013年第2期。

[112]肇启伟、付剑峰、刘洪江:《科技金融中的关键问题——中国科技金融2014年会综述》,《管理世界》2015年第3期。

[113]郑风田:《让宅基地"三权分置"改革成为乡村振兴新抓手》,《人民论坛》2018年第10期。

[114]郑玉航、李正辉:《中国金融服务科技创新的有效性研究》,《中国软科学》2015年第7期。

[115]中国人民银行乌鲁木齐中心支行课题组:《金融支持新疆新型农业经营主体发展研究》,《金融发展评论》2014年第7期。

[116]中国人民银行宣城市中心支行课题组:《新型农业经营主体资金供需影响因素研究——以安徽省宣城市为例》,《金融纵横》2015年第2期。

[117]朱俊生、庹国柱:《农业保险与农产品价格改革》,《中国金融》2016年第20期。

[118]朱守银、张照新、张海阳、汪承先:《中国农村金融市场供给和需求——以传统农区为例》,《管理世界》2003年第3期。

[119]邹玄、何蒲明:《金融支持新型农业经营主体发展问题研究》,《湖北农业科学》2015年第11期。

[120]郎波:《农村金融与担保机制研究》,博士学位论文,西南财经大学,2013年。

[121]刘雪莲:《基于博弈论的中国农村小额信贷问题研究》,博士学位论文,东北农业大学,2009年。

[122]汪必旺:《我国发展农产品收入保险的效果模拟研究》,博士学位论文,中国农业科学院,2018年。

[123]邢鹂:《中国种植业生产风险与政策性农业保险研究》,博士学位论文,南京农业大学,2004年。

[124]杨兆廷:《中国农村金融供给创新的路径选择》,博士学位论文,天津财经大学,2009年。

[125]刘宗军:《人保财险公司运用"保险+期货"金融业务模式研究》,硕士学位论文,浙江理工大学,2017年。

[126]夏雪:《金融创新支持新型农业经营主体发展研究》,硕士学位论文,安徽大学,2015 年。

[127]《打造新型农业经营体系的战略支撑力》,《农民日报》2013 年 9 月 25 日。

[128]《家庭农场发展之初呼唤金融机构支持》,《金融时报》2013 年 9 月 12 日。

[129]《中国人民银行关于做好家庭农场等新型农业经营主体金融服务的指导意见》,《农民日报》2014 年 3 月 20 日。

[130]《金融支持新型农业经营主体共同行动计划》,《农民日报》2015 年 2 月 27 日。

[131]《美国家庭农场融资体系发展及启示》,《金融时报》2013 年 12 月 30 日。

[132]《农村互联网金融市场孕育新蓝海》,《通信信息报》2014 年 2 月 13 日。

[133]《农金服务的互联网思维》,《金融时报》2014 年 7 月 31 日。

[134]《完善"家庭农场"金融服务组织体系》,《上海金融报》2013 年 7 月 19 日。

[135]李扬:《互联网金融是普惠金融基础　监管层千万别扼杀》,《搜狐证券》2014 年 5 月 19 日。

[136]魏桥:《健康发展新型农业经营主体》,《新农村商报》2015 年 4 月 8 日。

[137]杨久栋、孙艺茨、朱云云:《2020 年中国新型农业经营主体发展分析报告(一)》,《农民日报》2020 年 9 月 26 日。

[138]张红宇:《抓紧培育新型农业经营主体》,《经济日报》2017 年 4 月 8 日。

[139]张雪囡:《金融科技赋能打造普惠金融服务新模式》,《证券时报》2019 年 7 月 31 日。

[140]郑风田:《加大对新型农业经营主体金融支持力度》,《经济日报》2017 年 7 月 11 日。

二、英　文

（一）专著

[1]Bird R.M., Brandt L., Rozelle S., et al, *Fiscal Reform and Rural Public Finance in China*, Social Science Electronic Publishing, 2009, p.36.

[2] Hossain M., *Credit for Alleviation of Rural Poverty: the Grameen Bank in Bangladesh*, International Food Policy Research Institute in Collaboration with Bangladish In-

stitute of Development Studies,1988,p.33.

［3］Johnson G.L.,*The Modern Family Farm and its Problems：With Particular Reference to the United States of America*,Economic Problems of Agriculture in Industrial Societies,1969,p.54.

［4］Johnson J.D.,Perry J.E.,Korb P.J.,et al.,*Structural and Financial Characteristics of U.S.Farms：2001 Family Farm Report*,Agricultural Information Bulletins,2001,p.53.

（二）论文

［1］Adu J.K.,Anarfi B.O.,"Poku K,The Role of Microfinance on Poverty Reduction：A Case Study of Adansi Rural Bank in Ashanti Region of Ghana",*Social & Basic Sciences Research Review*,Vol.2,No.3,2014,pp.96-109.

［2］Bahiigwa G.,Dan R.,Woodhouse P.,"Right Target, Wrong Mechanism? Agricultural Modernization and Poverty Reduction in Uganda",*World Development*,Vol.33,No.3,2005,pp.481-496.

［3］Baillie R.T.,Myers R.J.,"Bivariate Garch Estimation of the Optimal Commodity Futures Hedge",*Journal of Applied Econometrics*,Vol.6,No.2,1991,pp.109-124.

［4］Bayes A.,"Infrastructure and Rural Development：Insights from a Grameen Bank Village Phone Initiative in Bangladesh",*Agricultural Economics*,Vol.25,No.2,2001,pp.261-272.

［5］Bell C.,Hoff K.,Stiglitz J.E.,"Interactions between Institutional and Informal Credit Agencies in Rural India",*World Bank Economic Review*,Vol.4,No.3,2010,pp.297-327.

［6］Berger A.N.,"The Profit-Structure Relationship in Banking-V Tests of Market-Power and Efficient-Structure Hypotheses",*Journal of Money Credit & Banking*,Vol.27,No.2,1995,pp.404-431.

［7］Brandl H.,"The Economic Situation of Family-farm Enterprises in the Southern Black Forest",*Small-scale Forest Economics,Management and Policy*,Vol.1,No.1,2002,pp.13-24.

［8］Byrd W.A.,Qingsong L.,Bank W.,"China's Rural Industry：Structure, Development,and Reform",*The Journal of Asian Studies*,Vol.50,No.2,1991,pp.145-164.

［9］Calum G.Turvey,"Biography：Kiyosi Ito and his Influence on the Study of Agricultural Finance and Economics",*Agricultural Finance Review*,Vol.70,No.1,2010,pp.5-20.

［10］Calum G.Turvey,"Policy Rationing in Rural Credit Markets",*Agricultural Finance*

Review, Vol.73, No.2, 2013, pp.209-232.

[11] Chen R., Hu J., Peng Y., "Simulation of Lévy-driven Models and its Application in Finance", *Operations Research Transactions*, Vol.2, No.4, 2012, pp.749-765.

[12] Chen T.G., Yabe M., "Study on the Formation of Household Management in Chinese Agriculture", *Science Bulletin of the Faculty of Agriculture Kyushu University*, Vol.2, No.4, 2009, pp.257-278.

[13] Coase R.H., Fowler R.F., "The Pig-Cycle in Great Britain: An Explanation", *Economica*, Vol.4, No.13, 1937, pp.57-79

[14] David O., Connor, "Rural Industrial Development in Viet Nam and China: A Study in Contrasts", *Most Economic Policy in Transitional Economies*, Vol.8, No.4, 1998, pp.145-166.

[15] Devaney M., Weber B., "Local Characteristics, Contestability, and the Dynamic Structure of Rural Banking: A Market Study", *Quarterly Review of Economics & Finance*, Vol.35, No.3, 1995, pp.78-90.

[16] Deyoung R., "Bank Mergers, X-Efficiency, and the Market for Corporate Control", *Managerial Finance*, Vol.23, No.1, 1997, pp.32-47.

[17] Dogliotti S., García M.C., Feluffo S., et al., "Co-innovation of Family Farm Systems: A Systems Approach to Sustainable Agriculture", *Agricultural Systems*, Vol.126, No.3, 2014, pp.58-79.

[18] Domeher D., Abdulai R., "Land Registration, Credit and Agricultural Investment in Africa", *Agricultural Finance Review*, Vol.72, No.1, 2012, pp.87-103.

[19] Eyal, Ittay, "Blockchain Technology: Transforming Libertarian Cryptocurrency Dreams to Finance and Banking Realities", *Computer*, Vol.50, No.9, 2017, pp.108-125.

[20] Fang W., Shuo C., "Tax Reform, Fiscal Decentralisation and Local Public Goods Provision in China", *China: An International Journal*, Vol.15, No.3, 2017, pp.145-162.

[21] Gorgievski-Duijvesteijn M.J., Bakker A.B., Schaufeli W.B., et al., "Finances and Well-Being: A Dynamic Equilibrium Model of Resources", *Journal of Occupational Health Psychology*, Vol.10, No.3, 2005, pp.167-188.

[22] Gorgievski-Duijvesteijn M.J., Giesen C.W., Bakker A.B., "Financial Problems and Health Complaints Among Farm Couples: Results of a 10-year Follow-up Study", *Journal of Occupational Health Psychology*, Vol.5, No.3, 2000, pp.150-172.

[23] Guo P., Jia X., "The Structure and Reform of Rural Finance in China", *China Ag-

ricultural Economic Review, Vol.1, No.2, 2009, pp.39-63.

[24] Hazarika G., Guhakhasnobis B., "Household Access to Microcredit and Children's Food Security in Rural Malawi: A Gender Perspective", *Iza Discussion Papers*, Vol.14, No.1, 2007, pp.168-187.

[25] Hazarika G., Guhakhasnobis B., "Household Access to Microcredit and Children's Food Security in Rural Malawi: A Gender Perspective", *Iza Discussion Papers*, Vol.14, No.1, 2007, pp.101-123.

[26] Hoppe R.A., Banker D., "Structure and Finances of U.S.Farms: 2005 Family Farm Report", *Economic Information Bulletin*, Vol.594, No.4, 2006, pp.50.

[27] Islam A., Maitra P., "Health Shocks and Consumption Smoothing in Rural Households: Does Microcredit Have a Role to Play?", *Journal of Development Economics*, Vol.97, No.2, 2012, pp.232-243.

[28] Iu Q.F., Wang H.M., "Price Discovery in the Spot-Futures Markets: An Empirical Analysis in Chinese Agricultural Products", *Research on Financial & Economic Issues*, Vol.30, No.5, 2006, pp.22-43.

[29] Joseph E., Stiglitz, Andrew & Weiss, "Credit Rationing in Markets with Imperfect Information", *The American Economic Review*, Vol.71, No.3, 1981, pp.49-72.

[30] Kimhi A., Bollman R., "Family Farm Dynamics in Canada and Israel: the Case of Farm Exits", *Agricultural Economics*, Vol.21, No.1, 1999, pp.141-162.

[31] Kruglova I.A., Dolbezhkin V.A., "Objective Barriers to the Implementation of Blockchain Technology in the Financial Sector, 2018 International Conference on Artificial Intelligence Applications and Innovations(IC-AIAI)".*IEEE*, 2019.

[32] Krugman, Paul, "Increasing Returns and Economics Geography", *Journal of Political Economy*, Vol.13, No.99, 1991, pp.483-500.

[33] Lambert B.D., Sullivan P., Claassen R., et al., "Conservation-Compatible Practices and Programs: Who Participates?", *Economic Research Report*, 2006.

[34] Li X., Gan C., Hu B., "Accessibility to Microcredit by Chinese Rural Households", *Journal of Asian Economics*, Vol.22, No.3, 2011, pp.178-200.

[35] Lin X., "Analysis of Volatility Spillover Effect of Soybean Price between Domestic and International Markets", *Asian Agricultural Research*, Vol.10, No.1, 2018, pp.5-9.

[36] Luo R., Zhang L., Huang J., et al., "Elections, Fiscal Reform and Public Goods Provision in Rural China", *Journal of Comparative Economics*, Vol.35, No.3, 2007, pp.55-69.

［37］Macdonald J. M., Mcbride W. D., "The Transformation of U. S. Livestock Agriculture: Scale, Efficiency, and Risks", *Social Science Electronic Publishing*, Vol.58, No. 11, 2009, pp.69–109.

［38］Moktan, Ram M., "Impacts of Recent Policy Changes on Rural Communities and Species Diversity in Government-Managed Forests of Western Bhutan", *Mountain Research and Development*, Vol.30, No.4, 2010, pp.365–372.

［39］Myers R.J., Sexton R.J., Tomek W.G., et al., "A Century of Research on Agricultural Markets", *American Journal of Agricultural Economics*, Vol.92, No.2, 2010, pp.127–157.

［40］Namgay K., Millar J.E., Black R.S., et al., "Changes in Transhumant Agro-pastoralism in Bhutan: A Disappearing Livelihood?", *Human Ecology*, Vol. 42, No. 5, 2014, pp. 168–193.

［41］Namgay K., "Dynamics of Grazing Rights and Their Impact on Mobile Cattle Herders in Bhutan", *The Rangel and Journal*, Vol.39, No.1, 2017, pp.97–104.

［42］Neyer G., "The Future of Blockchain", *Journal of Digital Banking*, Vol.2, No.1, 2017, pp.198–206.

［43］Norwood B., Hall A., "American Journal of Agricultural Economics", *American Journal of Agricultural Economics*, Vol.45, No.1, 2007, pp.253–265.

［44］Phan D.K., "An Empirical Analysis of Accessibility and Impact of Microcredit: the Rural Credit Market in the Mekong River Delta, Vietnam", *Lincoln University*, 2012.

［45］Polzin C., "Institutional Change in Informal Credit: Through the Urban – Rural Lens", *Middle India and Urban-Rural Development Springer India*, 2016, p.44.

［46］Putterman L.G., "Continuity and Change in China's Rural Development: Collective and Reform Eras in Perspective", *Oup Catalogue*, Vol.104, No.1, 1993, pp.85–99.

［47］Rhee Y.H., "Economic Stagnation and Crisis in Korea during the Eighteenth and Nineteenth Centuries", *Australian Economic History Review*, Vol.54, No.1, 2014, pp.105–123.

［48］Seibel, Dieter H., "SHG banking: A Financial Technology for Reaching Marginal Areas and the Very Poor: NABARD's Program of Promoting Local Financial Intermediaries Owned and Managed by the Rural Poor in India", *Working Papers*, 2001.

［49］Shee A., Turvey C.G., "Collateral-free lending with Risk-contingent Credit for Agricultural Development: Indemnifying Loans Against Pulse Crop Price Risk in India", *Agricultural Economics*, Vol.43, No.5, 2012, pp.142–160.

［50］Shen M., Huang J., Zhang L., et al, "Financial Reform and Transition in China: a

Study of the Evolution of Banks in Rural China", *Agricultural Finance Review*, Vol.70, No.3, 2010, pp.305-322.

[51] Siamwalla A., Pinthong C., Poapongsakorn N., et al., "The Thai Rural Credit System: Public Subsidies, Private Information, and Segmented Markets", *World Bank Economic Review*, Vol.4, No.3, 1990, pp.271-295.

[52] Simon Jette-Nantel, David Freshwater, Ani L.Katchova, Martin Beaulieu, "Farm Income Variability and Off-farm Diversification Among Canadian Farm Operators", *Agricultural Finance Review*, Vol.71, No.3, 2011, pp.171-196.

[53] Singh S.P., Soni B.K., Bhattacharyya N.K., "Physiological Responses in Hariana Bullocks While Performing Different Types of Agricultural Operations", *Indian Veterinary Journal*, Vol.45, No.1, 1968, pp.145-169.

[54] Start D., "The Rise and Fall of the Rural Non-farm Economy: Poverty Impacts and Policy Options", *Development Policy Review*, Vol.19, No.4, 2001, pp.491-505.

[55] Sumpsi J., Amador F., Romero C., "On Farmers' Objectives: A Multi-criteria Approach", *European Journal of Operational Research*, Vol.96, No.1, 1997, pp.391-404.

[56] Suzhen, "Practice Research on Futures Price Insurance of Agricultural Products in China", *Asian Agricultural Research*, Vol.9, No.5, 2017, pp.28-35.

[57] Tang W.H., Duan Y.F., Liang Z.M., "A New Agricultural Management Body: Family Farm——from the Perspective of New Institution Economics", *Journal of Jiangxi Agricultural University*, Vol.20, No.4, 2013, pp.78-89.

[58] Udry C., "Credit Markets in Northern Nigeria: Credit as Insurance in a Rural Economy", *World Bank Economic Review*, Vol.4, No.3, 1990, pp.325-339.

[59] Watson A., "Conflicts of Interest: Reform of the Rural Credit Cooperatives in China", *Most Economic Policy in Transitional Economies*, Vol.8, No.3, 1998, pp.164-184.

[60] Yaron J., Benjamin M.P., Piprek G.L., "Rural Finance: Issues, Design, and Best Practices", *Rural Finance Issues Design & Best Practices*, Vol.85, No.5, 1997, pp.371-395.

[61] Yermack D., "Corporate Governance and Blockchains", *Social Science Electronic Publishing*, Vol.21, No.1, 2015, pp.145-163.

[62] Zeller M., Sharma M., "Rural Finance and Poverty Alleviation", *Food Policy Reports*, Vol.30, No.1, 1998, pp.155-169.

[63] Zhao K., "The Spillover Effect between Futures and Spot Price of Agricultural Products: A Case Study of Soybean Products of China", *Asian Agricultural Research*, No.3,

2017,pp.135-154.

　[64]Patrick,H.T.,"Financial Development and Economic Growth in Underdeveloped Countries",*Economic Development and Cultural Change*,Vol.14,No.2,1966,pp.86-87.